EXAMPRESS®
キャリアコンサルタント試験学習書

JN115080

キャリア
教科書®

| 国 | 家 | 資 | 格 |

キャリア
コンサルタント
学科試験

みんなで合格☆
キャリアコンサルタント試験

原田政樹

テキスト&問題集 第**3**版

SE
SHOEISHA

はじめに

本書を手に取ってくださったみなさん、はじめまして。

みなさんの中には、養成講習を修了したけれど、学科試験対策はどうすればよいのだろう、何から着手したらよいのだろう、という方も、少なからずいらっしゃると思います。

大丈夫です。

本書は、学科試験対策のはじめの一歩から、試験直前まで、合格対策に役立てるように内容を構成して制作しました。

キャリアコンサルタント試験の実施回は20回を超え、2020年度（第15回）からの新しい出題範囲表に基づいた試験も、回を重ね、具体的な試験対策の方法や出題傾向が、より明らかになってきました。

本書では、学科試験対策の学習法から、最近の出題傾向の分析、出題範囲ごとの知識のインプット（テキスト部分）とアウトプット（一問一答部分）から構成され、合格に必要な知識と情報を得ることができます。

また、第1回試験から学科試験対策の支援を行う中で、多くの受験者の姿を見て、その声を聴いて思うのは、キャリアコンサルタント試験を受験する方には、仕事、家事、子育て、または親の介護、地域や趣味などのコミュニティ等において責任を負い、重要や役割を担っている多忙な方が、とても多いということがあります。

ですから、時間的、労力的に、効率よく知識が身につき、合格できる教材をつくりました。

さらに改訂にあたっては、これまでに出題された学科試験の全問題を、あらためて分析し、出題範囲ごとに過去問題を分類、その問題の正答を導き出すために必要な知識を整理し、最近の傾向も反映させています。

　キャリアコンサルタントの知名度も、徐々にですが、高まってきており、現在、約6万人のキャリアコンサルタントが、それぞれの得意分野をつくり、専門性を深め、活躍のフィールドを広げています。

　是非、みなさんもご一緒に、キャリアコンサルタントの世界を創造していきましょう。
　試験対策を通じて、知識と技能の確かな土台をつくっていきましょう。

　キャリアコンサルタント試験は、一定の割合の人が合格する相対試験ではなく、合格基準を満たした人すべてが合格する、絶対試験です。学科試験では、合格ラインの35問（全50問）を、落ち着いて必ず獲得しましょう。

　合言葉は、「みんなで合格」です。
　応援しています。

みんなで合格☆キャリアコンサルタント試験
原田　政樹

巻頭特集・近年の傾向と合格のポイント

　キャリアコンサルタント試験の学科試験対策を始めてみると、その学習内容の広さやマスターすべきことの多さに途方に暮れてしまう方もいるのですが、そんなときは、次の二つのことを思い出しましょう。

> 出題範囲は無限ではなく有限⇒出題範囲表に沿った対策を
> 合格ラインは35問（70点）の獲得⇒完璧主義の必要はありません

　まずは学科試験の難易度や、出題傾向を知り、効率よく、対策学習を進めていきましょう。

最近の難易度の傾向

　まず、これまでの試験の難易度の傾向は、第1回から第9回までの一桁の実施回においては出題内容に不安定さが感じられ、合格率が大幅に上下することがありました。

　例えば、第4回の学科試験の合格率（二つの登録試験機関の平均）は21.3%、第9回の学科試験は30.5%とかなり低い合格率の回がありました。

　しかし、2020年度の第15回試験以降、新しい出題範囲表が適用されてからは、回によって多少の差はあるものの、60%〜70%台になることが多く、比較的安定していると言えるでしょう。

　第15回以降、本稿執筆時までで最も合格率が高い回は第22回の82.2%（過去最高）であり、最も低い回は第17回の56.8%でした。

▼2020年度以降の学科試験合格率（両登録試験機関の平均）の推移

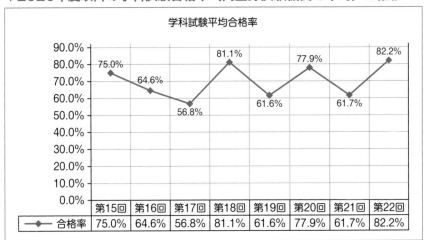

学科試験平均合格率

	第15回	第16回	第17回	第18回	第19回	第20回	第21回	第22回
合格率	75.0%	64.6%	56.8%	81.1%	61.6%	77.9%	61.7%	82.2%

厚生労働省「キャリアコンサルタントになりたい方へ」をもとに作成

　ここ数回の合格率の推移が、ギザギザとした稜線を描いている点はやや気になりますが、60%～80%のゾーンを行ったり来たりしていることから、著者の推測ではありますが、登録試験機関では70%前後を一つの目安としている可能性があります。

　また、実技試験の合格率は、両機関において従来から60%前後の回が多く、学科と実技試験の両方を同時に受験した場合の同時合格率（二つの登録試験機関の平均）は、50%前後になることが多いです。

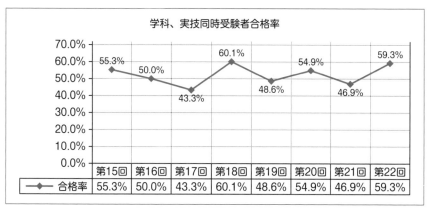

厚生労働省「キャリアコンサルタントになりたい方へ」をもとに作成

難化を恐れすぎずに出題傾向（内容面）を踏まえて準備をしていきましょう。

最近の出題（内容面）の傾向

「学科試験対策の学習法」でも紹介しているのですが、学科試験は出題範囲表（本書巻末にも掲載）に基づき、出題範囲ごとに、一定の割合で問題が出題されています。

出題範囲によっては、これまで1問の出題だったものが2問になったり、また1問に戻ったりと、1問程度の増減はあるものの、それ以上の大きな変動はなく実施されています。

特に新しい出題範囲表が適用された第15回試験からは、その割合や順序は概ね同様です。そして、どの出題範囲から、何問ずつ、どのような順序で出題されているのかは、著者のサイト「みんなで合格☆キャリアコンサルタント試験」において、「出題範囲マトリックス・タテヨコくん」として一覧表形式（PDF、Excel）で無料公開しています。サイトの「過去問解説」のコーナーから、是非ご覧ください。

出題範囲ごとに合格力を仕上げる

出題範囲ごとに出題があるため、対策もまた、出題範囲ごとに行いましょう。

本書も出題範囲ごとにテキスト部分と一問一答部分を編集していますから、まずはテキスト部分でポイントを確認し、一問一答部分の正誤問題で、その知

識が身についているかを確認しましょう。

　また、もう一つの書籍ラインナップである、「総仕上げ問題集」も出題範囲ごとに本試験と同じ四肢択一式問題で、より実践的な演習ができるようにしています。併せて活用をすると、より一層、合格力がアップすることでしょう。

　さらには、キャリアコンサルタント試験対策の王道、過去問題の学習においては、みん合サイトの「過去問解説」と前述の「出題範囲マトリックス・タテヨコくん」を活用し、過去問題を出題範囲ごとに回数横断的に解く、「ヨコ解き」で効率よく過去問題を解いていくことをおすすめしています。より、万全な学科試験対策となるでしょう。

◤ 理論家問題は、実は対策がしやすい ◢

　キャリアコンサルタント試験は、これまでに20回以上を数え、その出題内容も出尽くされ感がある出題範囲が増えていきました。中でも、多くの受験生が意識的、集中的に試験対策を行っている、「理論家」や「理論」の出題内容については、過去問題の復活や、それをアレンジした問題が多くなっています。

　「理論家」や「理論」は、具体的には次の出題範囲からの問題が該当します。（　）内は15回以降の試験での出題数の目安です。

▼理論家や理論に関する出題範囲

- ・キャリアに関する理論（4問〜5問）
- ・カウンセリングに関する理論（3問〜4問）
- ・グループアプローチの技能（概ね1問）
- ・中高年期を展望するライフステージ及び発達課題の知識（1問〜2問）
- ・人生の転機の知識（概ね1問）

　以上の13問前後については、出題内容は安定していますし、養成講習で学び、印象深い内容もあるはずですから、早めに対策をしましょう。

　ご覧のように、「理論家」や「理論」の問題は合わせて13問前後です。これらの内容が気になり、注力しすぎてしまう方もいるのですが、出題割合からすると、全体の25%前後に過ぎません。

　試験対策の中盤から終盤にかけては、法令制度、官公庁資料、時事問題対策

等に力を注ぐことができるようにしましょう。

官公庁資料対策はメリハリをつけて

　これまでに出題された官公庁資料（白書系資料やデータ等）、公的サイト等はなんと、100種類以上ありますが、中にはたった1回のみ、一つの選択肢のみの出題のものもあります。

　それらすべてを網羅することは不可能ですし、効率がよくありません。

　ただし、出題が突出して多い、官公庁資料が確かにあります。それらを中心に対策をすることは、タイムパフォーマンス（時間対効果）、いわば労力対得点の点からも良いでしょう。

▼これまでの試験でよく出題されている官公庁資料ベスト3

> 第1位　能力開発基本調査
> 第2位　労働経済の分析
> 第3位　職業能力開発基本計画
> （いずれも厚生労働省）

　これらは国家試験開始の初期の頃から出典の定番として定着している資料です。本書や、みん合サイトでじっくりと対策をしておきましょう。

　そして、最近の試験でよく出題されるようになったものがあります。これらは、これからのキャリアコンサルタントの役割として、期待される内容が反映された資料と言えます。

▼第15回以降の試験で出題が目立つ官公庁資料

> ・セルフ・キャリアドック導入の方針と展開
> ・事業場における治療と仕事の両立支援のためのガイドライン
> ・働く環境の変化に対応できるキャリアコンサルタントに関する報告書
> （いずれも厚生労働省）

　どの資料もコンパクトにまとめられており、よく出題される箇所も明らかに

なってきており、対策はしやすいです。本書にもまとめや問題がありますから、対策をしておきましょう。

35問を獲得するために

　得意な内容は更に得意に、苦手な内容はじっくりと確認して克服していくことが、試験対策の基本となりますが、最終的には、50問中35問の正解を獲得することが試験日の目標となります。

　誰しも得手不得手はあるものですし、本試験では「捨て問題」と位置づけられる、初見では正解できなくてもやむを得ない問題が、毎回数問出題されます。

　ですから、完璧主義になりすぎてご自分を追い込まずに、でも、本書に掲載されている内容は、試験ではしっかりと獲得できるよう、寸暇を惜しんで積み重ねていきましょう。

　みんなで合格しましょう。

読者特典のご案内

　本書の読者特典として、「一問一答Webアプリ」(姉妹書「総仕上げ問題集」付属のWebアプリと同じもの) と「オリジナル解説動画」をご用意しました。それぞれのURLにアクセスして視聴・ダウンロードして下さい。

　なお、特典を利用する際は、アクセスキーの入力が求められます。アクセスキーは、本書のいずれかの章扉ページに記載されています。Webサイトに示される記載ページを参照して下さい。

一問一答Webアプリについて

　スマートフォンやパソコンでご利用いただける一問一答Webアプリです。移動中など、スキマ時間を有効活用して学習することができます。下記のURLにアクセスしてご利用下さい。

URL https://www.shoeisha.com/book/exam/9784798180403

※姉妹書『国家資格キャリアコンサルタント学科試験 総仕上げ問題集』付属のWebアプリと同じものです

オリジナル解説動画について

　本書に掲載した巻頭特集のオリジナル解説動画です。移動中などの「耳学問」（＝聞いて学ぶ用）としてもご活用いただけます。下記のURLにアクセスしてご利用下さい。

URL https://www.shoeisha.co.jp/book/
pages/9784798180403/video

　一問一答Webアプリとオリジナル解説動画の公開は、2023年8月を予定しています。

※会員特典データのダウンロードには、SHOEISHA iD（翔泳社が運営する無料の会員制度）への会員登録が必要です。詳しくは、Webサイトをご覧下さい。
※会員特典データに関する権利は著者および株式会社翔泳社が所有しています。許可なく配布したり、Webサイトに転載することはできません。
※会員特典データの提供は予告なく終了することがあります。あらかじめご了承下さい

試験に出る（かもしれない）43人の理論家

　出題範囲表に記載の各アプローチを基準とし、さらに内容面から分類して、キーワードと人名を整理した一覧表を作成しました。どうぞご活用ください。

キャリアに関する理論、発達理論、動機づけ理論等の29人

アプローチや分類		キーワード	人名
パーソナリティ・特性因子論アプローチ	特性因子論	職業指導の父	パーソンズ
		人と職業のマッチング	ウィリアムソン
	個人と環境の適合	六角形モデル（RIASEC）	ホランド
		ワークタスク・ディメンション	プレディガー
	早期決定論	親の養育態度	ロー
発達論・トランジションに関するアプローチ	心理・社会的な発達	発達課題を最初に提唱	ハヴィガースト
		自我同一性、8つの発達段階	エリクソン
		人生の四季、人生半ばの過渡期	レビンソン
		アイデンティティ・ステイタス、危機の経験と積極的関与	マーシャ
		人生の正午	ユング
		マージナルマン（境界人）	レヴィン
	職業的な発達	職業選択のプロセス（空想期、試行期、現実期）	ギンズバーグ
		ライフ・ロールとライフ・ステージ、5段階の職業的発達段階	スーパー
		組織と個人の相互作用、8つのキャリア・アンカー	シャイン
	転機の理論	転機に対処する4S	シュロスバーグ
		終わりから始まる	ブリッジス
		転機の4つのサイクル	ニコルソン
	人生100年時代の理論	プロティアン・キャリア	ホール
		キャリア構築理論、キャリア・アダプタビリティ、ライフテーマ	サビカス
		統合的人生設計、4L	ハンセン

社会的学習理論アプローチ	自己効力感と4つの情報源	バンデューラ
	計画された偶発性理論	クランボルツ
意思決定論アプローチ	連続的意思決定システムから積極的不確実性へ	ジェラット
	認知的不協和理論	ヒルトン
動機づけ理論	5段階の欲求階層説	マズロー
	ERG（存在、関係、成長）モデル	アルダファ
	達成動機理論	マクレランド
	動機づけ要因と衛生要因	ハーズバーグ
	X理論とY理論	マクレガー

カウンセリングに関する理論、療法等の14人

アプローチ	理論や療法	キーワード	人名
感情的アプローチ	来談者中心療法	自己一致、無条件の肯定的配慮、共感的理解	ロジャーズ
	精神分析理論	局所論、構造論、精神分析	フロイト
	ゲシュタルト療法	エンプティ・チェア	パールズ
	交流分析	自我状態、エゴグラム	バーン
認知的アプローチ	論理療法	イラショナルビリーフ	エリス
	認知療法	認知の歪み、スキーマと自動思考	ベック
行動的アプローチ	行動療法	オペラント条件付け	スキナー
		系統的脱感作	ウォルピ
		自律訓練法	シュルツ
日本の精神療法	内観療法	身調べ、浄土真宗	吉本伊信
	森田療法	あるがまま、絶対臥褥	森田正馬
包括的・折衷的アプローチ	マイクロカウンセリング	マイクロ技法の階層表	アイビイ
	ヘルピング	ヘルパーとヘルピー	カーカフ
	コーヒーカップ・モデル	リレーション	國分康孝

Contents <目次>

1章 キャリアコンサルティングの社会的意義　　1

2章 キャリアコンサルティングを行うために必要な知識　19

3章 キャリアコンサルティングを行うために必要な技能　209

4章 キャリアコンサルタントの倫理と行動　249

本書の使い方

本書の構成

　本書は、キャリアコンサルタント試験の学科試験合格のために、体系的な学習ができるように構成しています。

　章立てについては、4つの試験科目ごとに4章に分けています。

第1科目　キャリアコンサルティングの社会的意義（第1章）
第2科目　キャリアコンサルティングを行うために必要な知識（第2章）
第3科目　キャリアコンサルティングを行うために必要な技能（第3章）
第4科目　キャリアコンサルタントの倫理と行動（第4章）

　さらに各章は複数の節で構成しています。節の並び順も、原則として出題範囲に沿った流れとなっています。

　節の内容は、テキストと一問一答からなります。知識や理論についてテキスト形式で解説し、節末の「一問一答でふりかえり」でポイントをすぐに確認できるようにしています。

　巻末には、重要キーワードの索引を掲載しています。「単語から学びたい」「逆引き学習で使いたい」という読者も多く、隠れた人気ページになっています。

　テキスト、一問一答を構成している要素は、次のとおりです。

テキスト部分

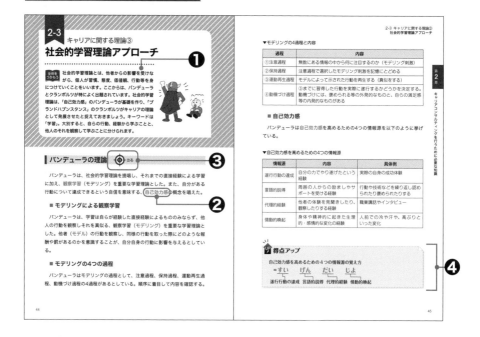

❶ リード文

この節の出題傾向や、節内容の概要がわかるようになっています。

❷ 赤い文字

試験に重要なポイントが赤文字になっています。付属の赤シートをかぶせると文字が見えなくなるので、暗記などに活用できます。

❸ 出る、よく出る、読む、必ず読むアイコン

本文中の見出し横の「⊕ 出る」「⊗ よく出る」アイコンはテーマの頻出度を示しています。また、資料に関するテーマには、「🔍 読む」「🔍 必ず読む」アイコンをつけています。特に必ず読むアイコンがついたテーマについては、該当する最新の資料を必ず一読することをお勧めします。

❹ 得点アップ

覚えておくと便利な知識やフレーズ（語呂合わせ等）を記載しています。

一問一答部分

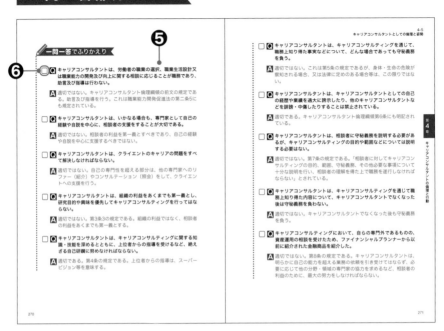

❺ 一問一答でふりかえり

各節の出題ポイントを簡潔に学習できるように、一問一答（Q&A方式）を各節末に配置しています。過去問題の問題文や選択肢を模して制作したので、より試験に近い問われ方で、かつコンパクトに知識の確認、整理ができます。テキスト部分で学んだ内容だけでなく、追加的に覚えておくべき知識が学べるような問題も盛り込んでいます。

❻ チェックボックス

繰り返し学習がしやすいように、チェックボックスをつけています。解いた結果を記入しておくことで、もう解かなくてもわかる問題や、何度も間違えてしまう問題などが、ひと目でわかるようになります。

試 験 情 報

試験概要

　キャリアコンサルタントは、2016年4月に法制化された国家資格です。キャリアコンサルタントになるには、原則として、キャリアコンサルタント試験の学科試験と実技試験の両方に合格し、キャリアコンサルタント名簿に登録する必要があります。

受験資格

　下記いずれかの条件を満たしている方が受験できます。

・厚生労働大臣が認定する講習の課程を修了した者
・労働者の職業の選択、職業生活設計又は職業能力開発及び向上のいずれかに関する相談に関し3年以上の経験を有する者
・技能検定キャリアコンサルティング職種の学科試験又は実技試験に合格した者　など

試験実施機関

　厚生労働大臣が登録した次の登録試験機関が実施します（2021年2月1日現在2機関）。

・特定非営利活動法人キャリアコンサルティング協議会
・特定非営利活動法人日本キャリア開発協会

試験の概要

試験は学科試験と実技試験が行われます。

試験区分	学科	実技	
		論述試験	面接試験
出題形式	四肢択一	記述式	ロールプレイ、口頭試問
問題数	50問	1ケース（事例）	1ケース（事例）
試験時間	100分	50分	20分
合格基準	70/100点以上	90/150点以上（論述試験で4割以上、かつ面接試験のそれぞれの評価区分で4割以上）	
受験料	8,900円（税込）	29,900円（税込）	

(2023年1月1日現在)

　学科試験の内容は、2つの試験実施機関で共通です。一方、実技試験の論述試験は試験実施機関によって内容が異なります。また、実技試験の面接試験は、試験実施機関によって内容と評価区分が異なります。面接の評価区分は、キャリアコンサルティング協議会は「態度、展開、自己評価」、日本キャリア開発協会は「主訴・問題の把握、具体的展開、傾聴」となっています。

試験免除

　下記の条件を満たしている方は、それぞれ該当する試験が免除されます。

・学科試験又は実技試験のどちらか片方に合格した方は、合格した試験が免除されます。
・技能検定キャリアコンサルティング職種の1級又は2級の学科試験、実技試験のどちらか片方の合格者は、キャリアコンサルタント試験の対応する試験が免除されます。

学科試験の試験科目と出題範囲

学科試験の試験科目と出題範囲は、下記のとおりです。

科目1：キャリアコンサルティングの社会的意義
①社会及び経済の動向並びにキャリア形成支援の必要性の理解
②キャリアコンサルティングの役割の理解

科目2：キャリアコンサルティングを行うために必要な知識
①キャリアに関する理論
②カウンセリングに関する理論
③職業能力開発（リカレント教育を含む）の知識
④企業におけるキャリア形成支援の知識
⑤労働市場の知識
⑥労働政策及び労働関係法令並びに社会保障制度の知識
⑦学校教育制度及びキャリア教育の知識
⑧メンタルヘルスの知識
⑨中高年齢期を展望するライフステージ及び発達課題の知識
⑩人生の転機の知識
⑪個人の多様な特性の知識

科目3：キャリアコンサルティングを行うために必要な技能
①基本的な技能
　(1) カウンセリングの技能
　(2) グループアプローチの技能
　(3) キャリアシート（法第15条の4第1項に規定する職務経歴等記録書を
　　　含む。）の作成指導及び活用の技能
　(4) 相談過程全体の進行の管理に関する技能

②相談過程において必要な技能
  (1) 相談場面の設定
    1. 物理的環境の整備
    2. 心理的な親和関係（ラポール）の形成
    3. キャリア形成及びキャリアコンサルティングに係る理解の促進
    4. 相談の目標、範囲等の明確化
  (2) 自己理解の支援
    1. 自己理解への支援
    2. アセスメント・スキル
  (3) 仕事の理解の支援
  (4) 自己啓発の支援
  (5) 意思決定の支援
    1. キャリア・プランの作成支援
    2. 具体的な目標設定への支援
    3. 能力開発に関する支援
  (6) 方策の実行の支援
    1. 相談者に対する動機づけ
    2. 方策の実行のマネジメント
  (7) 新たな仕事への適応の支援
  (8) 相談過程の総括
    1. 適正な時期における相談の終了
    2. 相談過程の評価

科目4：キャリアコンサルタントの倫理と行動
①キャリア形成及びキャリアコンサルティングに関する教育並びに普及活動
②環境への働きかけの認識及び実践
③ネットワークの認識及び実践
  (1) ネットワークの重要性の認識及び形成
  (2) 専門機関への紹介及び専門家への照会

④自己研鑽及びキャリアコンサルティングに関する指導を受ける必要性の認識

   (1) 自己研鑽

   (2) スーパービジョン

⑤キャリアコンサルタントとしての倫理と姿勢

   (1) 活動範囲・限界の理解

   (2) 守秘義務の遵守

   (3) 倫理規定の厳守

   (4) キャリアコンサルタントとしての姿勢

（キャリアコンサルティング協議会、学習情報・過去問題、「キャリアコンサルタント試験の出題範囲」より抜粋）

試験日程（2023年度の場合）

実施機関によって、時期や試験開催地が異なるため、注意が必要です。また、記載内容は2023年5月1日現在、公表されている予定です。最新情報は、各実施機関のWebサイトをご確認ください。

▼キャリアコンサルティング協議会

試験回数	受験申込	学科・実技論述試験	実技面接試験	合格発表
第23回	2023年4月12日〜4月25日	2023年7月2日	2023年7月15日、16日、17日、22日、23日	2023年8月21日
第24回	2023年8月18日〜8月31日	2023年11月5日	2023年11月11日、12日、18日、19日	2023年12月18日
第25回	2023年12月19日〜2024年1月5日	2024年3月3日	2024年3月9日、10日、16日、17日	2024年4月15日

試験	受験地
学科	札幌・仙台・東京・名古屋・大阪・広島・高松・福岡・沖縄
実技	札幌・仙台・東京・大宮・名古屋・大阪・広島・高松・福岡・沖縄

▼日本キャリア開発協会

試験回数	受験申込	学科・ 実技論述試験	実技面接試験	合格発表
第23回	2023年4月12日 〜4月28日	2023年7月2日	2023年7月8日、9日（追加15日、16日）*	2023年 8月21日
第24回	2023年8月16日 〜9月1日	2023年11月5日	2023年11月18日、19日（追加11日、12日）*	2023年 12月18日
第25回	2023年12月7日 〜12月25日	2024年3月3日	2024年3月9日、10日（追加16日、17日）*	2024年 4月15日

試験	受験地
学科	札幌・仙台・東京・金沢・名古屋・大阪・広島・高松・愛媛・福岡・沖縄**
実技	札幌・仙台・東京・金沢・名古屋・大阪・広島・高松・愛媛・福岡・沖縄**

＊受験地によって、開催日程が異なる。詳細は日本キャリア開発協会のウェブページや受験票を確認。
＊＊金沢・高松・愛媛・沖縄会場はあくまで予定。開催の有無は、受験申請前に新着情報で知らされる。また、ダウンロード可能な各回の受験案内に試験実施地区が記載されている。

法令基準日（2023年度の場合）

　2023年度試験は、2023年4月1日の時点で既に施行（法令の効力発生）されている法令等に基づくものとされています。なお、試験範囲に含まれる時事的問題など、キャリアコンサルティングに関連するものとして知っておくべき知識・情報については、基準日にかかわらず出題される可能性があります。

合格発表

　受験団体の各サイトにて合格番号が発表され、結果通知書が手元に届きます。キャリアコンサルタント名簿の登録には、この合格番号と結果通知書が必要になるので大切に保管してください。

登録の更新

　キャリアコンサルタントの登録継続には5年毎の更新を受ける必要があり、更新には、以下のA及びBの講習を受ける必要があります。

A. キャリアコンサルティングを適正に実施するために必要な知識の維持を図るための講習（知識講習）につき8時間以上
B. キャリアコンサルティングを適正に実施するために必要な技能の維持を図るための講習（技能講習）につき30時間以上

　その他、詳細については、厚生労働省のHP「キャリアコンサルタントになりたい方へ」の「3. キャリアコンサルタントの登録の更新について」をご覧ください。

お問い合わせ

　試験に関する最新情報や詳細な情報は、厚生労働省や、試験実施機関のホームページにてご確認ください。

厚生労働省「キャリアコンサルタントになりたい方へ」
https://www.mhlw.go.jp/stf/seisakunitsuite/bunya/
koyou_roudou/jinzaikaihatsu/career_consultant01.html

キャリアコンサルティング協議会

【URL】https://www.career-cc.org/

> 03-5402-4688 **(試験部)**　　03-5402-5588 **(代表)**
> 10:00〜12:00、13:00〜17:00（土日祝日、夏季、年末年始休暇を除く）

　受験申請書類配布開始日から受験申請書類受付終了日までの期間は試験センターが開設されています。受験資格や申請書類の記載方法など、試験に関するご質問は、試験センターにお問い合わせください。

> **キャリアコンサルタント試験　試験センター**
> TEL：0476-33-6056
> 受付時間：10:00〜12:00／13:00〜17:00（土日祝日、夏季、年末年始休暇を除く）

日本キャリア開発協会

【URL】https://www.j-cda.jp/

　受験・申請手続きについてのご質問は、受験サポートセンターにお問い合わせください。

> **受験サポートセンター**
> TEL：03-5209-0553、FAX：03-5209-0552
> E-mail：jcda-careerex@cbt-s.com
> 受付時間：10:00〜17:00（土日祝を除く）

　受験資格（受験資格証明書）や、上記以外のご質問は、試験グループにお問い合わせください（実務経験が該当するかしないかの事前の問い合わせは受け付けていません）。

> **日本キャリア開発協会 試験グループ**
> TEL：03-6661-6224、FAX：03-5645-7170
> 受付時間：11:00〜15:00（土日祝を除く）

合格率

学科試験、実技試験、及びそれぞれの試験の同時受験者について、合格率の推移を次の表にまとめました。なお、それぞれの数字は試験実施団体であるキャリアコンサルティング協議会（表中、キャリ協とする）と日本キャリア開発協会（表中、JCDAとする）で分けて記載しています。

▼合格率

試験回数 （実施時期）	学科		実技		学科、実技試験 同時受験者	
	キャリ協	JCDA	キャリ協	JCDA	キャリ協	JCDA
第1回 （2016年8、9月）	81.0% （945人）	74.2% （763人）	71.6% （716人）	51.5% （709人）	59.1% （389人）	37.2% （271人）
第2回 （2016年11、12月）	77.2% （511人）	74.8% （934人）	74.3% （597人）	59.4% （932人）	67.2% （295人）	50.7% （525人）
第3回 （2017年2、3月）	66.1% （496人）	63.3% （925人）	65.7% （564人）	61.9% （1,022人）	50.6% （296人）	48.6% （571人）
第4回 （2017年5、6月）	23.5% （217人）	19.7% （235人）	75.4% （782人）	63.7% （827人）	24.5% （181人）	17.1% （142人）
第5回 （2017年8、9月）	48.5% （513人）	51.4% （867人）	72.1% （557人）	65.7% （842人）	42.9% （261人）	43.3% （449人）
第6回 （2017年11、12月）	64.2% （917人）	61.5% （1,105人）	76.0% （890人）	66.4% （955人）	56.7% （562人）	50.9% （584人）
第7回 （2018年2、3月）	53.6% （575人）	54.8% （886人）	70.0% （636人）	74.6% （1,024人）	49.3% （336人）	52.4% （561人）
第8回 （2018年5、6月）	66.5% （992人）	59.9% （831人）	67.5% （909人）	71.9% （779人）	54.9% （637人）	53.6% （472人）
第9回 （2018年8、9月）	28.8% （392人）	32.1% （439人）	67.8% （879人）	67.9% （745人）	26.2% （265人）	34.6% （309人）
第10回 （2018年11、12月）	65.4% （1,464人）	62.9% （1,161人）	73.3% （1,320人）	65.7% （865人）	55.9% （889人）	53.3% （603人）
第11回 （2019年2、3月）	62.5% （1,185人）	62.7% （1,203人）	75.3% （1,235人）	74.1% （1,213人）	56.4% （761人）	58.3% （818人）
第12回 （2019年7月）	75.5% （1,421人）	75.5% （1,406人）	62.4% （1,034人）	68.7% （1,108人）	56.7% （751人）	60.3% （802人）
第13回 （2019年11月）	71.7% （1,509人）	70.4% （1,296人）	58.0% （1,298人）	65.4% （1,191人）	50.6% （906人）	58.1% （866人）
第14回 （2020年3月）	65.1% （1,043人）	69.1% （1,194人）	66.6% （1,225人）	65.3% （1,182人）	54.8% （706人）	55.8% （827人）
第15回 （2020年11月）	75.3% （2,136人）	74.7% （2,390人）	61.7% （1,786人）	64.3% （2,013人）	53.5% （1,301人）	57.0% （1,548人）

試験回数 （実施時期）	学科		実技		学科、実技試験 同時受験者	
	キャリ協	JCDA	キャリ協	JCDA	キャリ協	JCDA
第16回 （2021年3月）	65.3% (1,481人)	63.9% (1,197人)	59.4% (1,548人)	63.6% (1,325人)	48.4% (907人)	52.2% (763人)
第17回 （2021年6月）	55.9% (1,160人)	58.0% (976人)	57.0% (1,299人)	59.4% (1,004人)	40.7% (655人)	46.5% (605人)
第18回 （2021年10月）	82.6% (2,208人)	79.0% (1,563人)	68.0% (1,851人)	57.0% (1,073人)	64.0% (1,367人)	54.6% (820人)
第19回 （2022年3月）	60.8% (1,593人)	63.0% (1,044人)	59.7% (1,778人)	63.3% (1,200人)	46.1% (1,051人)	52.5% (744人)
第20回 （2022年7月）	78.2% (1,892人)	77.4% (1,223人)	57.5% (1,453人)	64.4% (1,030人)	51.0% (950人)	60.7% (736人)
第21回 （2022年11月）	63.0% (1,645人)	59.7% (922人)	54.9% (1,696人)	62.9% (1,047人)	43.9% (980人)	52.2% (657人)
第22回 （2023年3月）	82.2% (2,592人)	82.3% (1,351人)	65.3% (2,256人)	63.0% (1,039人)	59.3% (1,551人)	59.3% (787人)

学科試験対策の学習法

みんなで合格のためのステップ

　学科試験にスムーズに合格するための学習法をお伝えします。次のステップで、合格を目指しましょう。

1.　学科試験の出題範囲を確認しましょう。

　多くの方は養成講習の受講が終わってから、本格的な学科試験対策を始めることと思います。まずは、日本キャリア開発協会（JCDA）やキャリアコンサルティング協議会のホームページで公開されている、キャリアコンサルタント試験の出題範囲の表をご覧ください（**本書巻末にも掲載しています**）。養成講習ではあまり意識してご覧になったことがない方が多いと思いますが、実際の学科試験は、この出題範囲から毎回概ね一定の割合で出題されています。まずは学科試験の全体像を掴みましょう。本書はこの出題範囲に基づいて、出題傾向を分析して、テキスト部分、一問一答部分を制作しています。

2.　本書のテキスト部分で学習内容を確認しましょう。

　テキスト部分は、知識をインプットして、養成講習で学んだことや、知らなかったことをマスターするための部分として制作しています。

　これまでに出題された内容を中心にしながらも、さらに今後出題の可能性のある内容も重要なポイントをまとめています。また、重要なキーワード等を赤字で表示しています。付属の赤シートで紙面を隠し、該当するキーワードを思い出しながら確認することで、知識が定着していきます。最初は思い出せなくても構いません。徐々にキーワードの確認を深めていきましょう。まずは知識の幹となる部分を作りましょう。段階的で構いませんので、細かな内容も思い出せるようになると、問題への対応力がより一層増していくことでしょう。

3.　本書の一問一答部分で正誤判定ができるかどうか確認しましょう。

　一問一答部分は、知識をアウトプットして、その内容がきちんとマスターできているかどうかを確認するための部分として制作しています。

一問一答部分の問題は、過去に出題された問題を分析し、頻出項目を中心に掲載しています。合格ラインを確保するため、是非正解して欲しい問題ばかりを厳選しましたので、間違えてしまった問題は、是非、再度トライしてみてください。なお、一問一答部分にトライする時は、赤シートで解答と解説を隠しながら確認しましょう。

4. 過去問題を解きましょう。

　スムーズに合格している方の学習方法をお聞きすると、過去問題を可能な限り、より多くの回数を解き、それを繰り返している方が多いです。過去問題は本書には掲載していませんので、各自で入手しましょう。過去問題にトライして、八割以上の得点が取れるまで、是非、粘り強く繰り返してみてください。

　過去問題の解説や出典と思われる参考書や官公庁の資料の詳細最新の時事問題対策等については、ホームページ「みんなで合格☆キャリアコンサルタント試験」において掲載していますので、是非参考にしてみてください。

参考書

　学科試験の出題範囲の内容理解をより一層向上させ、合格を確実にするために、特におすすめの参考書を下記に紹介します（版数は本書執筆時点のもの）。これまでの試験においては、これらの参考書等の記述内容がほぼそのまま出題されることも多々あります。試験問題への対応力を向上させるため、過去問題を解いて正答を確認する際には是非用意して欲しい参考書となります。読み込むことも有効ですが、それが時間的に難しい場合には、出題箇所を参照（リファレンス）することで、頻出箇所の確認と今後の出題への対応に役立ちます。

・木村周、下村英雄著『キャリアコンサルティング　理論と実際 6訂版』（一般社団法人雇用問題調査会、2022年）

　これまでの学科試験で、最も多く出典となっていると思われる書籍です。キャリア理論、カウンセリング理論（療法）、その他キャリアコンサルティングに関しての教科書といってもよい位置づけの参考書です。

・渡辺三枝子編著『新版キャリアの心理学［第2版］』（ナカニシヤ出版、2018年）

　キャリア理論（キャリア理論家）に関する参考書です。理論家ごとに章立てがされており、キャリア理論に知識を体系的に身につけることができる参考書です。本書からの出題と思われる過去問題は、毎回多数あります。

・労働政策研究・研修機構編「職業相談場面におけるキャリア理論及びカウンセリング理論の活用・普及に関する文献調査」（独立行政法人労働政策研究・研修機構、2016年）

　独立行政法人労働政策研究・研修機構のホームページにおいて、PDFファイルが無料で公開されています。こちらはキャリア理論（キャリア理論家）とカウンセリング理論（療法）がバランスよく収載されています。公開されているPDFファイルは、スマートフォン、タブレットでもご覧になることができますので、移動時間や隙間時間の学習にも役立ちます。なお、本書の書籍版は、書名「新時代のキャリアコンサルティング」（労働政策研究・研修機構、2016年）として発行されています（有料）。詳しくは同機構のホームページをご確認ください。

　上記の書籍及び資料の3点は、過去問題に挑戦する際に用意してほしい参考書となります。その他では、次の2点も大変勉強になりますので、必要に応じてご用意ください。

・宮城まり子著『キャリアカウンセリング』（駿河台出版社、2002年）
・岡田昌毅著『働くひとの心理学』（ナカニシヤ出版、2013年）

　これまでたくさんの受験者をサポートしてきましたが、キャリアコンサルタント試験は頑張る皆様のご努力を裏切りません。
　合格を目指して、一緒に頑張っていきましょう。

キャリアコンサルタント試験に関する
Q&A 資格に関する皆様からのご質問

Q キャリアコンサルタント試験にはどのような人が受験していますか？

A 様々な経歴の人が受験していますが、次の方たちが多いようです。
- 企業の人事部門や、教育研修部門で仕事をしている方
- 人材派遣会社で仕事をしている方
- ハローワークなどの公的な職業需給調整機関で仕事をしている方
- 公的職業訓練を実施している企業や行政機関で仕事をしている方
- 高校や大学、塾や予備校などの教育機関で仕事をしている方
- 社会保険労務士を中心とした士業としての仕事をしている方
- 定年退職等をして、これまでの経験を活かして次のキャリアを構築しようとしている方
- 出産や子育てなどで一旦、仕事から離れているが、仕事に復帰するために取得を目指している方

　他には、人事部門に限らず企業の経営者層、管理職層の方、また年齢を問わず転職に向けて取得している方もいます。

　最近では、若い方（大学生を含む）が、ご自身の将来のキャリア構築や、将来の就職（転職）活動のために取得する動きもあると感じています。

Q これまでに一つの業界しか知らず、転職業界に詳しくないのですがキャリアコンサルタントが務まりますか？

A これまでのご自身の経験は、仕事での経験も私生活での経験もすべて、キャリアコンサルタントとして活躍するに当たっての資源（リソース）、資産になると思ってください。新たな仕事での、それぞれの業界知識などは後からでも身につけることができます。

　どの業界でこの資格を活用するにしても、相談者（クライエント）に寄り添

うことができる姿勢や態度、キャリアの理論、カウンセリングの知識やスキル等を身につけることが大切です。資格取得の前も後も、絶えず学ぶ姿勢はどのような仕事に就いても、どんな年齢であっても必要になります。

Q 50代となってしまいましたが、キャリアコンサルタントとしてキャリアを積むには遅すぎるでしょうか。

A 40代の私がいうのは説得力に欠けるかもしれませんが、ご自身のご経験は、キャリアコンサルタントにとっては資源（リソース）であり、資産です。

　ただし、働く人を取り巻く環境の変化や、若い人たちの仕事への姿勢や働き方の変化、経済情勢、雇用情勢などには常にアンテナの感度を良くしておきましょう。また、キャリア理論やカウンセリング理論、技法への探究心や好奇心を大切にして自己研鑽しましょう。これは私も肝に銘じます。

Q キャリアコンサルタントの年収はどれくらいですか？

A 一概にはいえませんが、独立行政法人労働政策研究・研修機構での調査結果がありますので紹介します。最近1年間の税込み個人年収が調査結果として報告されています。

▼最近1年間の税込み個人年収（一部抜粋）

最近1年間の税込み個人年収	割合
なし	2.1%
200万円未満	13.6%
200～400万円未満	33.2%
400～600万円未満	21.5%
600～800万円未満	14.1%
800～1,000万円未満	7.5%
1,000～1,200万円未満	4.6%
1,200～1,400万円未満	1.7%
1,400～1,600万円未満	0.8%
1,600～1,800万円未満	0.2%
1,800～2,000万円未満	0.2%
2,000万円以上	0.4%
合計	100%

出典：独立行政法人労働政策研究・研修機構「キャリアコンサルタント登録者の活動状況等に関する調査　労働政策研究報告書No.200」（2018年、p.23）

ただし、これはそもそも企業等に勤務している方が、キャリアコンサルタントを取得している場合も含まれますし、大学のキャリアセンターなどで、週に2、3日程度、短時間の勤務をしている方も含まれますから、数値の読み取りには注意が必要です。

　なお、同報告書において、「最近1年間の税込み個人年収の現在の就労状況別の特徴」の調査結果もあります。

　正社員と非正規社員での比較では、正社員では割合の高い順から、400〜600万円未満（31.9%）、800万円以上（26.0%）、600〜800万円未満（24.0%）となっているのに対して、非正規社員では、200〜400万円未満（62.0%）、200万円未満（23.0%）、400〜600万円未満（10.9%）の順となっています（独立行政法人労働政策研究・研修機構「キャリアコンサルタント登録者の活動状況等に関する調査　労働政策研究報告書No.200」（2018年、p.25））。

　育児や介護等との両立を考え、自宅近くの大学のキャリアセンターなどで短時間の仕事に就いているという方がいる一方で、企業に属している方や、フリーランス（自営業者）、会社経営者としてキャリアコンサルタント資格を活かしている方もいます。また、Zoom等を活用してオンラインでカウンセリングをしている方もいます。

　キャリアコンサルタント自身の働き方もまた様々です。キャリアコンサルタントは、まだ歴史がとても浅い国家資格です。その求められる姿や仕事の仕方、報酬についても、様々な形が今後登場するのではないかと感じています。

　資格取得後は、ともにキャリアコンサルタントの世界を開拓していきましょう。

キャリアコンサルタント試験に関する
Q&A 試験に関する皆様からのご質問

Q 日本キャリア開発協会（JCDA）とキャリアコンサルティング協議会について、どちらで受験するべきでしょうか。

A キャリアコンサルタント試験は、2つの登録試験機関で実施されます。登録試験機関とは試験を実施する機関のことで、日本キャリア開発協会（JCDA）とキャリアコンサルティング協議会があります。キャリアコンサルタント試験を受験する人はどちらかに受験申請をすることになります。

どちらの登録試験機関で受験しても「学科試験」の内容は同じですが、「実技試験（論述・面接）」は内容が異なります（p.xv）。注意してください。

どちらで受験するのか？

どちらが良いとか、どちらが易しいといったものはありません。実技試験の合格率にはいつも差がありますが、それは回によって異なりますので、どちらが受かりやすいか、という視点ではあまり考えない方がよいでしょう。

ではどちらにするか？

多くの方が受験資格を得るためや、受験資格がある方でも、体系的に学び直すために養成講習に通うことと思います。養成講習は、両方の登録試験機関に対応しているところもあれば、いずれかに対応しているところもあります。試験対策は通常の養成講習とは別にオプション講習として、両方に対応しているところもあるようです。ですから、養成講習をどこで受講するかの検討においては、養成講習を実施しているスクール等にそれらを必ず確認しましょう。

どちらで合格しても「キャリアコンサルタント」の資格が与えられることは同様です。

ただし、実技試験の内容を検討すると、相談者（クライエント）に寄り添い、その発言に対して、丁寧にじっくりと耳を傾けるということは同様ですが、次のような違いがあるように感じています。

どちらかといえば、日本キャリア開発協会（JCDA）はキャリア・カウンセリング（相談）の視点がやや強めであり、キャリアコンサルティング協議会はキャリア・ガイダンス（指導）の視点がやや強めなのではないかと私は感じています。これはあくまで私見で、試験制度の中で定義づけられたものではありませんし、どちらが良いというものでもありません。また、このあたりの感触は人によって異なりますので、既に受験をした先輩などが周囲にいましたら、相談してみるのもよいでしょう。

　ちなみに私は旧試験制度の頃に、日本キャリア開発協会（JCDA）のCDA対応の養成講習を「日本マンパワー」で受講し、その中で学んだ「経験代謝」のカウンセリング手法がとても好きで、今でもカウンセリング手法の軸にしてカウンセリング実務を実践しています。

Q 学科試験対策は、どのくらい、どのように勉強したらよいですか。

A その人のそもそもの前提知識や普段の業務内容、養成講習での学びの質によって変わってきますが、時間にすると概ね100時間程度を学科試験対策に使って合格する方が多いようです。ただし、これには個人差があります。これより多い方も少ない方もいます。

　本書を中心に知識を確認し、掲載されている問題を演習した後は、過去問題を解いては、解説や出典となっていると思われる参考書や官公庁が公表している資料などを確認し、知識の幹づくりと枝葉付けをしていくのが学科試験対策の王道といえます。

　出題範囲は広く、身につけるべき知識が非常に多いことは、過去問題を解くとすぐに気づくことと思います。ですから養成講習が終わったら、たとえ養成講習の復習が不十分であっても、なるべく早めに過去問題を解き始めることをおすすめしています。「急がば過去問題」、これは頭の片隅に入れておいてください。

　なお、これまでの過去問題の解説や出典と思われる参考書や資料の詳細最新の時事問題対策については、ホームページ「みんなで合格☆キャリアコンサルタント」に掲載していますので、是非参考にしてみてください。

　また、過去問題を解く際には、日本キャリア開発協会（JCDA）やキャリアコンサルティング協議会のホームページで公開されている、出題範囲の表を意識しながら解いてください。養成講習では、この出題範囲の表があまり考慮されていないことが多いようです（出題範囲の表は、本書巻末にも掲載）。

　私は出題範囲ごとに横断的にこれまでの過去問題を解く、「ヨコ解き」の実践を特におすすめしています。試験回ごとに問1から問50まで順に解くことを私は「タテ解き」と呼んでいますが、これまでの出題傾向を掴んで知識を整理するには、「ヨコ解き」の方が時間的にも、労力的にも効率が良いと考えています。

　また、「ヨコ解き」や「タテ解き」を実践する際に便利なシート「タテヨコくん」を、ホームページ「みんなで合格☆キャリアコンサルタント試験」で公開しています。是非、シートも活用して実践してみてください。学科試験対策にかける時間を短縮しながら、効率よく知識を習得することができる可能性が高まるでしょう。

みんなで合格☆キャリアコンサルタント試験
URL https://www.career-consultant.info/

Q 実技試験対策はどのようにしたらよいですか？

A 実技試験（面接試験、論述試験）については、本書では深くは言及しませんが、どちらの登録試験機関で受験するにせよ、面接試験と論述試験は表裏一体の関係にあると考えています。適切な面接（ロールプレイング）ができるようになることが、すなわち論述試験対策にもなると私は考えています。なぜならば、論述試験は、問題用紙と答案用紙上で行われる面接（ロールプレイング）であると捉えているからです。面接（ロールプレイング）の逐語録を検討する要領です。

　ですから、実技試験は面接試験対策を軸として、養成講習が終わった後も、有志メンバーによる勉強会や有料の講習等を通じて自己研鑽することをおすすめしています。養成講習の面接（ロールプレイング）対策は、回数や時間が限

られていますから、養成講習後の研鑽はマストといってよいでしょう。

　なお、有志の勉強会においては、既に資格を取得している先輩や、講師（指導者）の支援を受けた方がより効果的です。アドバイスを謙虚に受けとめ、軌道修正を繰り返しましょう。練習をすれば必ずできるようになります。言語的追跡の技法等は、日常生活においても身近な方たちとの会話で実践してみてください。きっと、これまでのやり取りとは違った感触を覚えることでしょう。

　論述試験対策においては、実際に「書く」ことが大切です。特に日本キャリア開発協会（JCDA）の論述試験は、時間との戦いになることが多いです。時間内に、空欄を作らず書き終えることが合格ライン確保のために重要です。実際に「書く」練習を過去問題等により実践しましょう。面接対策も論述対策も、なかなかすぐに上達するものではないですから、焦らずに練習しましょう。

1章

キャリア
コンサルティングの
社会的意義

この章では、キャリアコンサルティングの社会的意義について学びます。雇用や働き方の現状から、キャリアコンサルタントとしての相談者（クライエント）との関係に至るまで、幅広い視野での理解が求められます。そのため、「職業能力開発基本計画」から読み取れる国の人材育成の方向性や、「労働経済の分析」などで雇用や働き方の現状と課題を確認し、徐々に進化（深化）していく、キャリアコンサルタントがあるべき姿の理解を深めましょう。

1-1 社会及び経済の動向並びに
    キャリア形成支援の必要性の
    理解

1-2 キャリアコンサルティングの
    役割の理解

社会及び経済の動向並びに
キャリア形成支援の必要性の理解

全体を つかもう この出題範囲からは、毎回1問、学科試験問題の問1で時事問題として出題されます。時事問題のため初出の資料からの出題なども多く、出題予想が難しいトピックではあるものの、最近の雇用に関する問題点や施策などにアンテナを張りましょう。対策すべき資料の柱となるのは、職業能力開発基本計画と労働経済の分析です。

第11次職業能力開発基本計画　 よく出る　必ず読む

　職業能力開発基本計画は職業能力開発促進法に基づき、職業訓練や職業能力評価など、職業能力の開発に関する基本となる計画である。

　なお、「第11次」は、2021年度〜2025年度の5カ年を表し、その期間の計画である。

■ 職業能力開発基本計画の背景と目指す姿

　新型コロナウイルス感染症の影響によるデジタル技術の社会実装の進展や労働市場の不確実性の高まり、人生100年時代の到来による労働者の職業人生の長期化など、労働者を取り巻く環境が大きく変化していくことが予想される。

　そのような状況のなかで、企業における人材育成を支援するとともに、労働者の主体的なキャリア形成を支援する人材育成戦略としてこの基本計画を位置付け、職業能力開発施策の方向性を定めている。

■ 職業能力開発の4つの方向性と基本的施策

　職業能力開発をめぐる経済社会の変化と課題を踏まえ、生産性向上のための

人材育成戦略を実行するために、今後の我が国は、次の4つの観点から、職業能力開発を推進する。

今後の方向性①
『産業構造・社会環境の変化を踏まえた職業能力開発の推進』
　Society5.0の実現に向けた経済・社会の構造改革の進展を踏まえ、IT人材など時代のニーズに即した人材育成を強化するとともに、職業能力開発分野での新たな技術の活用や、企業の人材育成の強化を図る。

↓

それに対する施策
・教育訓練給付におけるIT分野の講座充実に向けた関係府省の連携
・公的職業訓練におけるIT活用スキル・ITリテラシー等の訓練を組み込んだ訓練コースの設定の推進
・オンラインによる公的職業訓練の普及、ものづくり分野の職業訓練におけるAR・VR技術等の新たな技術の導入に向けた検討
・企業・業界における人材育成の支援、中小企業等の生産性向上に向けたオーダーメイド型の支援の実施
・教育訓練の効果的実施等に向けた企業におけるキャリアコンサルティングの推進

今後の方向性②
『労働者の自律的・主体的なキャリア形成の推進』
　労働市場の不確実性の高まりや職業人生の長期化などを踏まえ、労働者が時代のニーズに即したスキルアップができるよう、キャリアプランの明確化を支援するとともに、幅広い観点から学びの環境整備を推進する。

↓

それに対する施策
・企業へのセルフ・キャリアドックの導入支援
・夜間・休日、オンラインを含めた労働者個人がキャリアコンサルティングを利用しやすい環境の整備
・キャリアコンサルタントの専門性の向上や専門家とのネットワークづくりの促進

- IT利活用等の企業横断的に求められる基礎的内容を中心とする動画の作成・公開
- 教育訓練給付制度の対象講座に関する情報へのアクセスの改善
- 教育訓練休暇や教育訓練短時間勤務制度の普及促進、社内公募制などの労働者の自発性等を重視した配置制度の普及促進

今後の方向性③
『労働市場インフラの強化』
　中長期的な日本型雇用慣行の変化の可能性や労働者の主体的なキャリア選択の拡大を視野に、雇用のセーフティネットとしての公的職業訓練や職業能力の評価ツールなどの整備を進める。

↓

それに対する施策
- 地域訓練協議会等を通じた産業界や地域の訓練ニーズを反映した職業訓練の推進
- 産学官が連携した地域コンソーシアムの構築・活用促進
- 技能検定制度・認定社内検定の推進
- ホワイトカラー職種における職業能力診断ツールの開発や職業情報提供サイト（日本版O-NET）との連携
- ジョブ・カードの活用促進
- デジタル技術も活用した在職者・離職者、企業等への情報発信の強化

今後の方向性④
『全員参加型社会の実現に向けた職業能力開発の推進』
　希望や能力等に応じた働き方が選択でき、誰もが活躍できる全員参加型社会の実現のため、すべての者が少しずつでもスキルアップできるよう、個々の特性やニーズに応じた支援策を講じる。

↓

それに対する施策
- 企業での非正規雇用労働者のキャリアコンサルティングや訓練の実施や求職者支援訓練の機会の確保
- 育児等と両立しやすい短時間訓練コースの設定や訓練受講の際の託児支援

サービスの提供の促進

・就業経験の少ない若者に対する日本版デュアルシステムや雇用型訓練の推進、地域若者サポートステーションにおけるニートや高校中退者等への支援の強化

・高齢期を見据えたキャリアの棚卸しの機会の確保

・中小企業等の中高年労働者を対象とした訓練コースの提供

・障害者の特性やニーズに応じた訓練の実施、キャリア形成の支援

・就職氷河期世代、外国人労働者など就職等に特別な支援を要する方への支援

このほか、技能継承の促進、国際連携・協力の推進に係る施策を実施する。また、新型コロナウイルス感染症の影響等により新たな施策が必要な場合には、本計画の趣旨等を踏まえて機動的に対応するとしている。

令和4年版労働経済の分析 よく出る 読む

「労働経済の分析」は、厚生労働省が発表する白書で、二部構成になることが多く、第I部の「労働経済の推移と特徴」は、一般経済や企業の動向、完全失業率や有効求人倍率等の雇用情勢や労働時間・賃金等の動向、消費・物価の動向に関する統計データの分析が中心となる。第II部は、毎年、取り扱うテーマが異なり、労働や雇用を取り巻く現状や課題などがまとめられている。

一言アドバイス

完全失業率や有効求人倍率などの主な雇用指標に関する統計データは、第2章(2-9労働市場の知識)でインプットします。

ここでは第II部のテーマについて、ポイントを確認する。

令和4年版労働経済の分析の第II部のテーマは、「労働者の主体的なキャリア形成への支援を通じた労働移動の促進に向けた課題」であり、キャリアコンサルタントとしても大変気になるテーマである。

令和4年版労働経済の分析を読み解く4つのポイント

■ 我が国の労働力受給の展望と労働移動の動向
ポイント①：柔軟な労働移動と労働生産性UPが、成長のカギ！

- 我が国の生産年齢人口は当面減少していく見通しである一方、介護・福祉分野やIT分野など労働力需要の高まりが見込まれる分野があり、外部労働市場を通じた労働移動による需給調整が今後重要になる。
- 転職入職率は、女性やパートタイム労働者では高まっているものの、男性や一般労働者を含めた労働者全体では大きく高まってはいない。また、我が国の労働者の勤続年数は英米や北欧と比較して長い者が多い。
- 「情報通信業」や「医療・福祉」といった労働力需要が高まる分野への労働移動が近年大きく活発になっている傾向はみられない。
- 我が国の実質賃金の変動要因をみると、欧米と比較して労働分配率の寄与度が比較的高い一方で、労働生産性の寄与度が小さく、今後の実質賃金の増加には、労働生産性の上昇が重要である。

■ 主体的な転職やキャリアチェンジ促進において重要な要因
ポイント②：キャリア自律と自己啓発は、転職を有利にするカギ！

- 転職を希望する者や、転職希望者でその後転職を実現する者の割合は、年齢とともにおおむね低下する傾向があり、また男性より女性でおおむね高い傾向がある。
- 特に男性で、「係長・主任クラス」「課長クラス」といった中堅層で、転職希望者のうち転職活動に移行する者や転職を実現する者が少ない傾向がある。
- 転職希望者について、正社員や中堅の役職者の場合、転職活動への移行や転職の実現がしにくい傾向がある。
  　一方、転職希望者について、キャリア見通しができている場合や自己啓発を行っている場合は転職活動に移行しやすく、正社員や課長クラスの役職者ではキャリアの見通しができていると転職の実現がしやすい傾向がある。
- キャリアチェンジを伴う転職はワークライフバランスを理由とする場合にしている傾向がある。一方、能力活用、仕事内容への満足、賃金が高いと

いった積極的な理由でキャリアチェンジする場合も転職後の満足度は高くなりやすい。

なお、キャリアチェンジとは職種を変える、職種間移動のことである。

・キャリアチェンジする場合、転職の準備としてキャリア相談（キャリアコンサルティング）や自己啓発を行っている場合は仕事内容や自らの能力活用といった目的での転職を行いやすい。
・前職でキャリアの見通しができている者は転職後の仕事の満足度も高くなりやすい傾向がある。
・職種間移動をする場合、仕事内容や自らの能力活用といった目的での転職を行っている場合や、自己啓発を行っている場合は転職後の賃金が増加しやすい傾向がある。

■ 主体的なキャリア形成に向けた課題①

ポイント③：キャリアコンサルティングの活用は、職業生活設計や能力向上のカギ！

・キャリアコンサルティングを受けた者はキャリアを設計する上で主体性が高い者が多く、一つの分野に限らず幅広い分野でキャリアを形成している傾向がある。
・自らの能力が社外でも通用すると考える者においては、企業外でキャリア相談を受けている者の割合が高い傾向があり、また、企業外でキャリアコンサルティングを受けた者は自己啓発への意識が高い者が多い傾向がある。
・労働者が自己啓発について抱えている課題は仕事が忙しくて時間が取れない、費用がかかりすぎるといった課題や、女性の場合は家事・育児が忙しくて時間が取れないというものが多い。
・企業のOFF-JTや自己啓発の費用面の支援をみると、特段支援を行っていない企業が半数程度存在する。
・企業が費用面での支援や就業時間の配慮等を行っている場合、自己啓発を行っている社員の割合は高い。

■ 主体的なキャリア形成に向けた課題②

ポイント④：公共職業訓練の活用は、円滑な労働移動のカギ！

・公共職業訓練の受講により、訓練分野を問わず再就職しやすくなる効果が認められる。

・介護・医療・福祉分野の訓練については、受講することで他分野からの労働移動を促進する効果がある可能性が示唆される。

・介護・福祉分野の訓練については、応募倍率や定員充足率が低いことが課題である。

・介護・福祉職と類似度が低い前職の経験者でも、訓練を受講すればある程度介護・福祉職に就職できており、幅広い職種の経験者が対象となり得る可能性がある。

・IT分野の訓練受講者の就職先をみると、女性の場合、事務職になりやすく、情報技術者に就職しにくい傾向がある。

・受講内容をみると女性はユーザーレベルのスキルを学ぶ「情報ビジネス科」の受講者が多く、情報技術者のスキルを学ぶIT専門訓練を受講した場合でも事務職に就職する傾向が強い。

・他方で、IT専門訓練を受講した場合、性別に関わらず情報技術者への就職確率は高まる。

・女性の情報技術者への就職を促進するため、情報技術者への就職に対する関心を高める必要がある。

一言
アドバイス

新しい資料の公表された際の試験対策情報や、これまでの資料のまとめ等は、WEBサイト「みんなで合格☆キャリアコンサルタント試験」にて随時、掲載しています。あわせてご活用ください。

一問一答でふりかえり

☐ **Q** 第11次職業能力開発基本計画は、職業能力開発促進法に基づき、職業訓練や職業能力評価など、職業能力の開発に関する基本となるべき計画として位置づけられている。

A 適切である。なお、第11次とは、2021年度〜2025年度の5カ年を表している。

☐ **Q** 第11次職業能力開発基本計画における今後の方向性として、労働者の自律的・主体的なキャリア形成の推進があげられている。

A 適切である。労働者が時代のニーズに即したスキルアップができるよう、キャリアプランの明確化を支援するとともに、幅広い観点から学びの環境整備を推進する。

☐ **Q** 第11次職業能力開発基本計画における今後の4つの方向性の一つに、国際競争力を有するものづくり分野の人材育成の強化がある。

A 適切ではない。4つの方向性は、産業構造・社会環境の変化を踏まえた職業能力開発の推進、労働者の自律的・主体的なキャリア形成の推進、労働市場インフラの強化、全員参加型社会の実現に向けた職業能力開発の推進である。

☐ **Q** 第11次職業能力開発基本計画の具体的な施策として、教育訓練給付対象講座受講者に向けた助成割合の引上げに取り組むことが明記されている。

A 適切ではない。教育訓練給付対象講座受講者に向けた助成割合の引上げについては言及していない。

☐ **Q** 第11次職業能力開発基本計画の具体的な施策として、関係府省と連携して、今後さらに労働力が必要となる介護領域の基礎的な知識等を学習できる動画を作成・公開することが明記されている。

A 介護領域の基礎的な知識等を学習できる動画の記載はないが、IT利活用等の企業横断的に求められる基礎的な知識等を学習できる動画を作成・公開し、オンラインで無料で学べる環境を整備する。

Q 令和4年版労働経済の分析によると、我が国の生産年齢人口は当面減少していく見通しである一方、建設業分野や製造業分野などで労働力需要の高まりが見込まれている。

A 適切ではない。介護・福祉分野やIT分野で労働力需要の高まりが見込まれている。

Q 令和4年版労働経済の分析によると、我が国の労働者の勤続年数は英米や北欧と比較して長い傾向がある。

A 適切である。転職入職率は女性やパートタイム労働者では高まっているものの、労働者全体では大きく高まってはいない。

Q 令和4年版労働経済の分析によると、我が国の実質賃金の変動要因をみると、欧米と比較して労働生産性の寄与度が高い。

A 適切ではない。欧米と比較して労働生産性の寄与度が低く、今後の実質賃金の増加には、労働生産性の上昇が重要である。

Q 令和4年版労働経済の分析によると、転職を希望する者や、転職希望者でその後転職を実現する者の割合は、年齢とともにおおむね低下する傾向がある。

A 適切である。なお、その割合は、男性より女性でおおむね高い傾向がある。

Q 令和4年版労働経済の分析によると、転職希望者について、キャリア見通しができている場合や自己啓発を行っている場合は転職活動に移行しづらい。

A 適切ではない。その場合には、転職活動に移行しやすい傾向がある。

Q 令和4年版労働経済の分析によると、キャリアチェンジする場合、転職の準備として、キャリアコンサルティングや自己啓発を行っている場合は仕事内容や自らの能力活用といった目的での転職を行いやすい。

A 適切である。また、前職でキャリアの見通しができている者は転職後の仕事の満足度も高くなりやすい傾向がある。

Q 令和4年版労働経済の分析によると、キャリアコンサルティングを
受けた者はキャリアを設計する上で主体性が高い者が多い傾向があ
る。

A 適切である。また、一つの分野に限らず幅広い分野でキャリアを形
成している傾向があるとしている。

Q 令和4年版労働経済の分析によると、企業が費用面での支援や就業
時間の配慮等を行っている場合、自己啓発を行っている社員の割合
は低くなる傾向がある。

A 適切ではない。このような場合には、自己啓発を行っている社員の
割合は高くなる傾向がある。

Q 令和4年版労働経済の分析によると、公共職業訓練の受講により、
訓練分野を問わず再就職しやすくなる効果が認められる。

A 適切である。なお、介護・医療・福祉分野の訓練については、受講
することで他分野からの労働移動を促進する効果がある可能性が示
唆される。

キャリアコンサルティングの役割の理解

全体を
つかもう　キャリアコンサルティングの役割と意義
は、出題範囲表にもまとめられています
が、古くは「キャリアコンサルタントの能力要件
の見直し等に関する報告書」に、最近では「働く
環境の変化に対応できるキャリアコンサルタント
に関する報告書」において、内容が進化していま
す。特に後者の報告書をよく確認しましょう。

┃ キャリアコンサルティングの役割と意義

　キャリアコンサルタント試験の出題範囲（キャリアコンサルタント試験の試
験科目及びその範囲並びにその細目）においても、キャリアコンサルティング
の役割と意義について下記のようにまとめられており、この内容を裏付けとし
た問題も過去に出題されている。

　キャリア形成支援の必要性が増している中で、キャリアコンサルタントとし
て必要な知識を備えておくことが大切である。その第一歩として、キャリアコ
ンサルティングの役割と意義を理解する。

①キャリアコンサルティングは、職業を中心にしながらも個人の生き甲斐、
　働き甲斐まで含めたキャリア形成を支援するものであること。
②個人が自らキャリア・マネジメントをすることにより自立・自律できるよ
　うに支援するものであること。
③キャリアコンサルティングは個人と組織との共生の関係を作る上で重要な
　ものであること。
④キャリアコンサルティングは、個人に対する支援だけでなく、キャリア形

成やキャリアコンサルティングに関する教育・普及活動、環境への働きかけ等も含むものであること。
（キャリアコンサルタント試験の出題範囲：キャリアコンサルティング協議会・日本キャリア開発協会）

キャリアコンサルティングの役割には大きく分けると、個人に対する支援、組織に対する支援、教育・普及活動と環境への働きかけがある。

働く環境の変化に対応できるキャリアコンサルタントに関する報告書

 よく出る 必ず読む

人生100年時代を迎え、職業人生の長期化や働き方の多様化、雇用慣行の変化、デジタルトランスフォーメーション（DX）の進展に加え、新型コロナウイルス感染症の影響により、雇用の不透明さが増すなど、「働く」を取り巻く環境が大きく変化する中で、今後期待されるキャリアコンサルタントの役割や行動などが示されている。

今後のキャリアコンサルタントの役割や行動の方向性を示す、いわば地図や羅針盤となるような報告書であり、必要な施策について、産業界・企業、労働者個人、キャリアコンサルタント自身に分けて整理している。

■ 産業界・企業の理解促進のために必要な施策

労働者が自律的にキャリア形成を進める上で、企業が積極的にその取組を支援する労使が協働した取組が不可欠であり、次の施策を提案している。

①キャリアの節目等における、キャリアコンサルティングやキャリア研修を実施する、セルフ・キャリアドックの更なる推進。
②キャリアコンサルティングの普及を図るため、キャリアコンサルタントの積極的な配置の促進。

企業組織内でのキャリア支援のキーパーソンとして、職業能力開発推進者の設置は努力義務であり、キャリアコンサルタント等から選任するとされている。

③ライフ・キャリア全般にわたるキャリア形成支援のツールとして、ジョブ・カードを活用したキャリアコンサルティングの推進。

④企業経営層や労働者向けにキャリアコンサルティングの有効性等の周知を図る。

　支援の好事例などの情報発信や、企業の取組みを厚生労働大臣が表彰する、グッドキャリア企業アワード事業の更なる周知や内容の充実を図る。

■ 労働者個人へのキャリアコンサルティングの普及に必要な施策

個人にとっては、入職から引退までの職業的な発達段階の過程においては、キャリアコンサルタントのイメージは、いわば「かかりつけ医」である。キャリアコンサルタントを身近に感じ、キャリアコンサルティングを受ける機会の環境を整備する。

① ジョブ・カードを活用しながらキャリア支援サービスを行う、キャリア形成・学び直し支援センター（旧キャリア形成サポートセンター）事業の推進。

② 労働者がキャリア形成を自らのものとして意識するための、セルフ・キャリアドックの更なる推進。

③ 中長期的なライフ・キャリアへの支援ツールとしての、ジョブ・カードの活用促進。

④ 体験イベントや情報発信による、キャリアコンサルティングの体験機会の提供。

⑤ 情報の蓄積と情報提供の充実による、キャリアコンサルタントに関する情報提供。

■ キャリアコンサルタントに求められること

① 活動領域ごとの役割に応じた専門性を高め、近接領域の専門家・専門機関へのリファーする力など、専門性の深化と実践力の向上が求められる。

② キャリア支援者としての専門性や対人支援を行う人間性とともに、多様な働き方や職位・年齢階層に応じたキャリア支援に精通することが求められる。

③ 経営者層への提案や人事担当部署との協業や働きかけなど、企業内の問題

解決に向けた提案力を発揮することが求められる。

④知識のアップデートやメンタルヘルス等のリファー先のみならず、外部専門家との連携や外部資源を活用することが求められる。

⑤外部への人材移動を念頭においた、情報提供や助言による就職マッチング機能とともに、内部での職場定着を図るためのリテンション機能（人材流出の防止）を意識する。

⑥デジタル技術、ITスキルを積極的に活用した、オンライン活用によるキャリアコンサルティングを積極的に推進する。

⑦実践経験の多い少ないによらず、キャリアコンサルティングに係る、スーパービジョンを受けることが不可欠である。

報告書では、キャリアコンサルタントそれぞれの支援の現場において、新しい時代の新しい働き方の「みちしるべ」を示す役目を果たすことを期待している。

キャリアコンサルタントの能力要件の見直し等に関する報告書

2018年、「キャリアコンサルタントの能力要件の見直し等に関する報告書」が発表され、「キャリアコンサルタント養成講習（養成講座）」の時間数の増加や試験範囲の改訂が行われた。しばらく時が経過しているため、今後の出題可能性は高くないが、今に繋がる内容のため、確認しておこう。その見直しの背景や具体的な内容は次のとおりである。

■ 見直しの背景

キャリアコンサルタントが、これまでの就職支援という観点に止まらず、一人一人のキャリア自立の観点から、職業生涯にわたる職業生活設計にかかわる支援の役割を、より確実に、幅広く担うための能力習得を図るため。

■ 見直しの内容

養成講習（養成講座）の全体時間数が、140時間から150時間程度に増加した。内訳は、演習時間の60時間から70時間程度への増加である。

そして、「働き方改革」等における新たな政策的課題に対応した役割を的確に担うことができるキャリアコンサルタントの養成及び質の向上を推進するため、次の4つを拡充強化策として挙げている。

①セルフ・キャリアドック等の企業におけるキャリア支援の実施に関する知識・技能
②リカレント教育等による個人の生涯にわたる主体的な学び直しの促進に関する知識・技能
③職業生涯の長期化、仕事と治療、仕事と子育て、仕事と介護の両立等の課題に対する支援に関する知識・技能
④クライエントや相談場面の多様化への対応に関する知識・技能

さらに、キャリアコンサルティング利用者の評価やニーズ等を踏まえ、利用者の納得感を高める応対や、企業の組織内での人事部門等との連携、組織の管理者等への支援もキャリアコンサルタントの社会的役割として求められるとしている。

一問一答でふりかえり

□ **Q** キャリアコンサルティングにおいては、個人の職業生活設計にのみ焦点を当て、職務内容に関する不満などは対象にしない。

A 適切ではない。職務内容に関する不満や、情緒的な問題にも耳を傾ける。

□ **Q** キャリアコンサルティングの役割には、個人に対する支援、組織に対する支援があり、環境への働きかけは含まれない。

A 適切ではない。個人、組織に加えて、環境への働きかけや教育・普及活動が含まれる。

☐ **Q** キャリアコンサルティングは、個人が自ら自立・自律できるように支援するものである。

A 適切である。自らがキャリア・マネジメントすることにより自立・自律することを支援するものである。

☐ **Q** 働き方改革が進められる中でも、組織に対して問題を提起するよりも、個人の働き方の支援に徹することが大切である。

A 適切ではない。環境への働きかけもキャリアコンサルティングの役割である。

☐ **Q** 「働く環境の変化に対応できるキャリアコンサルタントに関する報告書」で示されているキャリアコンサルタントに求められることに、専門性を深化、実践力を向上させることがある。

A 適切である。個人の強みとして専門領域へ踏み出すこと及び近接領域の専門家等へのリファーをする力が求められる。

☐ **Q** 「働く環境の変化に対応できるキャリアコンサルタントに関する報告書」で示されているキャリアコンサルタントに求められることに、企業内の課題解決に向けては経営者層へのアプローチのみが大切であり、人事担当部署との協業は必要ない。

A 適切ではない。経営者層へのアプローチなどの企業への提案力、人事担当部署との協業をする能力が求められる。

☐ **Q** 「働く環境の変化に対応できるキャリアコンサルタントに関する報告書」で示されているキャリアコンサルタントに求められることに、外部資源に頼ることなく、キャリアコンサルタント自身で完結することがある。

A 適切ではない。外部専門家との連携や外部資源を活用することが求められている。

☐ **Q** 「働く環境の変化に対応できるキャリアコンサルタントに関する報告書」で示されたキャリアコンサルタントの役割には、就職マッチング機能やリテンションの機能を意識することがある。

A 適切である。リテンションの機能とは、人材の流出を防止するための施策であり、内定後の就職支援準備や中小零細企業の新人研修など、初期キャリア段階における職場定着の支援等である。

☐ **Q** 「働く環境の変化に対応できるキャリアコンサルタントに関する報告書」で示された、キャリアコンサルタントに求められることについて、オンラインを活用したキャリアコンサルティングは、情報セキュリティの観点から、極力、控えるべきであるとしている。

A 適切ではない。個人情報の取扱等のルール・ガイドラインの必要性等について議論が必要としているが、オンライン活用によるキャリアコンサルティングの積極的な推進が示されている。

☐ **Q** 『キャリアコンサルタントの能力要件の見直し等に関する報告書』によると、拡充・強化すべき事項として、クライエントや相談場面の多様化への対応に関する知識や技能が挙げられる。

A 適切である。具体的に拡充・強化すべき事項としている。

☐ **Q** 『キャリアコンサルタントの能力要件の見直し等に関する報告書』によると、中高年・高齢者が活躍できる就業・転職の促進はキャリアコンサルタントではなく、企業の人事部門が行うこととしている。

A 適切ではない。中高年・高齢者が活躍できる就業・転職の促進は、キャリアコンサルタントのさらなる役割発揮が特に期待される点である。

2章

キャリアコンサルティングを行うために必要な知識

この章は、実務で必要な知識であると同時に、試験対策においても核になる章といえます。キャリアに関する理論とカウンセリングに関する理論は、理論家とその理論、療法の特徴について整理しましょう。また、職業能力開発やキャリア形成支援、労働市場や労働関係法令、メンタルヘルスの知識等は、キャリアコンサルタントとしての業務を行う上で不可欠な知識といえます。ボリュームの多さに負けずに、少しずつでも丁寧に確認していきましょう。

アクセスキー **1** （小文字のエル）

パーソナリティ・特性因子論アプローチ

> **全体をつかもう** 特性因子論は、最も古くから用いられてきた職業指導の理論であり、パーソンズにより提唱されました。この理論の根底には、「丸いくぎは丸い穴」へと表現されるような「人と職業のマッチング」があります。また、ホランドは、職業選択の要因として、個人の行動スタイルや人格類型に着目し、性格特性（パーソナリティ）と環境との相互作用により、キャリア形成が成り立つとしています。

パーソンズの理論

パーソンズは職業指導の創始者、父ともいわれる。1900年代の初頭に、"Choosing a Vocation（職業の選択）"（1909年）を発表し、後に特性因子論といわれる職業指導の理論の原型を提唱しており、有名な言葉に、「丸いくぎは丸い穴に」がある。

■ 特性因子論

特性因子論は、人間と職業の両者を合致させることにより、職業選択や職業適応を行うため、マッチングの理論とも呼ばれている。

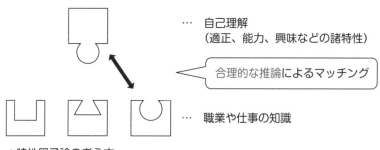

… 自己理解
（適正、能力、興味などの諸特性）

合理的な推論によるマッチング

… 職業や仕事の知識

▲特性因子論の考え方

そして、パーソンズの特性因子論を発展させて、キャリアカウンセリングに発展させたのが、ウィリアムソンである。

ウィリアムソンの特性因子カウンセリングは、次の6段階で行われる。
①分析（情報収集）→②総合（特性の明確化）→③診断（特徴と問題の叙述）→④予後（結果と適応の可能性の判断）→⑤処置（何をすべきかの話し合い）→⑥追指導（①〜⑤の繰り返し）

■ キャリア・ガイダンスへの活用

キャリア・ガイダンスとは、職業に就こうとする者に対して、その者に適当な職業の選択を容易にさせ、及びその職業に対する適応性を持たせるための、必要な実習、指示、助言その他の指導を行うことである。

特性因子論は、厚生労働省編一般職業適性検査（GATB：General Aptitude Test Battery）をはじめ、現在に至るまで、様々なテストや検査、職業分析など、キャリア・ガイダンスの手法を生み出している。

なお、厚生労働省編一般職業適性検査では、知的能力、言語能力、数理能力、書記的知覚、空間判断力、形態知覚、運動能力、指先の器用さ、手腕の器用さの9つの適性能が測定される。

ローの理論

ローは、フロイトをはじめとする精神分析理論などに基づき、パーソナリティと職業選択を関連付けている。具体的には、パーソナリティの個人差は親の養育態度によってもたらされるとし、その態度については、情緒型、拒否型、受容型の3つに分類している。

また、ローは幼児期における欲求の強さやそれと満足とのズレ、個人が持つ満足の価値などが職業に影響するとしている。

ホランドの理論　　よく出る

ホランドは、キャリア形成を、個人の性格特性（パーソナリティ）と個人を

第2章　キャリアコンサルティングを行うために必要な知識

取り巻く環境の相互作用の結果から成り立つものである
としている。そして、それが一致するような環境で仕事
することにより、より安定した職業生活を行うことがで
き、職業的な満足を得られるとしている。

Holland, J.L.

■ 6つの類型

個人の性格特性（パーソナリティ）は、以下の6つの類型に分けることがで
きる。

▼6つのパーソナリティタイプ

頭文字	タイプ	特徴
R：Realistic	現実的	物、道具、機械などを扱うことを好み、秩序的、組織的な操作を伴う活動を好む
I：Investigative	研究的	数学、物理、生物学などに興味があり好奇心が強く学究的
A：Artistic	芸術的	言語、音楽、美術などの能力があり、創造的で独創的、発想が豊か
S：Social	社会的	友好的で対人関係を大切にし、コミュニケーション能力に優れている
E：Enterprising	企業的	外交的で精力的、リーダーシップや説得力がある
C：Conventional	慣習的	情報やデータ等を秩序立てて整理することができ、緻密で責任感がある

また、仕事や活動の環境についても、次の6つの類型に同じく分けることが
できるとしている。具体的には現実的環境、研究的環境、芸術的環境、社会的
環境、企業的環境、慣習的環境である。

得点アップ

頭文字から、次に紹介する六角形と併せ、RIASEC（リアセック）と覚えましょう。

■ 六角形とスリー・レター・コード

6つのパーソナリティ・タイプ（RIASEC）は次のような六角形で表される。

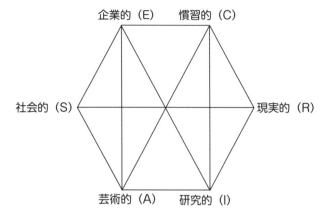

▲ホランドの六角形

　人はそれぞれが独自の性格タイプを持つものであり、これらの6種類の性格タイプのうち、傾向が強い3つの性格タイプ（コード）の頭文字で表したものを**スリー・レター・コード**という。

　なお、この3つの性格タイプの強弱は人それぞれであり、1つが強く、2つが弱いこともあれば、いずれも均一なこともある。また、六角形上で隣り合っている性格タイプは**類似性**が高く、逆に六角形の対角線上にある性格タイプは最も異なるタイプといえる。

　各タイプの類似性や関係性をまとめると次のようになる。

▼スリー・レター・コードの類似性と関係性

タイプ（コード）	類似性	関係性
隣り合っている	高い	一貫性がある
対角線上にある	低い	一貫性がない

■ キャリア・ガイダンスへの活用

　ホランドは研究のみならず、キャリア・ガイダンスで使用するアセスメント・ツールとして、**職業興味検査**（VPI：Vocational Preference Inventory）を開発した。我が国においてもVPI職業興味検査として、主に**若年者**（短大生、大学生以上）の進路指導において活用されている。

VPI職業興味検査は、160の職業名に対して興味の有無で回答させ、その結果は6つのパーソナリティ・タイプ（RIASEC）と、5つの行動傾向尺度の、合計11の尺度得点で解釈することができる。

また、ホランドの研究は**プレディガー**に継承され、ホランドの六角形モデルは①データと②アイディア、③ひと（人間）と④もの、の4つの要素（ワークタスク）が基礎になっているとし、それを**ワークタスク・ディメンション**としてまとめている。

一問一答でふりかえり

☐ **Q** スーパーは、職業指導の父と呼ばれ、著書『職業の選択』を発表した。

A 適切ではない。職業指導の父と呼ばれ、『職業の選択』を発表したのはパーソンズである。

☐ **Q** 賢明な職業選択のために実現するポイントとしてパーソンズが示したものの一つに、自分自身と仕事の関係について合理的な推論を行い、マッチングすることがある。

A 適切である。自己理解と仕事の関係について合理的な推論を行うことが、パーソンズが原型を唱えた、特性因子論の基本的な考え方である。

☐ **Q** 厚生労働省編一般職業適性検査（GATB：General Aptitude Test Battery）は、特性因子論に基づいて作成されている。

A 適切である。一般職業適性検査は、多様な職業分野で仕事をする上で必要とされる9種の能力（適性能）を測定することにより、望ましい職業選択を行うための情報を提供することを目的として作成されたものである。

☐ **Q** ホールは、親の養育態度を情緒型、拒否型、受容型の3つに分け、子どものキャリア発達の「最適化」の在り方について説明した。

A 適切ではない。親の養育態度を3つに分け、パーソナリティの個人差と職業選択とを関係づけたのは、ローである。

Q ウィリアムソンは、特性因子論をキャリアカウンセリングに取り入れた。

A 適切である。ウィリアムソンは、パーソンズが提唱した特性因子論をカウンセリングに取り入れた。

Q ウィリアムソンの特性因子カウンセリングは、成長、探索、確立、維持、下降の5段階を経て行われる。

A 適切ではない。この5段階は、スーパーの職業的発達段階である。ウィリアムソンの特性因子カウンセリングは、分析、総合、診断、予後、処置、追指導の6段階を経て行われる。

Q ホランドの考えた 6 つのパーソナリティ・タイプは、現実的・研究的・芸術的・社会的・企業的・文化的の 6 タイプである。

A 適切ではない。文化的ではなく、慣習的（Conventional）である。

Q ホランドの示したパーソナリティ・タイプのうち、現実的タイプと対極のタイプは芸術的タイプであるとされている。

A 適切ではない。現実的タイプと対極のタイプは社会的タイプである。

Q ホランドの理論は、職業興味検査（VPI）などのキャリア・ガイダンスのための具体的道具の開発につながった。

A 適切である。我が国においても、VPI職業興味検査として、主に若年者への進路指導において活用されている。

Q ホランドがパーソナリティを 6 つの基本的タイプに分けて六角形に表したパーソナリティ・タイプは、六角形における距離が近いほど心理的類似性が低いといえる。

A 適切ではない。六角形で隣り合っているなど、距離が近いほど心理的類似性は高いといえる。

Q ホランドの理論においては、個人がキャリア形成のスタイルをどのように選択するかは、パーソナリティによって決定されるものであり、仕事環境に左右されるものではない。

A 適切ではない。ホランドはパーソナリティと環境との相互作用によってキャリア形成が成り立つとしている。

第2章 キャリアコンサルティングを行うために必要な知識

Q プレディガーは個人のキャリア・アンカーのパターンとして、データ、アイディア、人間、もの、という4つを提示した。

A 適切ではない。この4つはプレディガーがまとめた、ホランドの六角形の基礎となる4つの要素である（ワークタスク・ディメンション）。キャリア・アンカーは、シャインが提唱した。

キャリアに関する理論②

発達論・トランジションに関するアプローチ

全体をつかもう 発達論・トランジションに関するアプローチからは、試験での最頻出理論家のスーパー、シャインのほか、サビカス、ハンセン、ホールなどが出題されます。特にキャリア構築理論、統合的人生設計、プロティアン・キャリアは変化と柔軟性が求められる人生100年時代のキャリア理論と言えるでしょう。

ギンズバーグの理論

1950年代にギンズバーグは、職業選択は一時の選択ではなく、生涯にわたる発達的なプロセスであると最初に理論化し、職業発達において3つのプロセスを経るものと考えた。

▼ギンズバーグの職業発達のプロセス

発達段階	時期
①空想期	10歳以下
②試行期	11歳〜18歳
③現実期	18歳〜20歳代初期

このように、職業選択を発達的なプロセスで捉えるギンズバーグの理論は、スーパーに引き継がれた。

スーパーの理論 よく出る

スーパーは、キャリア発達のプロセスは、自己概念を実現するプロセスであると考え、現実的なキャリア発達の理論が構築できると考えた。そして、生涯にわたるキャリア発達の解明に焦点を当て、5段階からなるライフ・ステージ論を提唱し、その中で自己概念はキャリアと互いに関連しながら発

Super, D.E.

達するとしている。また、キャリア発達においては、人生上における役割（ライフ・ロール）と密接に相互に関連するとしている。

■ 職業的適合性

スーパーは、人と職業の適合性を重要な概念としている。この職業的適合性は、能力とパーソナリティから構成されている。

■ ライフ・ステージ

スーパーは、職業的発達段階が5つの段階で構成されるとし、一連のライフ・ステージをマキシ・サイクルと呼んだ。

▼ライフ・ステージ（マキシ・サイクル）

発達段階	時期
①成長段階	0〜14歳
②探索段階	15〜24歳
③確立段階	25〜44歳
④維持段階	45〜64歳
⑤解放段階	65歳以降

解放段階は下降や、衰退、離脱段階ともいわれる

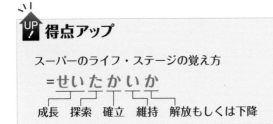

UP! 得点アップ

スーパーのライフ・ステージの覚え方
= せ い た か い か
　成長　探索　確立　維持　解放もしくは下降

なお、ライフ・ステージの5つの階段状の発達段階の間には、移行期（Transition）があり、そこでは「成長、探索、確立、維持、解放（下降など）」のミニ・サイクルがあり、らせん状に発達していく。

■ ライフ・ロール

　人が生涯において果たす役割は少なくとも6種類ある。6種類とは、①子ども、②学習する人、③余暇人、④市民、⑤労働者、⑥家庭人である。ただし、これに配偶者、親、年金生活者の3つを加え、合計9種類とする場合もある。

　そして、ライフ・ステージとライフ・ロールを組み合わせて図式化したものが、ライフ・キャリア・レインボーである。

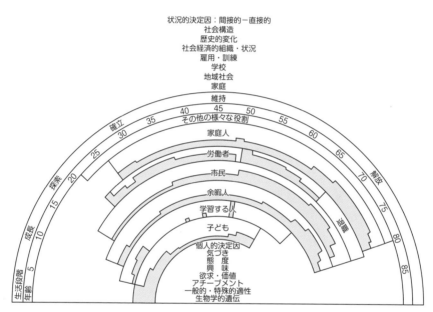

▲ライフ・キャリア・レインボー
●渡辺三枝子編著『新版キャリアの心理学第2版』（2018年、ナカニシヤ出版、p.49）

■ 発達的アプローチに関する14の命題

　スーパーはキャリア発達の理論的アプローチについて命題として明確にしている。

　渡辺三枝子編著「新版キャリアの心理学第2版」の内容をもとに、14の命題の内容を、著者の視点で大まかに分類をしながら、コンパクトに紹介する。

　・人や職業の差異性と適合性の視点から

①人はパーソナリティの諸側面（欲求、価値、興味、特性、自己概念）および能力において違いがある。

②これらの特性から、各々は多くの種類の職業に対して適合性を示す。

③それぞれの職業には、必要とされる能力やパーソナリティ特性に独自のパターンがある。

・職業経験と自己概念の変化の視点から

④職業に対する好みやコンピテンシー、生活や仕事の状況は時間や経験とともに変化し、それとともに自己概念も変化していく。

⑤自己概念の変化のプロセスは、成長、探索、確立、維持、解放の連続したライフ・ステージ（マキシ・サイクル）に集約され、発達課題によって特徴づけられた期間へ細分化される。

⑥キャリア・パターンとは、到達した職業レベルである。

・キャリア成熟と職業的自己概念の発達の視点から

⑦どのライフ・ステージにおいても、環境と個体に対処できるかどうかは、個人のレディネス（準備、キャリア成熟）の程度による。

⑧キャリア成熟は、心理社会的構成概念であり、成長から解放までのライフ・ステージおよびサブ・ステージの一連の職業的発達の程度を意味する。

⑨ライフ・ステージの各段階をとおしての発達は、能力、興味、対処行動を成熟させることであり、現実吟味や自己概念の発達を促進することによって導かれる。

⑩キャリア発達とは、職業的自己概念を発達させ実現していくプロセスである。

・ライフ・ロールと自己概念の実現の視点から

⑪個人要因と社会要因間および自己概念と現実間の統合と妥協とは、役割を演じ、フィードバックを受けるなかで学習することである。

⑫職業満足や生活上の満足は、個人の能力、欲求、価値、興味、パーソナリティ特性、自己概念を適切に表現する場をどの程度見つけるかによって決まる。

⑬仕事から獲得する満足の程度は、自己概念を具現化できた程度に比例する。

⑭仕事と職業は、多くの人にとって、パーソナリティの焦点となるが、余暇や家庭が焦点となる人もいる。個人差と同様に社会的伝統が、どの役割を重視するかの重要な決定要因となる。

シャインの理論 🎯 よく出る

シャインは、組織心理学者であり、組織におけるキャリア開発に焦点を当てることにより、組織内キャリア発達理論を提唱した。組織のニーズだけでなく、個人のニーズと融合するような、組織と個人の相互作用に重きを置いている。

Schein, E.H.

■ 外的キャリアと内的キャリア

シャインは、人のキャリアを、外的キャリアと内的キャリアの2つの軸で考えた。

▼外的キャリアと内的キャリア

2つの軸	内容
外的キャリア	会社名、役職、保有資格や学歴などが該当し、履歴書等に明記することができるものである。客観的なキャリアということもできる
内的キャリア	職業生活における位置づけや役割に関する、自分なりの意味付けである。主観的なキャリアということもできる

■ 組織の三次元モデル

シャインは、組織内キャリア発達を、組織の三次元モデル（キャリア・コーン）を使って説明している。組織の三次元モデルは、外的キャリアの観点から表されており、組織内でのキャリアは3方向で形成される。

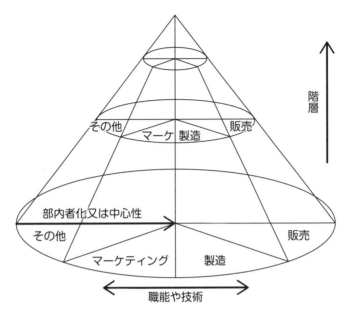

▲シャインの三次元モデル（キャリア・コーン）
●金井壽宏著『経営組織―経営学入門シリーズ』1999年、日本経済新聞社
（現：日本経済新聞出版社）

　組織の三次元モデルの垂直方向での動きは、階層の上下を意味している。また、円周に沿った水平方向での動きは、販売から製造といった職能や技術（専門領域）での移動を意味している。さらに、組織の中心（核）方向への動きは、その職のエキスパートになり、重要情報へアクセスができる、部内者化又は中心性を意味している。

■ キャリア・アンカー

　シャインは、個人が選択を迫られたときに、その人が職業生活において、最も放棄したがらない自己概念ともいえる、欲求や価値観、能力（才能）などのことを、キャリア・アンカーと名付け、船の錨（いかり）のように、人のキャリアを安定させるのに役立つものであるとした。
　キャリア・アンカーには、次の8つのカテゴリーがある。

▼8つのキャリア・アンカー

キャリア・アンカーの種類	内容
①専門・職種別コンピテンス	特定の業界・職種・分野へのこだわり
②全般管理コンピテンス	組織内の管理的職位を目指す
③自律/独立	規則に縛られず、自律的であることを重視する
④保障/安定	生活の保障、安定を第一とする
⑤起業家的創造性	新規のアイデアによる起業や創業を望む
⑥奉仕/社会献身	人の役に立っていることを重視する
⑦純粋な挑戦	常に挑戦を求める
⑧生活様式	仕事生活と他の生活との調和を重視する

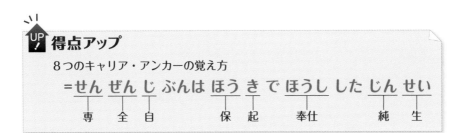

得点アップ

8つのキャリア・アンカーの覚え方

=<u>せん</u> <u>ぜん</u> <u>じ</u> ぶんは <u>ほう</u> <u>き</u> で <u>ほうし</u> <u>した</u> <u>じん</u> <u>せい</u>

専　　全　　自　　　　　保　　起　　　奉仕　　　　純　　生

■ キャリア・サイクル

　シャインは、人が生きていく領域を、①生物学的・社会的、②家族関係、③仕事・キャリアの3つに分け、それぞれにサイクルと段階及び課題を設けた。

　シャインは、生涯を通じた組織内での人のキャリアの発達段階を、下記の9つの段階に区分した。

▼9つのキャリア・サイクルの発達段階と年代

発達段階	年代
①成長・空想・探究	0歳〜21歳
②仕事の世界へのエントリー	16歳〜25歳
③基本訓練	16歳〜25歳
④キャリア初期	17歳〜30歳
⑤キャリア中期	25歳以後
⑥キャリア中期の危機	35歳〜45歳
⑦キャリア後期（指導者・非指導者）	40歳〜引退まで
⑧衰え及び離脱	40歳〜引退まで（始期は人により異なる）
⑨引退	

　各段階で直面する、主な問題や特定の課題として、次のようなものがある。

　③の基本訓練では、仕事及びメンバーシップの現実を知って受けるショック（リアリティ・ショック）に対処する。

　⑥のキャリア中期の危機では、自らのキャリアの再評価を行い、自分のキャリア・アンカーを知る。

　⑦の非指導者のキャリア後期では、家庭の「空の巣（からのす）問題」への対処がある。

　空の巣問題とは、子どもが成長して巣立ち、家が空っぽになってしまったことの喪失体験により、寂しさなどを感じることである。

■ キャリア・サバイバル

　シャインはキャリア・アンカーによって個人のニーズを明らかにするとともに、それが仕事とマッチングするかどうかを決定するために、組織のニーズを分析し、職務・役割を戦略的にプランニングすることも提唱している。

▲キャリア・アンカーとキャリア・サバイバルの関係

ハンセンの理論　🎯出る

　ハンセンはキャリア概念の中に、家庭における役割から社会における役割まで、人生における役割をすべて盛り込み、統合的人生設計（ILP：Integrative Life Planning）という概念を提唱した。

■ 人生の4つの役割

　ハンセンは、仕事を他の生活上の役割との関係の中で捉え、人生の役割として、次の4つの要素（4L）が組み合わさることによって「意味のある全体」になるとした。

　4L＝①愛（Love）、②労働（Labor）、③学習（Learning）、④余暇（Leisure）

　なお、人生の役割について、スーパーは「レインボー（虹）」に例えたのに対し、ハンセンは、布を縫い合わせて大きな布にするキルト（パッチワーク）に例えた。

■統合的人生設計における6つの人生課題

　ハンセンは、統合的人生設計において6つのテーマ（人生課題）を設定した。その内容は社会における問題も含むものであり、現代社会の人間が担う、様々な役割や要素が縫い合わされるように表現されている。

　①グローバルな視点から仕事を探す
　②人生を意味のある全体の中に織り込む
　③家族と仕事を結ぶ

④多様性と包括性を大切にする

⑤個人の転機と組織の変革にともに対処する

⑥精神性、人生の目的、意味を探求する

■ サビカスの理論 よく出る

Savickas, M.L.

サビカスはキャリア構築理論を唱え、特性因子論やスーパーのキャリア発達理論などを統合、発展させた21世紀のキャリア理論と位置づけられている。

■ キャリア構築理論

キャリア構築理論の主要概念には、職業パーソナリティ、キャリア・アダプタビリティ、ライフテーマの3つがあり、それぞれ職業行動のwhat、how、whyを表している。

■ 職業パーソナリティ（職業行動のwhat）

どのような職業が自分に合っているのか。それは、キャリアに関連した能力、欲求、価値観、興味によって定義される。

■ キャリア・アダプタビリティ（職業行動のhow）

どのようにして職業を選択し、適応していくのか。自らの態度や能力を発達させるのかについて、キャリア構築理論の中核概念として、キャリア・アダプタビリティを挙げており、それには4つの次元がある。

▼キャリア・アダプタビリティの4次元

次元	内容
キャリア関心	未来を展望して未来に備えること
キャリア統制	自らのキャリアの構築する責任は自らにあると自覚すること
キャリア好奇心	好奇心を持って、職業を探索すること
キャリア自信	挑戦することによって成功できるという自己効力感

■ ライフテーマ（職業行動のwhy）

ライフテーマは個人にとって、重要なことそのものであり、人はキャリア・ストーリーの語りによって、働く意味を再構成する。

キャリア・ストーリーで語られる内容は、個人にとっての「物語的真実」であり、その内容は歴史的な事実とは異なったとしても、それによって個人は変化に直面したときに、柔軟性を持ちながら一貫性を保つことができる。

■ キャリア構築インタビュー

サビカスは、カウンセリングの初期にキャリア構築のためのインタビューを行うことを提案している。

▼キャリア構築インタビューの項目
　①ロールモデル（具体的な行動や考え方の模範となる人物）
　②お気に入りの雑誌もしくはテレビ番組やWebサイト
　③お気に入りの本
　④モットー
　⑤幼少期の記憶

ホールの理論 　出る

ホールの理論は、他者との関係において形成されていくという関係性アプローチをとる。他者に依存的でも独立的でもない、相互依存的な関係の中で学び続けることにより、個人によって形成される、変幻自在（プロティアン）なキャリアを築き、移り変わる環境を対応していくことを主張している。

■ プロティアン・キャリア

プロティアンとは、ギリシャ神話のプロテウスから名付けられ、「変幻自在」であることを意味する。とどまることを知らない現代の環境変化の中で、自己志向的に変幻自在に対応していくキャリアといえる。

■ 2つのメタ・コンピテンシー

　ホールはプロティアン・キャリアを形成するに当たってのメタ・コンピテンシー、つまり、変化に対応し、新たな能力を自ら学習していく能力や行動特性として、アイデンティティとアダプタビリティの2つを挙げている。

・アイデンティティ（自分が何をしたいのか）
　　自分の興味・能力・計画等とともに、過去・現在・未来の自分の連続性への確信。

・アダプタビリティ（適応能力）
　　アイデンティティの探索、反応学習、統合力の3要素からなる適応コンピテンス（適応することができる力）と、それらを発達、応用させようとする、適応モチベーションの積（掛け算）からなる。

> アダプタビリティ＝適応コンピテンス×適応モチベーション

■ プロティアン・キャリアと伝統的キャリアの比較

　プロティアン・キャリアと伝統的なキャリアにおいては、その主体や価値観、重視するパフォーマンスやアイデンティティが異なる。

▼プロティアン・キャリアと伝統的キャリアの比較

比較項目	プロティアン・キャリア	伝統的キャリア
主体	個人	組織
価値観	自由、成長	昇進、権力
重要なパフォーマンス側面	心理的成功	地位、給料
重要なアイデンティティ側面	自分は何がしたいのか	私は何をすべきか
重要なアダプタビリティ側面	仕事関連の柔軟性	組織関連の柔軟性
評価	主観的	客観的

一問一答でふりかえり

☐ **Q** ギンズバーグは、職業選択は、生涯にわたる発達的なプロセスであるとした。

A 適切である。当初は、職業選択は一般に10年以上もかかるとしていたが、後に修正し、生涯にわたるプロセスであるとした。

☐ **Q** スーパーが示した職業的適合性には、能力とパーソナリティがある。

A 適切である。スーパーは、職業的適合性という考え方により、職業と個人の特性を結びつけた。

☐ **Q** スーパーは、生涯にわたる職業的発達段階として、7つのステージを設定した。

A 適切ではない。スーパーは、職業的発達段階を5つの段階で表現した。

☐ **Q** スーパーは、成長段階、空想段階、確立段階、維持段階、解放段階の5つの段階を職業的発達段階とした。

A 適切ではない。2つ目の段階は空想段階ではなく、探索段階である。

☐ **Q** スーパーは、個人のライフ・ステージ全体をマキシ・サイクルと名付け、移行期と呼ばれる節目にはミニ・サイクルが生じるとした。

A 適切である。生涯を通じたライフ・ステージをマキシ・サイクルといい、移行期にはミニ・サイクルが含まれる。

☐ **Q** 成人期以降のキャリア行動は、概ねその個人の暦年齢によって規定される。

A 適切ではない。暦年齢ではなく、社会的年齢で規定される。

☐ **Q** スーパーが示した生涯における役割（ライフ・ロール）には、愛、労働、学習、余暇がある。

A 適切ではない。この4つの役割は、統合的人生設計を提唱したハンセンの4L（愛、労働、学習、余暇）である。スーパーは子ども、学習する人、余暇人、市民、労働者、家庭人などを生涯における役割とした。

Q シャインは、人のキャリアを捉えるに当たり、動的キャリアと静的キャリアの2つの軸を提唱した。

A 適切ではない。外的キャリアと内的キャリアである。

Q シャインの唱える内的キャリアは、履歴書等に記すことができるような客観的なキャリアである。

A 適切ではない。問題文の説明は外的キャリアのものである。内的キャリアは、自分なりの意味付けであり、主観的なキャリアである。

Q シャインは、組織内キャリアについて、機能、階層、中心性の三次元モデルで説明している。

A 適切である。組織の三次元モデル（キャリア・コーン）により、組織内のキャリア発達を説明している。

Q シャインは長期的な職業生活における個人の価値観を、船の錨に例え、キャリア・サバイバルと名付けた。

A 適切ではない。キャリア・サバイバルではなく、キャリア・アンカーである。

Q キャリア・アンカーの8つの種類について、生活の保障や安定を第一とするのは、全般管理コンピテンスである。

A 適切ではない。生活の保障や安定を第一とするのは、保障/安定であり、全般管理コンピテンスは、組織内で管理的な職位を目指すことである。

Q シャインは、キャリア・サイクルの段階について、成長・空想・探究、仕事の世界へのエントリー、基本訓練、キャリア初期、キャリア中期、キャリア中期の危機、キャリア後期、衰え及び離脱、引退の各段階に区分した。

A 適切である。他の理論家の発達段階の区分に比べて、表現がやや独特である点に注意する。

Q シャインの提唱したキャリア・サバイバルは、組織のニーズよりも個人のニーズを明らかにして、キャリア発達の方向づけを行うことである。

A 適切ではない。組織のニーズと個人のニーズを結びつけるものとして、キャリア・サバイバルを提唱している。

Q ハンセンは、人生における役割として、Love(愛)、Labor(労働)、Learning(学習)、Leisure（娯楽）の４つの活動が統合されるべきとした。

A 適切である。統合的人生設計の、いわゆる4Lである。なお、統合的人生設計は、統合的生涯設計と訳されることもある。

Q ハンセンは人生の役割について、レインボー（虹）に例えた。

A 適切ではない。キルト（パッチワーク）に例えた。人生の役割をレインボー（虹）に例えたのは、スーパーである。

Q ハンセンは、統合的人生設計における3つの人生課題を設定した。

A 適切ではない。ハンセンは、統合的人生設計における6つの人生課題を設定した。

Q ハンセンの統合的人生設計の6つの人生課題の一つに、家庭と仕事を切り分けることがある。

A 適切ではない。家庭と仕事を切り分けるのではなく、家庭と仕事を結ぶ。また、男女が対等のパートナーとして協力しあうことを強調している。

Q サビカスは、キャリア構築理論の主要概念として、職業パーソナリティ、キャリア・アダプタビリティ、ライフテーマの3つを挙げた。

A 適切である。これらはキャリア構築理論の主要概念であり、中でもキャリア・アダプタビリティを中核概念とした。

Q サビカスのキャリア構築理論は、キャリアを客観的な側面で捉えることを重視している。

A 適切ではない。主観的な側面から捉えることを重視している。

Q サビカスのキャリア構築理論の立場では、心理検査の実施とその結果による診断を重視している。

A 適切ではない。キャリア構築理論においては、インタビュー等によるライフテーマを明らかにすることが重要な課題である。

Q サビカスのキャリア構築理論のうち、キャリア・アダプタビリティは、どのような職業が自分に合っているのかを説明するものであり、能力や価値観、欲求によって定義される。

A 適切ではない。これは職業パーソナリティの内容であり、キャリア・アダプタビリティは、どのように職業を選択し、適応していくのかを説明するものである。

Q サビカスのキャリア構築理論によると、キャリア・ストーリーは、個人の歴史的で客観的な事実のみからなるとしている。

A 適切ではない。キャリア・ストーリーで語られる内容は、物語的真実であり、歴史的で客観的な事実とは異なる場合もある。

Q サビカスのキャリア・アダプタビリティの4次元について、キャリア関心とは、キャリアを構築する責任が自分にあると自覚することを意味している。

A 適切ではない。これはキャリア統制の内容である。キャリア関心とは、未来に関心を持ち、備えることが重要であることを意味している。

Q サビカスのキャリア・アダプタビリティの4次元について、キャリア好奇心とは、好奇心を持って、職業にかかわる環境を探索して有用な知識を得ることを意味している。

A 適切である。キャリア好奇心とは、職業の世界を好奇心を持って調べ、探索することである。

Q サビカスが提案しているキャリア構築インタビューでは、カウンセラーは、クライエントのお気に入りの雑誌や本、ロールモデルなどを尋ねる。

A 適切である。他には、モットーや幼少期の記憶などをインタビューすることを提案している。

Q ホールのプロティアン・キャリアにおける、キャリア構築の主体は組織にある。

A 適切ではない。ホールのプロティアン・キャリアにおいて、その主体は組織ではなく、個人にある。

Q キャリアには客観的な側面と主観的な側面の両面があるが、ホールのプロティアン・キャリアにおいては、客観的な側面をより重視している。

A 適切ではない。主観的なキャリアと客観的なキャリアの双方を考慮する。

Q プロティアン・キャリアとは、キャリアは個人ではなく組織によって形成されるものであり、その組織のニーズに見合うようにその都度方向転換され、「変幻自在」であるとされる。

A 適切ではない。プロティアン・キャリアでは、組織ではなく個人によってキャリアは形成されるものであり、組織などの他者との関係において、その人の欲求に見合うようにその都度、方向転換されるものである。

Q ホールはプロティアン・キャリアの形成するためのメタ・コンピテンシーとして、アイデンティティとアダプタビリティの 2 つを挙げている。

A 適切である。また、アダプタビリティは、適応コンピテンスと適応モチベーションの積からなる。

Q ホールのプロティアン・キャリアにおいては、キャリアの成功や失敗は他者により評価される。

A 適切ではない。キャリアを歩んでいる本人によって評価される。

Q ホールのプロティアン・キャリアにおいては、市場価値よりも組織へのアダプタビリティ（適応）が重視される。

A 適切ではない。組織で生き残れるか、といった組織関連の柔軟性よりも、市場価値といった仕事関連の柔軟性が重視される。

Q ホールのプロティアン・キャリアにおいては、「私は何をすべきか」よりは、「自分は何がしたいのか」を重視する。

A 適切である。組織における気づきよりも、自己への気づきを重視する。

キャリアに関する理論③

社会的学習理論アプローチ

全体をつかもう 社会的学習理論とは、他者からの影響を受けながら、個人が習慣、態度、価値観、行動等を身につけていくことをいいます。ここからは、バンデューラとクランボルツが特によく出題されています。社会的学習理論は、「自己効力感」のバンデューラが基礎を作り、「プランドハプンスタンス」のクランボルツがキャリアの理論として発展させたと捉えておきましょう。キーワードは「学習」。大別すると、自らの行動、経験から学ぶことと、他人のそれを観察して学ぶことに分けられます。

▌バンデューラの理論 出る

　バンデューラは、社会的学習理論を提唱し、それまでの直接経験による学習に加え、観察学習（モデリング）を重要な学習理論とした。また、自分がある行動について達成できるという自信を意味する、自己効力感の概念を唱えた。

■ モデリングによる観察学習

　バンデューラは、学習は自らが経験した直接経験によるもののみならず、他人の行動を観察しそれを真似る、観察学習（モデリング）を重要な学習理論とした。他者（モデル）の行動を観察し、同様の行動を取った際にどのような報酬や罰があるのかを意識することが、自分自身の行動に影響を与えるとしている。

■ モデリングの4つの過程

　バンデューラはモデリングの過程として、注意過程、保持過程、運動再生過程、動機づけ過程の4過程があるとしている。順序に着目して内容を確認する。

▼モデリングの4過程と内容

過程	内容
①注意過程	無数にある情報の中から何に注目するのか（モデリング刺激）
②保持過程	注意過程で選択したモデリング刺激を記憶にとどめる
③運動再生過程	モデルによって示された行動を再生する（真似をする）
④動機づけ過程	③までに習得した行動を実際に遂行するかどうかを決定する。動機づけには、褒められる等の外発的なものと、自らの満足感等の内発的なものがある

■ 自己効力感

　バンデューラは自己効力感を高めるための4つの情報源を以下のように挙げている。

▼自己効力感を高めるための4つの情報源

情報源	内容	具体例
遂行行動の達成	自分の力でやり遂げたという経験	実際の自身の成功体験
言語的説得	周囲の人からの励ましやサポートを受ける経験	行動や技術などを繰り返し認められたり褒められたりする
代理的経験	他者の体験を見聞きしたり、観察したりする経験	職業講話やインタビュー
情動的喚起	身体や精神的に起きた生理的・感情的な変化の経験	人前での冷や汗や、高ぶりといった変化

UP! **得点アップ**

自己効力感を高めるための4つの情報源の覚え方

＝すい　　げん　　だい　　じょ

遂行行動の達成　言語的説得　代理的経験　情動的喚起

第2章 キャリアコンサルティングを行うために必要な知識

■ 機会遭遇理論

バンデューラは、「偶然は予期されずに起こるが、いったん起こると予定されていたことと同じように、通常の連鎖の中に組み込まれて、人間の選択行動に影響を与える」としている。これをキャリア選択に活用すべく、次のクランボルツの理論へとつながっていくこととなる。また、バンデューラの考えに基づき、レント、ブラウン、ハケットらは、社会認知的キャリア理論（SCCT：Social Cognitive Career Theory）を開発した。

■ 社会認知的キャリア理論（SCCT）

社会認知的キャリア理論（SCCT）は、バンデューラが提唱した「三者相互作用」を基礎にしている。三者とは、「人と環境と行動」のことである。

従来のキャリア理論は、「人と環境」を重視していたが、三者相互作用では、人の行動が環境に影響を及ぼすことができるとしている。また、行動の変化には人の認知の変化が必要であり、認知が変われば、行動が変わり、行動が変われば環境が変わるとしている。

また、認知に大きく影響するのは、4つの情報源をもとに自己効力感を獲得する経験である学習経験であり、学習経験によって自己効力感を獲得し、それを実行したらどのようになるのかを予測する、結果期待を形成することができる。

クランボルツの理論 出る

クランボルツは、バンデューラの社会的学習理論を基礎にして、キャリア・カウンセリングにおける学習理論（The Learning Theory of Career Counseling）として理論化した。クランボルツの唱える「学習」とは、新しい行動を獲得することや、行動を変化させることを意味している。

Krumboltz, J.D.

■ キャリア意思決定に影響を与える4つの要因

クランボルツは、職業選択等の意思決定に与える要因として、①遺伝的な特性や特別な能力といった先天的資質、②環境的な状況や出来事、③学習経験、④課題接近スキルを挙げている。

▼意思決定に与える4つの要因

要因	内容
①遺伝的な特性や特別な能力	性差、民族、身体的外見や障害、知能、能力など
②環境的な状況や出来事	個人のコントロールを超えた社会的、政治的、経済的な個人を取り巻く環境での出来事
③学習経験	道具的学習経験：直接経験による学習 連合的学習経験：観察学習
④課題接近スキル	課題への取り組み方

■ 計画された偶発性

クランボルツは、計画された偶発性理論（Planned Happenstance Theory）を提唱し、これまではカウンセリング理論の中では望ましくないと考えられていた「未決定」を望ましい状態と捉えている。

つまり、キャリアの構築はあらかじめ用意周到に準備できるわけではなく、むしろ偶発的なチャンスを見逃さないようにすることや、変化し続ける環境や仕事に対して準備をすることが大切であるとしている。

■ 偶然の出来事を捉える5つのスキル

クランボルツは、偶然の出来事を、自らのキャリアに活かすことを提唱しており、そのための5つのスキルとして、次のスキルを挙げている。

▼偶然の出来事を捉える5つのスキル

スキル	内容
①好奇心	新しいことへの学び
②持続性	努力をし続ける
③柔軟性	変化を取り入れる
④楽観性	達成できると考える
⑤冒険心	行動を恐れない

得点アップ

偶然の出来事を捉える5つのスキルの覚え方

＝コージ君、柔軟に楽しく冒険！

　　　好奇心　持続性　　柔軟性　楽観性　冒険心

一問一答でふりかえり

☐ **Q** バンデューラが提唱した自己効力感とは、自分がある行動について
しっかりとやれるという自信のことである。

A 適切である。さらに自己効力感を高めるための情報源として、遂行
行動の達成、代理的経験、言語的説得、情動的喚起を挙げている。

☐ **Q** バンデューラは、モデリングの過程には、注意過程、保持過程、運
動再生過程、動機づけ過程の4過程があるとした。

A 適切である。学習は直接学習によるものだけでなく、観察学習（モ
デリング）によるものがあり、観察学習（モデリング）の過程とし
て4過程を提唱した。

☐ **Q** バンデューラの観察学習の4過程は、動機づけ過程から始まる。

A 適切ではない。①注意過程、②保持過程、③運動再生過程、④動機
づけ過程の順である。

Q バンデューラの自己効力感を高める情報源について、言語的説得とは、「他の人の体験談を見聞きしたり、観察したりすること」である。

A 適切ではない。本問の内容は代理的経験のことである。言語的説得とは、「周囲の人からの励ましやサポートを受けること」である。

Q バンデューラの自己効力感を高める情報源について、身体に起きた生理的な変化の経験は、「遂行行動の達成」の具体例である。

A 適切ではない。本問の内容は情動的喚起のことである。遂行行動の達成とは、「自分の力でやり遂げたという経験」である。

Q SCCT（社会認知的キャリア理論）における三者相互作用の三者とは、「自己理解」、「仕事理解」、「意思決定」のことをいう。

A 適切ではない。三者とは、人、環境、行動のことである。

Q SCCT（社会認知的キャリア理論）において、人の認知は変容することは無いことを前提としている。

A 適切ではない。学習経験が人の認知に大きく影響するとしている。学習経験によって自己効力感や結果期待が形成される。

Q SCCT（社会認知的キャリア理論）において、人の認知に大きく影響するものは、4つの情報源をもとに自己効力感を高める学習経験であると考える。

A 適切である。4つの情報源とは、自己効力感を高める、遂行行動の達成、代理的経験、情動的喚起、言語的説得である。

Q 社会的学習理論においては、遺伝的な特性・特別な能力、環境的状況・環境的出来事、学習経験、課題接近スキルを個人のキャリア意思決定に影響を与える要因として挙げている。

A 適切である。これらの結果として、信念、スキル、行動が生まれるとされる。

Q クランボルツは、職業的発達理論を主眼に置き、個人のキャリア発達を支援する。

A 適切ではない。職業的発達理論は、職業選択や適応は、長期にわたるプロセスであるとする理論である。職業的発達理論を提唱したのは、スーパーやギンズバーグなどであり、クランボルツは、社会的学習理論を主眼に置き、キャリア・カウンセリングに応用している。

Q バンデューラは、計画された偶発性(Planned Happenstance)の概念を提唱した。

A 適切ではない。計画された偶発性の概念を提唱したのは、クランボルツである。

Q クランボルツは、キャリア選択において「未決定」であることは避けなければならないものとした。

A 適切ではない。新しい学習のため、「未決定」であることはむしろ望ましいものであるとした。

Q クランボルツは、個人の職業選択等の意思決定に与える4つの要素のうち、特に「遺伝的な特性」や「環境的な状況や出来事」を重視している。

A 適切ではない。いずれも要因として挙げているが、「学習経験」や「課題接近スキル」を重視している。

Q 社会的学習理論において、学習経験は道具的学習経験と連合的学習経験に分けることができる。

A 適切である。道具的学習経験は直接経験等による学習であり、連合的学習経験は観察学習等によるものである。

Q クランボルツは、偶然の出来事を捉える5つのスキルとして、好奇心、持続性、柔軟性、客観性、冒険心を挙げている。

A 適切ではない。客観性ではなく、楽観性である。

Q クランボルツの唱える「学習」とは、新しい行動を獲得することや、行動を変化させることである。

A 適切である。それにより、変化し続ける環境に適応することができる。

2-4 キャリアに関する理論④

意思決定論アプローチ

全体をつかもう キャリアの意思決定論アプローチでは、ジェラットとヒルトンの理論をおさえておきましょう。ジェラットは「積極的不確実性」を提唱し、ヒルトンは「認知的不協和理論」をキャリア意思決定モデルへ応用したことが有名です。それぞれの意思決定に向けてのプロセスを確認しましょう。

ジェラットの前期理論

ジェラットは、前期においては主に左脳を使った客観的で合理的な意思決定を、後期においては右脳も使った主観的で直感的な意思決定を、変化が激しく予測不可能な現代のキャリア発達における意思決定の方法として構築した。以下ではまず前期の理論について解説する。

■ 意思決定の3つのステージ

3つのステージを通して、合理的な意思決定を行うことができるとした。

①予測システム …起こりうる結果の可能性を判断する
↓
②価値システム …結果の好ましさを判断する
↓
③基準（決定）システム …決定する

▲意思決定の3つのステージ

■ 主観的可能性

価値システムにおいては、主観的な思い込み、つまり、主観的可能性が採用されやすく、それゆえに陥りやすい「誤り」があるため、客観的なデータを与えることにより主観的可能性に縛られない、フリー・チョイスを進行させることが望ましいとした。

■ 連続的意思決定プロセス

キャリアにおける意思決定の決定システムには、選択肢を絞っていく探索的決定と、最終的に決定を行う最終的決定がある。探索的決定から最終的決定へのスムーズな進行のため、ジェラットは連続的意思決定プロセスを提唱した。

■ 連続的意思決定プロセスに沿ったガイダンス

連続的意思決定プロセスに沿ったガイダンスとして、次の枠組みをジェラットは示している。

・情報収集を行わせる。
・意思決定の時機を捉えさせる。
・人が陥りやすい誤りに注意させる。具体的には、正確に選択肢の可能性を評価できない、あり得る選択肢を網羅できない、選択的な知覚（頭にあるものしか認識しない）といったことである。
・眼前の決定が、究極的目標を促進させることを理解させる。
・連続的意思決定のプロセスを理解させる。
・実行ガイダンスを評価する。

その後、時代の変化とともに、個人の可能性を最大限生かせるような意思決定を援助するため、ジェラットはアプローチを修正することになる。

ジェラットの後期理論 ◉出る

■ 積極的不確実性

前期理論の提唱は1960年代であったが、その後1980年代後半から、変化の激しい社会的背景の中で、ジェラットは、そうした変化、不確実性による非

合理性をも受け入れる意思決定のモデル、**積極的不確実性**を提唱した。

客観的で合理的な
ストラテジー
左脳的な意思決定

＋
統合

主観的で直感的な
ストラテジー
右脳的な意思決定

予測不可能な社会に
柔軟に対応

▲積極的不確実性の特徴

　ジェラットの後期理論では、左脳ばかりを使うのではなく、**右脳**も使う意思決定、夢を見ることを大切にする意思決定を提案している。

　未来が予測困難な現代においては、夢やビジョンをもつことで、不確実性を歓迎することができ（積極的不確実性）、未来を創造することができるとしている。

得点アップ

　ジェラットといえば、先が見えない世の中なので、**積極的不確実性**

ヒルトンの理論

　ヒルトンは、心理学者フェスティンガーが唱えた認知的不協和理論を、職業選択の意思決定プロセスに応用した。

■ 認知的不協和理論

　認知的不協和とは、自分の中に生じた矛盾を解消しようとする心理的作用のことである。

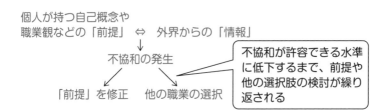

個人が持つ自己概念や
職業観などの「前提」 ⇔ 外界からの「情報」

不協和の発生

「前提」を修正　　他の職業の選択

不協和が許容できる水準
に低下するまで、前提や
他の選択肢の検討が繰り
返される

▲意思決定における認知的不協和理論のプロセス

　不協和が生じた場合には、個人の「前提」が修正可能であれば修正し、修正
が難しければ他の選択肢を検討する。

UP! 得点アップ

ヒルトンといえば、**認知的不協和理論**

一問一答でふりかえり

☐ **Q** ジェラットの前期理論では、予測システムと価値システムから決定
を経る、連続的意思決定プロセスを提唱した。

A 適切である。予測システム、価値システムを経て決定（探索的決定
又は最終的決定）するプロセスを連続的意思決定プロセスという。

☐ **Q** ジェラットの前期理論では、主観的可能性が正しい意思決定につな
がると考えた。

A 適切ではない。主観的可能性には陥りやすい誤りがあるとし、客観
的なデータを与えることにより選択肢をより幅広いものにすること
を提唱している。

☐ **Q** ジェラットの後期理論では、意思決定においては、社会の不確実性
や矛盾は排除すべきであるものとした。

A 適切ではない。社会の不確実性や矛盾も受け入れる、積極的不確実
性の理論を提唱した。

Q ジェラットの後期理論では、1980年代後半において、将来に向かって柔軟な意思決定を行うために、想像力や直感、柔軟性、社会の不確実性を積極的に意思決定プロセスに取り入れることを提唱した。

A 適切である。意思決定に対して、左脳のみならず、右脳をも活用するような考え方である。

Q ジェラットの理論を用いたキャリアコンサルティングにおいては、相談者が経験している内的な感情や直感にはできるだけ触れず、客観的で合理的な意思決定のみを試みる。

A 適切ではない。ジェラットは、主観的で直感的なストラテジーも意思決定の際に加えるべきであるとし、積極的不確実性を提唱している。

Q ジェラットの連続的意思決定プロセスのガイダンスにおいて、人が陥りやすい誤りとして、あり得る選択肢を網羅できないことをあげている。

A 適切である。ほかに、正確に選択肢の可能性を評価できないことや、選択的な知覚（頭にあるものしか認識しない）がある。

Q ヒルトンはキャリアの意思決定において、特性因子理論を唱えた。

A 適切ではない。特性因子理論（人と仕事とのマッチング理論）は、パーソンズが提唱した。ヒルトンが提唱したのは、認知的不協和理論のキャリア意思決定への応用である。

Q ヒルトンは、個人が持つ自己概念、期待、職業観といった「前提」と、外界からの「情報」との間に生じた不協和の解消を、意思決定のプロセスに取り入れた。

A 適切である。心理学で提唱されていた、認知的不協和理論を職業選択のメカニズムに応用した。

Q ヒルトンは、不協和への調整を青年期の発達課題として提唱した。

A 適切ではない。不協和への調整は発達課題ではなく、職業選択における意思決定のプロセスである。

第2章 キャリアコンサルティングを行うために必要な知識

2-5

動機づけ（職務満足・職業適応）理論

全体をつかもう 毎回ではないものの、定期的に動機づけに関する理論が出題されます。動機づけとは、モチベーションともいいます。やる気ややりがいは、どこから湧き上がるのでしょうか。内面的なものもあれば、外面的なものもあるでしょう。理論家ごとに特徴を整理しましょう。

マズローの理論

　マズローは、人間は自己実現に向かって絶えず成長していくとの人間観に立ち、人間の欲求を低い次元から高い次元へと5つの段階に分類する欲求階層説を提唱した。

▲マズローの5段階欲求

　この5段階について、下の欲求（低次の欲求）が満たされると、次の欲求（高次）の欲求を満たそうとする心理的な欲求、モチベーションが生じるとしている。

マズローの5段階欲求の内容は以下のとおりである。

▼マズローの5段階欲求

欲求の段階	内容	分類		
生理的欲求	生命の維持に必要な、睡眠、休息、食欲、性欲などの欲求	物理的欲求	欠乏欲求	
安全の欲求	住まいや衣服、雇用が確保されるなど、安全、安心に対する欲求			
所属と愛情の欲求	社会的欲求とも呼ばれ、社会の一員として認められることや、人から愛されたいという欲求	精神的欲求		
自尊と承認の欲求	単に承認欲求とも呼ばれ、名声や権威、地位を得たい、人から認められたいという欲求			
自己実現の欲求	自らの持つ可能性を実現して、個人としての個性や能力を発揮したいという欲求で、マズローの欲求階層説の中核的概念		成長欲求	

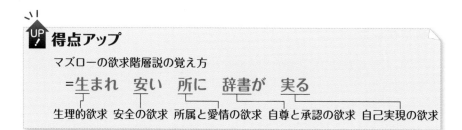

UP! 得点アップ

マズローの欲求階層説の覚え方

=生まれ　安い　所に　辞書が　実る

生理的欲求　安全の欲求　所属と愛情の欲求　自尊と承認の欲求　自己実現の欲求

その他の理論家

■ アルダファ

　アルダファは、仕事の場面を中心とした研究により、マズローの欲求階層説を修正し、ERGモデルを提唱した。EはExistenceの存在欲求、RはRelatednessの関係欲求、GはGrowthの成長欲求である。

　アルダファは人間には欠乏欲求と成長欲求があると主張している点はマズローの理論と同様だが、各欲求は連続的であり、高次と低次の欲求が同時に生じることがあるとしている点は、マズローとは異なる。

右側余白（縦書き）：
第2章　キャリアコンサルティングを行うために必要な知識

■ ハーズバーグ

ハーズバーグは、職務満足もしくは不満足を規定する要因には、動機づけ要因と衛生要因の2つがあるとした（2要因説）。前者は、仕事の達成感や責任、承認、昇進、成長であり、後者は、会社の施策、給与等も含む作業条件や、上司等との対人関係である。

衛生要因の改善により、人の不満足を減少させることはできるが、職務満足は動機づけ要因の充足により、初めてもたらされるとした。

■ マクレランド

マクレランドは、職場での社会的欲求が動機づけを高めると考え、達成動機理論を提唱した。マクレランドの社会的欲求には、親和欲求、権力（支配）欲求、達成欲求があり、それぞれは、マズローの所属と愛情の欲求、自尊と承認の欲求、自己実現の欲求に対応している。ただし、達成動機が強すぎる場合には、自己実現を阻害するとも指摘している。

■ マクレガー

マクレガーは動機づけに関わる人間観として、X理論とY理論の対立的な理論を提唱した。

人はそもそも怠け者で、強制されたり命令されたり、罰が無いと行動しないという前提に立つのがX理論であり、その場合の企業と個人との関係は従属的になる。

それに対し、魅力のある目標と責任の機会を与えることにより、積極的に行動をしていくという前提に立つのがY理論であり、その場合の企業と個人の関係はWin-Winで協力的になる。

マクレガーはY理論により従業員の能力を引き出すことが、経営者にとっては重要なことであるとしている。

▼X理論とY理論の違い

種類	マネジメント手法	欲求レベル
X理論	アメとムチ	低次欲求
Y理論	目標と責任	高次欲求

UP! 得点アップ

マクレガーのX理論はバツ(罰)理論、Y理論はYes理論と覚える。

一問一答でふりかえり

☐ **Q** マズローの動機づけ理論によると、人間の欲求は、生理的欲求、安全の欲求、所属と愛情の欲求、権力（支配）欲求、自己実現の欲求の5層から生じる。

A 適切ではない。権力（支配）欲求ではなく、自尊と承認の欲求である。

☐ **Q** マズローの欲求階層説において、自尊と承認の欲求は、社会の一員として認められることや、人から愛されたいという欲求をいう。

A 適切ではない。社会の一員として認められることや、人から愛されたいという欲求は、所属と愛情の欲求（社会的欲求）である。

☐ **Q** マズローの5段階欲求において、5段階の欲求は大きく欠乏欲求と成長欲求の2つに分類されるが、成長欲求は生理的欲求のみが該当する。

A 適切ではない。成長欲求は自己実現の欲求のみが該当する。

☐ **Q** マズローの欲求階層説において、下位の欲求が全く充足されなくても、上位の欲求は発生すると考えられている。

A 適切ではない。下位の欲求が満たされると、次の上位の欲求を満たそうとする。

Q ハーズバーグの2要因説によると、衛生要因には、給与や作業条件などがある。

A 適切である。他には会社の施策や経営、上司との対人関係などがある。

Q ハーズバーグの2要因説によると、達成や承認、昇進や成長といった要因は、満たされれば不満を予防することができるが、満足をもたらすことはないとされる。

A 適切ではない。達成や承認、昇進や成長といった要因の充足は、長期間の満足と動機づけをもたらすとされる。

Q ハーズバーグは、職務満足や不満足を規定する要因として、動機づけ要因と衛生要因があるとし、衛生要因の改善により、職務満足がもたらされるとした。

A 適切ではない。衛生要因の改善により、人の不満足を減少させることはできるが、職務満足は動機づけ要因の充足により、初めてもたらされるとした。

Q マクレランドは、マズローの欲求段階モデルを修正し、存在欲求、関係欲求、成長欲求の三次元からなるERGモデルを提唱した。

A 適切ではない。マズローの欲求段階モデルを修正し、存在欲求、関係欲求、成長欲求の三次元からなるERGモデルを提唱したのは、アルダファである。

Q 職場における動機づけ理論について、アルダファのERGモデルは、各欲求は連続的であり、高次と低次の欲求が同時に生じることがあるとしている。

A 適切である。高次と低次の欲求が同時に生じることがあるという点で、マズローの理論とは異なる。

Q マクレランドは、親和欲求、権力（支配）欲求、達成欲求の3つの社会的欲求からなる達成動機理論を提唱した。

A 適切である。これらは、マズローの所属と愛情の欲求、自尊と承認の欲求、自己実現の欲求に対応している。

☐ **Q** マクレガーのX理論は、人は生まれながら仕事が嫌いなわけではなく、目標と責任を条件とともに受け入れ、自ら積極的に仕事に取り組むことができるとする理論である。

A 適切ではない。これはY理論の内容である。X理論とは、人は生まれながら仕事が嫌いであり、強制や命令、罰がないと働かないと捉える理論である。

☐ **Q** マクレガーのY理論に立ったマネジメントを行うと、企業と働く人の関係はWin-Winで協力的になるとされている。

A 適切である。X理論に立ったマネジメントを行うと、企業と働く人の関係は従属的になる。

カウンセリングに関する理論

**全体を
つかもう** カウンセリングには様々な理論やアプローチ
方法があります。来談者中心療法や精神分析
理論などの「感情的アプローチ」、論理療法などの「認
知的アプローチ」、行動療法などの「行動的アプロー
チ」などがあります。また、日本独自に開発された心
理療法も度々出題されています。それぞれのアプロー
チや治療の方法、特徴を確認しましょう。

感情的アプローチ よく出る

　感情的アプローチには、ロジャーズの来談者中心療法、フロイトの精神分析
的理論、ゲシュタルト療法的カウンセリングなどがある。

■来談者中心療法

　来談者中心療法（クライエントセンタードアプローチ）は、ロジャーズが提
唱した、感情的アプローチの代表的な療法である。

　ロジャーズは、これまでのような診断と指示を中心とした指示的なカウンセ
リングでは、真の問題解決にはつながらないと考えた。そこで、ロジャーズは、
来談者が本来持っている「自ら成長し、自己実現」しようとしている力に注目
し、非指示的であり、来談者主導でのカウンセリングを提唱した。そして、ク
ライエントの自己概念と経験が一致（自己一致）する方向へと援助するのがカ
ウンセリングの役割であるとしている。

　ロジャーズは来談者中心療法における、カウンセラーの傾聴のための基本的
態度として、次の3条件を挙げている。

▼カウンセラーの基本的態度

基本的態度	内容
①自己一致	純粋性ともいわれる。クライエントとの関係において、カウンセラーが心理的に安定しており、ありのままの自分を受け入れていること。取り繕わないことである
②無条件の肯定的配慮	受容ともいわれる。クライエントに対して、カウンセラーは無条件の肯定的関心を持つこと。クライエントへの温かな関心を示して、受けとめることである
③共感的理解	カウンセラーは、クライエントの内的世界を共感的に理解しており、それを相手に伝えること

　ロジャーズは、著作「クライエント中心療法」において、19の命題から構成される「人格と行動についての理論」という論文を発表している。

　命題の1〜6では、来談者中心療法がよって立つ世界観が説明されている。そして命題の7〜10では、来談者中心療法の中核となる自己理論（self-theory）とその発達が説明されており、命題14〜19では、クライエントが心理的不適応から心理的適応に変化する方向性が示されている。

■精神分析理論 🎯出る

　精神分析理論は、クライエントの症状や悩みの背後にある無意識的な葛藤や不満などを表出させ、それまで気づかなかった自分に気づかせることで、新たな自己理解を深め、症状の改善や悩みの解決を目指す理論である。フロイトによって創始された。フロイトは、無意識的な力が人の行動を決定していると考える。

　フロイトは、心の世界を、意識と無意識の2つの局面ではなく、意識、前意識（意識せずにやっていること）、無意識（抑圧されたもの）の3つの局面からなるとした。これを局所論という。
　フロイトは、心の構造を、自我（エゴ）、イド（エス）、超自我（スーパーエゴ）の3層からなる心的装置として捉えた。これを構造論という。

▼自我（エゴ）、イド（エス）、超自我（スーパーエゴ）の構造と内容

心の構造	内容
自我（エゴ）	主に意識的な心の働きのことであり、「現実原則」で動く
イド（エス）	無意識な本能欲求のことであり、「快楽原則」で動く
超自我（スーパーエゴ）	自我に対する検閲機関又は理想像の役割。「道徳原理」で動く

　自我に対する危険から無意識的に防衛しようとする反応のことを防衛機制という。防衛機制は、ジークムント・フロイトの娘であるアンナ・フロイトによって整理された。主な防衛機制の種類は下記のとおりである。

▼防衛機制

種類	具体例やイメージ	内容
抑圧	いわゆる「いい子」	他者からの非難や拒否を恐れ、欲求や欲望を我慢する
昇華	芸術家、ボクサー	本能的な欲求や衝動を社会に認められる形で発散する
合理化	正当化、屁理屈	欠点を認めたくないので正当化して自他を納得させる
置き換え	妥協、八つ当たり	欲求が阻止されると別なもので満足する
反動形成	つっぱる、威張る	弱さを知られたくない、自分でも認めたくないために、反対の姿勢や過剰な態度をとる
摂取	ロールモデルの真似をする	自分以外の他人の一部を断片的に取り入れる。取り入れともいう
同一化	他者と自分を一体化、同病相憐れむ	他人を自分に（そっくり）重ね合わせる
補償	勉強がダメならスポーツで	劣等感を克服するために他の分野で成果を出す
退行	赤ちゃんがえり	現状の苦しさから逃れるために、幼少期に戻ったような行動をとる
投影	打ち損じて、ラケットのせいにする	自分の欠点を正視できず自分以外のものに責任を転嫁する

　なお、カウンセリングにおいて、クライエントが抵抗を示すことがある。クライエントの抵抗や防衛機制を明らかにしてその内容を検討することを抵抗分析という。

　また、カウンセリングにおいて、カウンセラーに対してクライエントが個人的な感情を向けてくることがあり、これを感情転移という。この感情には陽性のもの（信頼や尊敬など）と陰性のもの（敵意、攻撃性など）がある。

　反対に、クライエントに対して、カウンセラーが個人的な感情を向けることを逆転移という。

■ゲシュタルト療法

　ゲシュタルト療法は、パールズが創始した心理療法である。「いま、ここ」での気づきを得る心理療法であり、代表的な技法として、エンプティ・チェア（空の椅子）がある。これは、自分の話したい人がそこにいると想定して対話をする技法である。

認知的アプローチ

　主な認知的アプローチには、エリスの論理療法とベックの認知療法がある。この2つの理論は重なる部分が多く、現代においては、論理療法、認知療法、さらには後述する行動療法を統合して発展させた認知行動療法の実践と研究が広く行われている。

■論理療法

論理療法はエリスによって、1955年頃に提唱された心理療法である。

　論理療法では、人間の感情は、出来事によって引き起こされるのではなく、その出来事をどのように受けとめるかという信念によって生じると考え、不快な感情は、非論理的な信念（イラショナルビリーフ）によってもたらされると考える。これをエリスのABC（DE）理論という。

　ABC（DE）理論のAは出来事（Activating Event）、Bは信念や思い込み（Belief）、Cは結果としての感情（Consequence）を表している。論理療法では、C（感情）は、A（出来事）からもたらされるのではなく、B（信念）

からもたらされると考える。

そのため、発見したクライエントの非論理的な信念（イラショナルビリーフ）に対して、反論（Disputing）を行い、論理的な信念（ラショナルビリーフ）に変化した場合には、悩みの解消などの効果（Effects）が得られるとしている。

■ 認知療法

認知療法は、ベックによって1970年代に提唱された心理療法である。認知療法では、人の考え方や受け取り方といった認知が行動や感情に影響を与えていると考える。そうした考え方や受け取り方といった認知は、深い思い込みであるスキーマの影響を受け、無意識に思い浮かぶことから自動思考ともいわれる。その自動思考による、認知の歪みを修正することが、認知療法である。

行動的アプローチ

行動的アプローチは、感情的アプローチや認知的アプローチとは異なり、人の内面に焦点を当てるのではなく、学習と行動の視点から人を捉えている点に特徴があり、心理療法として行動療法がある。

■行動療法

行動療法は、クライエントの症状や問題行動は、不適切な行動の学習又は、適切な行動の未学習によって引き起こされると考え、不適切な行動の除去や適切な行動の学習を行う心理療法である。なお、初めて行動療法という用語を使用したのは、スキナーである。

学習が生じるメカニズムには、レスポンデント条件付けとオペラント条件付けがある。どちらも、一定の刺激に対して、一定の反応が生じるプロセスを重視するメカニズムである。

▼レスポンデント条件付けとオペラント条件付け

種類	内容
レスポンデント条件付け	**古典的条件付け**ともいい、「パブロフの犬」の例で知られ、条件反射に注目した条件付けである
オペラント条件付け	道具的条件付けともいい、スキナーによるネズミの例で知られ、**強化と罰（弱化）**に注目した条件付けである。なお、強化とは行動が**増える**ことをいい、罰（弱化）とは行動が**減る**ことをいう

レスポンデント条件付け、オペラント条件付けを活用した行動療法としては、以下のものがある。

▼レスポンデント条件付け、オペラント条件付けを活用した行動療法

行動療法	内容
系統的脱感作	ある刺激に不安反応がある場合に、それと拮抗する弛緩反応を作り、**拮抗制止（逆制止）**の状況にして、不安反応を徐々に無くしていく方法であり、**ウォルピ**が開発した。不安階層表などを作り、不安の弱いものから強いものへと順に適用することもある。これは**レスポンデント**条件付けをベースとした手法である
自律訓練法	自己暗示の言葉を心の中で唱え、さりげない集中（**受動的注意集中**）の状態で、筋肉の緊張を解き、中枢神経や脳の機能を調整し本来の健康な状態へ心身を整えることを目的とした訓練法であり、**シュルツ**が体系化した。**レスポンデント**条件付けをベースとした手法である
主張訓練法（アサーション・トレーニング）	自己表現には、非主張的なもの、攻撃的なもの、**アサーティブ**（適切な自己表現）なものがあり、アサーティブな自己表現ができるようにするための訓練をいう。これは、**レスポンデント**条件付けをベースとした手法である
弛緩訓練法（リラクゼーション・トレーニング）	筋肉の緊張状態を解消し、筋肉を完全な弛緩状態へと誘導する訓練のことをいう。筋肉が弛緩状態になることにより、心のリラックスをもたらす。これは**レスポンデント**条件付けをベースとした手法である
嫌悪療法	嫌悪刺激を提示することで不適切な行動を消滅させていく。これは、**レスポンデント**条件付けをベースとした手法である

暴露療法 （エクスポージャー法）	不安や恐怖を引き起こす刺激に対し、危険を伴うことがない形で直面させることによって、不安や恐怖を克服する療法のことをいう。当然、本人の意思を尊重し、無理強いさせるものではない。これは、**レスポンデント**条件付けをベースとした手法である
トークン エコノミー法	課題を遂行できたときに、あらかじめ定められた条件によって報酬を与え、行動を強化する。これは、**オペラント**条件付けの手法をベースとしている。
シェイピング法	正しい行動を容易な段階から順に、段階的に達成させて強化し、段階的に目標行動を獲得させる。これは**オペラント**条件付けの手法をベースとしている

日本で生まれた精神療法

　日本で生まれた精神療法として、森田療法と内観療法があり、試験でも、度々出題されている。日本人の特性や宗教をふまえた、日本ならではの精神療法である。

■森田療法

　森田療法は、1920年に森田正馬（まさたけ）によって確立された日本独自の精神療法である。神経症の治療のため、「あるがまま」を身につけて、不安や恐怖の感情をそのまま受け入れることで神経症から解放されることを目指す療法で、治療初期に、約一週間、小部屋にひとり静かに横になる「絶対臥褥（ぜったいがじょく）」が特徴的である。

■内観療法

　内観療法は、1941年頃に吉本伊信（いしん）によってその基礎がつくられた。

　内観療法は、浄土真宗に伝わる「身調べ（みしらべ）」を前身としており、3つのテーマに沿って、できるだけ具体的な経験や情景を思い出す。

　3つのテーマは「してもらったこと、して返したこと、迷惑をかけたこと」であり、通常は母親から、自分はどうであったかを調べ、身近な他者について考え、気づきを得て、主に人間関係を原因とする心の問題を改善する治療法である。

その他のカウンセリング技能・知識

その他のカウンセリングの技能・知識として、交流分析、現実療法、家族療法、解決志向アプローチなどを紹介する。

■交流分析

交流分析は、バーンによって開発された、自分と他人との交流パターンや人間関係に着目した心理療法である。構造分析、交流パターン分析、ゲーム分析、脚本分析の4つの分析により、人格的成長や不適応などの変容を図る。

なお、構造分析の5つの自我状態をグラフ化したものがエゴグラムであり、バーンの弟子のデュセイが開発した。交流分析におけるP（親）、A（大人）、C（子ども）をさらに細分化し、人の心を5つに分類している。

■現実療法（リアリティ・セラピー）

現実療法（リアリティ・セラピー）は、グラッサーが提唱した選択理論をベースにしたカウンセリング手法である。選択理論とは、すべての行動は、外部からの刺激への反応ではなく、自らの選択であると考える理論であり、問題が起きたときは相手を受け入れ、交渉することで解決でき、良好な人間関係を築くことができるとしている。

■実存療法

人間は絶えず不安や苦悩に苛まれながらも、それを乗り越えて、自らの責任において自分を作ることができ、生き方を決定する存在であるとする、実存主義に基づいた治療法であり、提唱者としては、ユダヤ人として体験した悲惨な戦争体験を「夜と霧」で記した、フランクルが有名である。

■家族療法

家族療法は、個人ではなく家族全体をシステムとして捉えてカウンセリングを行う。人を個人としてではなく、システムの一部として捉える、システムズ・アプローチによりカウンセリングを行う。なお、問題を抱えた家族の成員については、従来のクライエントという呼び方ではなく、家族を代表して問題を表現している人という意味で、IP（Identified Patient）と呼んでいる。

■解決志向アプローチ

解決志向アプローチは、短期療法（ブリーフセラピー）の一つであり、このアプローチの最大の特徴は、従来の心理療法のように問題やその原因や、改善すべき点を追求するのではなく、解決に役に立つリソース＝資源（能力、強さ、可能性など）に焦点を当て、それを活用して解決することに重点を置くアプローチである。本書の3-1で具体例を紹介している。

■ソーシャル・スキル・トレーニング（SST）

ソーシャル・スキル・トレーニングは、対人行動の障害、躓きの原因をソーシャル・スキルの欠如と捉え、必要なソーシャル・スキルを積極的に学習して、障害や躓きを改善しようとする療法である。なお、ソーシャル・スキルの代表的なスキルには、聴くスキル、自己主張スキル、対人葛藤処理スキルの3つがある。

標準的なトレーニング方法としては、①導入、②教示、③モデリング、④リハーサル、⑤フィードバック、⑥般化がある。

一問一答でふりかえり

☐ **Q** クライエントセンタードアプローチを提唱したロジャーズは、それまでのカウンセリングが指示的であり、来談者の問題解決につながらないと批判した。

A 適切である。来談者が本来持っている、自ら成長し、自己実現を図ろうとしている力に注目し、非指示的なカウンセリングを提唱した。

☐ **Q** ロジャーズは、来談者の問題解決の方向性として「自己一致」の状態から「自己不一致」の状態にいかに変容させるかが重要であるとした。

A 適切ではない。「自己不一致」の状態から「自己一致」の状態に変容されるかが重要であるとした。

Q ロジャーズの来談者中心カウンセリングにおけるカウンセラーの基本的態度について、カウンセラーは、クライエントとの関係において、心理的に安定しており、ありのままの自分を受容している。

A 適切である。自己一致（純粋性）といわれる。

Q ロジャーズの来談者中心カウンセリングにおけるカウンセラーの基本的態度について、カウンセラーは、クライエントに対して無条件の肯定的関心を持つ。

A 適切である。無条件の肯定的配慮（関心）を持つ。

Q ロジャーズの来談者中心カウンセリングにおけるカウンセラーの基本的態度について、カウンセラーは、クライエントの行動を対象とし、学習によって形成された不適応行動を改善しようとする。

A 適切ではない。これは、来談者中心療法ではなく、行動療法での考え方である。

Q ロジャーズの来談者中心カウンセリングにおけるカウンセラーの基本的態度について、カウンセラーは、クライエントの内的世界を共感的に理解し、それを相手に伝える。

A 適切である。これは共感的理解である。

Q フロイトによって創始された精神分析について、局所論とは、人の心の世界を「自我（エゴ）」「イド又はエス」「超自我（スーパーエゴ）」の領域に区分し、精神的な活動がどの部分で行われているのかを明らかにしようとした心のモデルのことである。

A 適切ではない。心の構造を①自我（エゴ）、②イド（エス）、③超自我（スーパーエゴ）の 3層からなる心的装置として捉えたのは、局所論ではなく構造論である。

Q フロイトは心の世界を意識、前意識、無意識の3つの局面からなるとした。

A 適切である。フロイトの局所論の説明である。

Q 防衛機制について、衝動を満たすことができない場合に、社会的、文化的に価値ある行動へ置き換えることを、反動形成という。

A 適切ではない。これは、昇華の説明である。反動形成は、受け入れがたい考えや感情を見ないようにし、正反対の態度や行動を取ることをいう。

Q 防衛機制について、幼児期など、以前の発達段階に戻ることを、同一化という。

A 適切ではない。幼児期など、以前の発達段階に戻ることを退行という。同一化は、ある人の性質を自分に取り入れ、その人と同一になろうとすることをいう。

Q 防衛機制について、自分の中にある感情や欲求を、他人が自分へ向けていると思うことを投影という。

A 適切である。いわゆる疑心暗鬼や偏見のことをいう。

Q カウンセリング過程における「逆転移」とは、クライエントがカウンセラーに感情をぶつけることをいう。

A 適切ではない。問題文は、感情転移の説明である。逆転移とは、クライエントに対して、カウンセラーが個人的な感情を向けることをいう。

Q ゲシュタルト療法は、グラッサーが創始した心理療法である。

A 適切ではない。ゲシュタルト療法を創始したのは、グラッサーではなくパールズである。

Q 論理療法は、ベックにより提唱された心理療法である。

A 適切ではない。論理療法を提唱したのは、エリスである。

Q エリスが提唱した論理療法に基づくカウンセリングでは、非論理的な信念（イラショナルビリーフ）の変容を目指す。

A 適切である。不快な感情は非論理的な信念によってもたらされると考え、これが論理的な信念に変化した際には、不快な感情や悩みが解消すると考えた。

Q 論理療法において、非論理的な信念を、論理的な信念に置き換える場合には、反論・説得は相談者の抵抗を招くため忌避すべきである。

A 適切ではない。発見したクライエントの非論理的な信念（イラショナルビリーフ）に対して、反論（Disputing）を行い、論理的な信念（ラショナルビリーフ）に変化した場合には、悩みの解消などの効果（Effects）が得られるとしている。

Q 認知療法は、エリスにより提唱された心理療法である。

A 適切ではない。認知療法を提唱したのはベックである。

Q ベックの提唱した認知療法に基づくカウンセリングでは、自動思考により生じる認知の歪みを低減させていくことを目標とする。

A 適切である。自動思考により生まれる認知の歪みを修正することが、認知療法の特徴である。

Q レスポンデント条件付けは、道具的条件付けとも呼ばれ、パブロフの犬の例で知られる。

A 適切ではない。レスポンデント条件付けは古典的条件付けとも呼ばれ、パブロフの犬の例で知られる。

Q オペラント条件付けは、スキナーのネズミの実験で知られ、強化と罰（弱化）に注目した条件付けである。

A 適切である。強化とは行動が増えることをいい、罰（弱化）とは行動が減ることをいう。

Q 行動療法について、アサーション法は、レスポンデント条件付けに基づき、逆制止の原理により、不安や恐怖などを引き起こす条件刺激に対する過剰な感受性を段階的に弱める訓練法である。

A 適切ではない。文章はウォルピが開発した系統的脱感作の説明である。アサーション法（主張訓練法）は、アサーティブな自己表現（適切な自己表現）ができるようにするための訓練をいう。

Q 行動療法について、シェイピング法は、レスポンデント条件付けに基づき、ある目標に至るための下位の目標を定めて段階的に達成させることで本来の目標達成を目指すものである。

A 適切ではない。内容は正しいが、シェイピング法はオペラント条件付けの手法をベースとしている。

Q 森田療法は、「してもらったこと、して返したこと、迷惑をかけたこと」を思い出すことで身の回りの人のことを考え、気づきを得る心理療法である。

A 適切ではない。これは吉本伊信によって確立された内観療法の内容である。

Q 内観療法は、「あるがまま」を受け入れる姿勢を身につけることを目的としており、入院初期には絶対臥褥期を過ごすことが特徴的である。

A 適切ではない。これは森田正馬によって確立された森田療法の内容である。

Q 交流分析は、自分と他人の交流パターンや人間関係に着目した心理療法であり、バーンによって開発された。

A 適切である。交流分析は、構造分析、交流パターン分析、ゲーム分析、脚本分析の4つの分析からなる。

Q 交流分析における5つの自我状態が放出する心的エネルギーの高さをグラフにしたものがエゴグラムである。

A 適切である。エゴグラムは、交流分析を開発したバーンの弟子であるデュセイが考案した。

Q 現実療法は、バーンが提唱した選択理論をベースにしたカウンセリング手法である。

A 適切ではない。現実療法を提唱したのは、グラッサーである。

☐ **Q** フランクルは、人間は意味を求めて自らの責任において生き方を決定する存在であるとする、実存主義に基づいた治療法を提唱した。

A 適切である。フランクルは、ユダヤ人として体験した悲惨な戦争体験を「夜と霧」に記した著書としても知られる。

☐ **Q** システムズ・アプローチに基づく家族療法は、家族の問題の原因となっている成員を探し出して、その人格の変容を促すことで解決することに特徴がある。

A 適切ではない。システムズ・アプローチは、問題の原因を成員（メンバー）に求めて人格変容を迫ることで解決を図るのではなく、家族全体を対象とし、家族システムの問題と捉え、解決を図る特徴がある。

☐ **Q** 解決志向アプローチは、人の内面にある問題やその原因、改善すべき点を追求することにより解決を図る特徴がある。

A 適切ではない。従来の心理療法のように問題やその原因、改善すべき点を追求するのではなく、解決に役に立つリソース＝資源に焦点を当て、それを活用して解決することに重点を置くアプローチである。

2-7

職業能力開発（リカレント教育を含む）の知識

• •

全体をつかもう この出題範囲からは概ね3問～4問の出題があります。その内容は、「能力開発基本調査」からの出題が多いです。また、2020年の出題範囲の変更により、リカレント教育が出題範囲表にも明記されることとなりました。いずれもキャリアコンサルタントの活動を支え、方向づける内容となります。よく出題されるので、細かな内容も含めて対策しましょう。

リカレント教育

　個人の生涯にわたる主体的な学び直しを、リカレント教育という。本来の意味は、学校教育を生涯の中で分散させ、就学と就職を繰り返すことであるが、我が国では、より広く捉え、働きながら学ぶことや、心の豊かさや生きがいのために学ぶ場合もリカレント教育に含めている。

　また、新しい職業に就くために、あるいは、今の職業で必要とされるスキルの大幅な変化に適応するために、必要なスキルを獲得する（させる）、リスキリングの重要性が指摘されている。

OJTとOff-JT

　企業が主体となって行う教育訓練には、日常業務を通じて行うOJTと、職場から離れた場で行うOff-JTがある。それぞれのメリット、デメリットは次のとおりである。

▼教育訓練の種類とメリット、デメリット

種類	メリット	デメリット
OJT	・実際の仕事に即した教育が行える ・外部講師などの経費がかからない	指導を行う人によって効果に差が出る
Off-JT	・OJTでは学ぶことが難しい**専門**的な内容を学ぶことができる ・座学の研修などは、一度に**多人数**に実施できるため、参加者の知識の平準化を図ることができる	・外部講師や場所の確保のために経費がかかる ・研修等が業務の内容に結びつくかどうかが未知数な場合がある

能力開発基本調査（令和3年度）

 必ず読む よく出る

　能力開発基本調査は、我が国の企業、事業所及び労働者の能力開発の実態を正社員・正社員以外別に明らかにし、職業能力開発行政に資することを目的として、**厚生労働省**が1年に1回調査を行っている。この調査は、企業調査、事業所調査、個人調査で構成されている。

　これまでの試験で最も多く出題されている官公庁発信の資料であるため、ここでは、各調査項目の内容を整理する。

　例年それほど大きな変化はないものの、最新年度版が発表された際には、みんなで合格☆キャリアコンサルタント試験のサイトにてまとめ等を作成しており、内容を確認することができる。

　本調査資料は、ほぼ毎回の試験で問われる資料であり、細かな内容が問われることもありますが、数字をくまなく暗記するのではなく、どちらが多いのか、少ないのかといった傾向や、調査結果の1位やおおよその割合をおさえておくとよいでしょう。

■ Off-JT及び自己啓発支援に支出した費用について（企業調査）

・Off-JT又は自己啓発支援に支出した企業の割合は50.5％である。

・金額を見ると、教育訓練に支出した費用の労働者一人当たりの平均額は、Off-JTは1.2万円、自己啓発支援は0.3万円である。

■ 事業内職業能力開発計画及び職業能力開発推進者について（企業調査）

・事業内職業能力開発計画の作成状況は、「いずれの事業所においても作成していない」が77.7％を占めている。

・職業能力開発推進者の選任状況は、「いずれの事業所においても選任していない」とする企業が81.6％を占めている。

・職業能力開発推進者を選任している企業における選任方法は、「本社が一人を選任し、すべての事業所について兼任させている」が62.6％で最も多い。

なお、職業能力開発推進者は、「キャリアコンサルタントその他職業能力開発推進者の業務を担当するための必要な能力を有すると認められる者」から選任すると位置づけられている。

■ 教育訓練休暇制度及び教育訓練短時間勤務制度の導入状況について（企業調査）

・教育訓練休暇制度は、「導入していないし、導入する予定はない」が79.5％と多くを占めている。

・教育訓練短時間勤務制度は、「導入していないし、導入する予定はない」が80.7％と多くを占めている。

・「教育訓練休暇制度または教育訓練短時間勤務制度を導入する予定がない」理由ランキング
第1位　代替要員の確保が困難であるため（46.0％）
第2位　制度自体を知らなかったため（38.2％）
第3位　労働者からの制度導入の要望がないため（32.6％）

■ 教育訓練の実施に関する事項について（事業所調査）

・正社員に対してOff-JTを実施した事業所は、69.1％である。

・正社員に対するOff-JT実施の事業所の産業別ランキング
　第1位　電気・ガス・熱供給・水道業（94.9%）
　第2位　複合サービス事業（90.2%）
　第3位　金融業、保険業（87.0%）

　なお、複合サービス事業には、郵便局や協同組合が該当する。

・正社員以外に対してOff-JTを実施した事業所は、29.8%であり、正社員に
　比べると、半分以下である。
・実施したOff-JTの教育訓練機関の種類は、正社員、正社員以外ともに「自
　社」が最も多い。

・実施したOff-JTの内容ランキング
　第1位　新規採用者など初任層を対象とする研修（76.1%）
　第2位　ビジネスマナー等のビジネスの基礎知識（47.2%）
　第3位　新たに中堅社員となった者を対象とする研修（45.6%）

・計画的なOJTの実施状況（正社員・正社員以外）を見ると、いずれにおいて
　も、企業規模別では規模が大きくなるほど実施率は高い。
・計画的なOJTの実施状況（階層別）を見ると、正社員では新入社員が
　51.5%、中堅社員は36.4%、管理職層は22.3%、正社員以外25.2%となっ
　ている。

■ 能力開発や人材育成について（事業所調査）

・能力開発や人材育成に関して何らかの問題があるとしている事業所は、7割
　を超えている（76.4%）。

・「問題がある」事業所の問題点ランキング
　第1位　指導する人材が不足している（60.5%）
　第2位　人材育成を行う時間がない（48.2%）
　第3位　人材を育成しても辞めてしまう（44.0%）

■ 労働者のキャリア形成支援について（事業所調査）

・正社員又は正社員以外に対してキャリアコンサルティングを行う仕組みを導入している事業所は、42.3%である。なお、正社員に対して導入しているのは41.8%、正社員以外に対して導入しているのは29.7%である。
　　また、産業別では正社員では複合サービス事業が最も割合が高く、正社員以外でも「複合サービス事業」が最も高い。また、企業規模別に見ると、正社員に対しては企業規模が大きくなるほど仕組みを導入している割合が高い。

・キャリアコンサルティングの実施時期は、正社員、正社員以外ともに、「1年に1回、3年に1回など、定期的に実施する」が最も多い。

・キャリアコンサルティングを行う目的ランキング（正社員・正社員以外）
　第1位　労働者の仕事に対する意識を高め、職場の活性化を図るため
　第2位　労働者の自己啓発を促すため
　第3位　労働者の希望等を踏まえ、人事管理制度を的確に運用するため

・キャリアコンサルティングを行った効果ランキング（正社員・正社員以外）
　第1位　労働者の仕事への意欲が高まった
　第2位　自己啓発する労働者が増えた
　第3位　人事管理制度に労働者の希望等を的確に反映して運用できるようになった

・キャリアコンサルティングを行う上での問題点の内訳ランキング（正社員）
　第1位　キャリアに関する相談を行っても、その効果が見えにくい
　第2位　労働者からのキャリアに関する相談件数が少ない
　第3位　キャリアコンサルタント等相談を受けることのできる人材を内部で育成することが難しい

・キャリアコンサルティングを行う上での問題点の内訳ランキング（正社員以外）
　第1位　労働者からのキャリアに関する相談件数が少ない
　第2位　労働者がキャリアに関する相談をする時間を確保することが難しい

第3位　キャリアに関する相談を行っても、その効果が見えにくい

・キャリアコンサルタントの導入状況について、相談を受けているのが、キャリアコンサルタントであるのは、8.8％である。

　上記の数字のとおり、相談者としてのキャリアコンサルタントの導入状況は、いまだ10％にも満たない。

・キャリアコンサルティングを行う仕組みを導入していない理由ランキング（正社員、正社員以外）
　第1位　労働者からの希望がない
　第2位　キャリアコンサルタント等相談を受けることのできる人材を内部で育成することが難しい
　第3位　キャリアコンサルティング等のサービスを外部から調達するのにコストがかかる

・ジョブ・カードの認知状況については、「内容を含めて知っており活用している」は2.2％であり、名称は聞いたことがあるが内容は知らない（42.3％）と名称を聞いたことがなく、内容も知らない（32.1％）といった「内容を知らない」事業所が7割を超えている。

・労働者の主体的なキャリア形成に向けた取組の内訳ランキング（正社員）
　第1位　上司による定期的な面談の実施（1on1ミーティング等）
　第2位　職務の遂行に必要なスキル・知識等に関する情報提供
　第3位　自己啓発に対する支援

・労働者の自己啓発に対する支援の実施状況については、支援を行っている事業所の割合は、正社員が81.4％、正社員以外61.7％であり、支援の内容は、正社員、正社員以外のいずれも、受講料などの金銭的援助が最も多い。

■ 労働者の職業能力評価について（事業所調査）

・労働者の職業能力評価については、職業能力評価を行っている事業所は、全

体では50.3%であった。

・職業能力評価を行っている事業所で、職業能力評価において検定・資格を利用している事業所は59.7%である。また、利用している検定・資格は、「国家検定・資格（技能検定を除く）又は公的検定・資格」が76.0%で最も割合が高い。
・職業能力評価の活用方法は、人事考課（賞与、給与、昇格・降格、異動・配置転換等）の判断基準が最も多い。
・職業能力評価に係る取組の問題点では、全部門・職種で公平な評価項目の設定が難しいが最も多い。

■ 技能の継承について（事業所調査）

・技能継承の取組みを行っている事業所は84.3%で、取組みの内容は、「退職者の中から必要な者を選抜して雇用延長、嘱託による再雇用を行い、指導者として活用している」（50.3%）が最も多い。

■ 能力・スキルについて（個人調査）

・仕事をする上で自信のある能力・スキルがあると回答した労働者全体の割合は87.6%である。

・自信のある能力・スキルの内訳ランキング（正社員・正社員以外）
第1位　チームワーク、協調性・周囲との協働力
第2位　定型的な事務・業務を効率的にこなすスキル
第3位　コミュニケーション能力・説得力

・向上させたい能力・スキルの内訳ランキング（正社員）
第1位　マネジメント能力・リーダーシップ
第2位　課題解決スキル（分析・思考・創造力）
第3位　ITを使いこなす一般的な知識・能力（OA・事務機器操作（オフィスソフトウェア操作など））

・向上させたい能力・スキルの内訳ランキング（正社員以外）

第1位　ITを使いこなす一般的な知識・能力（OA・事務機器操作（オフィ
　　　　スソフトウェア操作など））

第2位　コミュニケーション能力・説得力

第3位　課題解決スキル（分析・思考・創造力）

■ 会社を通して受講した教育訓練について（個人調査）

・令和2年度にOFF-JTを受講した労働者全体の割合は**30.2%**であり、正社員
　では38.2%、正社員以外では15.8%と、正社員以外の受講率は正社員を大
　きく下回っている。

・OFF-JTを受講した労働者の延べ受講時間は、労働者全体では、5時間以上
　10時間未満（25.7%）が最も多く、続いて5時間未満（24.4%）で、10時
　間未満の者が全体の約2分の1を占めている。

・受講したOFF-JTの役立ち度は、正社員、正社員以外ともに、「役に立った」
　や「どちらかというと役に立った」の肯定的意見が約9割を占めている。

・部下、同僚、仕事仲間に対し、指導やアドバイスをしたかを問うたところ、
　正社員では「よくした」、「ある程度した」の合計が7割を超えている。正社
　員以外でも6割を超える割合となった。

・受けた指導やアドバイスの役立ち度をみると、「役に立った」、「どちらかと
　いうと役に立った」の肯定的意見が、正社員、正社員以外ともに9割以上を
　占めている。

■ 自己啓発について（個人調査）

・自己啓発を行った者は、労働者全体では36.0%であり、正社員は44.6%、
　正社員以外は20.4%で正社員以外の実施率が低い。

・自己啓発の実施方法は、正社員、正社員以外ともに、最も多いのは、「eラー
　ニング（インターネット）による学習」であった。

・自己啓発を行った者の延べ実施時間は、労働者全体では20時間未満の者が
　全体の半数近くを占める。
　　　正社員では「10時間以上20時間未満」（18.3%）が最も多く、正社員以
　外では「5時間未満」（24.1%）の割合が最も多い。

・自己啓発を行った者の延べ自己負担費用の状況は、「0円（38.2%）」が最も
　多く、次いで「1千円以上1万円未満（22.7%）」である。

・自己啓発を行った理由は、正社員、正社員以外ともに「現在の仕事に必要な知識・能力を身につけるため」が最も多い。

・自己啓発を行う上での問題点について、正社員、正社員以外ともに「仕事が忙しくて自己啓発の余裕がない」が最も多い。

■ これからの職業生活設計について（個人調査）

・正社員では「自分で職業生活設計を考えていきたい」と「どちらかと言えば、自分で職業生活設計を考えていきたい」とする者を合わせると正社員の3分の2以上が、主体的に職業生活設計を考えていきたいとしている。

・正社員以外では、「自分で職業生活設計を考えていきたい」と「どちらかと言えば、自分で職業生活設計を考えていきたい」とする者を合わせると51.8%であるが、「わからない」とする者が27.1%であり、これは正社員（11.9%）と比べて大幅に高くなっている。

・令和2年度中にキャリアコンサルティングを受けた者は、労働者全体では、10.6%であり、正社員では13.3%、正社員以外では5.8%である。

・相談をする主な組織・機関については、職場の上司・管理者が最も割合が高く、正社員では81.2%、正社員以外では68.9%となっている。

・キャリアに関する相談が役立ったことの内訳は、「仕事に対する意識が高まった」が最も多い。

・キャリアコンサルタントによる相談の利用の要望では、正社員は合わせて59.5%が、正社員以外は合わせて43.6%が利用したいとしている。

・キャリアコンサルタントに相談したい内容の内訳ランキング（正社員）
第1位　将来のキャリアプラン
第2位　仕事に対する適性・適職（職業の向き不向き）
第3位　仕事に対するモチベーションの向上

・教育訓練休暇制度の利用について、「勤務している事業所に制度があるか分からない」が半数以上を占めている（59.5%）。

・教育訓練休暇制度の利用について、「勤務している事業所に制度があり、利用したことがある」は、2.0%（正社員2.4%、正社員以外1.3%）にとどまっている。

・教育訓練短時間勤務制度の利用について、「勤務している事業所に制度があり、利用したことがある」は、1.7%（正社員1.7%、正社員以外1.7%）に

とどまっている。

公的職業訓練（ハロートレーニング）

公的職業訓練（ハロートレーニング）は、希望する仕事に就くために必要な職業スキルや知識などを習得することができる公的制度である。公的職業訓練は離職者訓練などの公共職業訓練と、求職者支援訓練を合わせたものをいい、次のイラストは公的職業訓練のロゴマーク、「ハロトレくん」である。

▲ハロトレくん（出典：厚生労働省）

■ 公的職業訓練（ハロートレーニング）の種類

公的職業訓練には、雇用保険を受給している求職者を主な対象とする離職者訓練と、雇用保険を受給できない求職者を主な対象とする求職者支援訓練に分けることができる。

▼公的職業訓練の種類

雇用保険の受給	訓練の種類	内容
雇用保険を受給できる人	離職者訓練	施設内訓練（ものづくり系）
		委託訓練（事務・サービス系）
雇用保険を受給できない人	求職者支援訓練	基礎コース（社会人としての能力）
		実践コース（実践的な技術）

委託訓練や求職者支援訓練は、民間の教育訓練施設に訓練の実施を委託していることが多い。

離職者訓練と求職者支援訓練の受講料は基本的に無料で、一部テキスト代等は自己負担になる。その訓練分野は事務系をはじめ、IT、建設・製造、サービス、介護、デザイン、理美容に至るまで多種多様であり、第一種電気工事士や宅地建物取引士、介護職員初任者研修等の資格取得を目指すコースもある。

その他、公共職業訓練の種類には、学校卒業者を対象とした学卒者訓練（有料）や、主に中小企業の在職者を対象とした在職者訓練（有料）、障害のある方を対象とした障害者訓練（無料）がある。

■ 訓練の期間

公的職業訓練（ハロートレーニング）の訓練期間は次のとおりである。訓練期間は数日の在職者訓練から、2年にも及ぶことがある学卒者訓練まで幅が広い。

▼公的職業訓練の訓練期間

種類	訓練期間
離職者訓練	概ね3ヶ月〜1年
求職者支援訓練	2ヶ月〜6ヶ月
学卒者訓練	1年〜2年
在職者訓練	2日〜5日

なお、訓練の受講のための手続きは、ハローワークで行う。

■ 公的職業訓練を行う機関

公的職業訓練を行う機関は次のようなものがある。

▼公的職業訓練を行う主な機関

主な機関	特徴
独立行政法人高齢・障害・求職者雇用支援機構	高齢者の雇用の確保、障害者の職業的自立の推進、求職者等の職業能力の開発及び向上のため、高齢者、障害者、求職者、事業主等に対して総合的な支援を行っている
職業能力開発総合大学校	日本における職業訓練の中核機関。職業能力開発促進法に基づき、国が設置し、独立行政法人高齢・障害・求職者雇用支援機構が運営している
職業能力開発校	職業能力開発促進法に規定されている公共職業能力開発施設。都道府県や市町村が設置する
職業能力開発短期大学校	公共職業能力開発施設として、国が設置するが、厚生労働大臣の同意があれば都道府県も設置することができる
民間の教育機関、教育訓練施設	離職者訓練や求職者支援訓練等を受託して実施する

教育訓練給付金制度

　教育訓練給付金制度は、働く人の主体的な能力開発の取組みや中長期的なキャリア形成を支援し、雇用の安定と再就職の促進を図ることを目的として、教育訓練受講に支払った費用の一部が支給されるものである。

■ 教育訓練給付金の種類

　教育訓練給付金は、大きく分けると、一般教育訓練給付金、専門実践教育訓練給付金、特定一般教育訓練給付金に分けられる。

■ 支給対象者

　教育訓練給付金の支給要件期間は次のとおりである。
　なお、支給要件期間とは、主として、雇用保険の一般被保険者である期間のことをいう。

第2章　キャリアコンサルティングを行うために必要な知識

▼教育訓練給付金の支給要件期間

給付金の種類	支給要件期間
一般教育訓練給付金	3年（1年）以上
専門実践教育訓練給付金	3年（2年）以上
特定一般教育訓練給付金	3年（1年）以上

（　）内は初めて教育訓練給付金の支給を受けようとする人の場合。

■ 支給額

　教育訓練給付金の支給額は、給付金の種類によって異なるため、次の表で確認する。

▼教育訓練給付金の支給額

給付金の種類	支給額	支給額の上限
一般教育訓練給付金	教育訓練経費の20％相当額	10万円
専門実践教育訓練給付金	教育訓練経費の50％相当額	40万円
特定一般教育訓練給付金	教育訓練経費の40％相当額	20万円

　専門実践教育訓練給付金については、修了後にあらかじめ定められた資格を取得し、受講修了の翌日から1年以内に被保険者として雇用又は既に雇用されている場合には、さらに教育訓練経費の20％に相当する額の追加給付がある。つまり、最大で教育訓練経費の70％相当額の給付を受けることができる。

■ キャリアコンサルタントとのかかわり

　一般教育訓練給付金においては、受講開始前1年以内にキャリアコンサルティングを受けた場合、その費用を教育訓練経費に加えることができる（上限2万円まで）。

　専門実践教育訓練給付金及び特定一般教育訓練給付金では、原則として、申請手続において、訓練対応キャリアコンサルタントによる訓練前キャリアコンサルティングを受け、交付されたジョブ・カード等を受講開始の1ヶ月前までにハローワークに提出しなければならない。

■ 教育訓練支援給付金

初めて専門実践教育訓練を受講する人で、受講開始時に45歳未満など一定の要件を満たす人が、訓練期間中、失業状態にある場合に訓練受講をさらに支援するため支給される給付金を教育訓練支援給付金という（執筆時点では2025年3月31日までの措置）。

なお、支給額は、基本手当日額に相当する額の80％である。

職業能力の開発に関する助成金

職業能力開発にかかわる主な助成金としては、人材開発支援助成金や、キャリアアップ助成金がある。特徴は次のとおりである。

なお、いずれの助成金も支給対象事業主は、雇用保険適用事業所の事業主に限られる。

▼人材開発支援助成金とキャリアアップ助成金の特徴

種類	特徴
人材開発支援助成金	労働者の職業生活設計の全期間を通じて段階的かつ体系的な職業能力開発を効果的に促進するため、労働者に対して職務に関連した専門的な知識及び技能の習得をさせるための職業訓練等を計画に沿って実施した場合に、訓練経費や訓練期間中の賃金の一部等を助成する
キャリアアップ助成金	非正規雇用労働者の企業内でのキャリアアップを促進するため、正社員化、処遇改善の取組みを実施した事業主に対して助成する制度。正社員化コースや賃金規定改定コースなど7つのコースに分けられている

社内検定認定制度

個々の企業や団体が、そこで働く労働者を対象に自主的に行っている検定制度（社内検定）のうち、一定の基準を満たしており、技能振興上奨励すべきで

あると認めたものを厚生労働大臣が認定する制度のことを、社内検定認定制度という。

職業能力評価基準

職業能力評価基準とは、仕事をこなすために必要な知識と技術・技能に加えて、成果につながる職務行動例（職務遂行能力）を、業種別、職種・職務別に整理したものであり、厚生労働省が普及促進を図っている。

職業能力評価基準は、企業の人材ニーズと労働者の有する職業能力とを適切にマッチングさせるための共通言語となる、これからの社会に不可欠なツールである。これは企業、労働者個人のそれぞれのニーズに応じて活用が可能であり、職業能力評価シート等は、インターネットからダウンロードして、活用目的により自由にカスタマイズすることができる。

職業能力評価基準では、業種横断的な経理・人事等の事務系9職種及び、電気機械器具製造業、ホテル業、在宅介護業等の56業種について整備しており、会社において期待される責任・役割の範囲と難易度により、4つの能力段階（レベル区分）を設定している。

ジョブ・カード制度

キャリアシートには、履歴書や職務経歴書、ジョブ・カードなどがあるが、試験での出題はジョブ・カードに関するものが多い。

ジョブ・カードについては、その位置づけ、様式、対象者、作成支援の注意点など様々な視点からの出題があるが、マイジョブ・カード（旧ジョブ・カード制度総合サイト）からの出題がほとんどである。

マイジョブ・カード（サイト）　必ず読む

ジョブ・カードのデジタル化に向けて、2022年に新たなウェブサイト「マイジョブ・カード」が誕生した。それまでのジョブ・カード制度総合サイトではできなかった、オンライン上でのジョブ・カードの作成・保存・更新や、保

存したジョブ・カードのデータから履歴書・職務経歴書を作成することができるようになった。

　マイジョブ・カード（旧ジョブ・カード制度総合サイト）では、ジョブ・カードの作成支援のみならず、職業スキルチェックや、RIASECによる興味診断、価値観診断など自己理解に役立つツールも用意されている。

■ ジョブ・カード制度とは

　個人のキャリアアップや、多様な人材の円滑な就職等を促進することを目的として、ジョブ・カードを、キャリアコンサルティング等の個人への相談支援のもと、求職活動、職業能力開発などの各場面において活用する制度である。

■ ジョブ・カードの位置づけ

　ジョブ・カードは、「生涯を通じたキャリア・プランニング」及び「職業能力証明」の機能を担うツールである。

■ 生涯を通じたキャリア・プランニング

　ジョブ・カードは、キャリアコンサルティング等の支援の前提となる個人の履歴や、支援を通じた職業経験の棚卸し、職業生活設計等の情報を蓄積することができる、訓練の受講、キャリア選択等の生涯のキャリア形成の場面においても「生涯を通じたキャリア・プランニング」のツールとして活用する。

　ジョブ・カードは、学校卒業から職業生活の引退までのキャリア・プランニングに活用する。

■ 職業能力証明

　ジョブ・カードには、免許・資格、教育・訓練歴、職務経験、教育・訓練成果の評価、職場での仕事ぶりの評価に関する職業能力証明の情報を蓄積することができる。この中から場面・用途等に応じて情報を抽出・編集し、求職活動の際の応募書類、キャリアコンサルティングの際の資料等として活用できる。

　つまり、ジョブ・カードは、職業能力を見える化した「職業能力証明」のツールとして活用できる。

第**2**章

キャリアコンサルティングを行うために必要な知識

■ ジョブ・カードの様式（シート）

ジョブ・カードの様式は、大別すると次の3種類に分けることができる。

①キャリア・プランシート＊
②職務経歴シート
③職業能力証明シート＊＊

＊就業経験の有無によって様式が異なる。

＊＊③はさらに免許・資格シート、学習歴・訓練歴シート、訓練成果・実務成果シートに
　　分けられる。

　これらを自分でパソコン等により作成し、管理するのが望ましい。

　なお、①から③のシートをそのまま活用するだけでなく、抽出編集して履歴
書等として出力することもできる。

■ ジョブ・カードの対象者

　ジョブ・カードを作成するのは求職者に限らず、在職中の労働者、キャリア
教育プログラムや、就職活動を行う学生も活用することができる。また、一部
の職業訓練や教育訓練においては、訓練の受講や成果の評価のためにジョブ・
カードが必要とされている（例：教育訓練給付金の対象となる特定一般教育訓
練や専門実践教育訓練など）。

■ ジョブ・カードの作成支援

　ジョブ・カードの作成支援は、キャリアコンサルティングを通じて、キャリ
アコンサルタント又はジョブ・カード作成アドバイザーが行う。なお、ジョ
ブ・カード作成アドバイザーは2024年3月31日までに登録者全員の有効期限
が終了する。

キャリアシートの作成

　一般的なキャリアシート（応募書類）には、履歴書や職業経歴書などがある。
いずれも正確な情報を記載することは欠かせないが、その他の記入上の注意点

などについても過去に出題されている。キャリアシート作成時には、次の点に
注意する。

■ キャリアシート作成の注意点

・正確であることはもちろんのこと、丁寧な記述を行い、積極的で、個性的な
　内容も盛り込み、相手に適切にアピールする。
・相手にわかりやすく、また、相手に読ませる積極性も必要であり、簡潔、明
　快であるとともに、ときには図表等も使用し、レイアウトにも配慮する。職
　務と関連するような地域活動や趣味等も記入し、適切に自己PRを行う。

一問一答でふりかえり

Q 今後期待されるキャリアコンサルタントの社会的役割の一つとして、
個人が主体的に、職業生活設計に即した学び直しをしやすくするた
めの支援がある。

A 適切である。個人の主体的な学び直し等のことを、リカレント教育
という。

Q 企業が行う教育訓練には、日常業務を通じて行うOff-JTと職場から
離れた場で行うOJTがある。

A 適切ではない。日常業務を通じて行うOJTと、職場から離れた場で
行うOff-JTがある。

Q 企業における人材開発に関し、OJTはどのような上司、先輩がその
指導役であっても成果に大きな差異が生じない。

A 適切ではない。指導役の上司や先輩によって、成果に差異が生じる
おそれがある。

Q OJTのメリットとして、仕事を通して行うために、時間やコストの
点で効果的である。

A 適切である。OJTのメリットである。

Q 令和3年度能力開発基本調査において、企業の教育訓練への支出状況では、Off-JT又は自己啓発支援に支出をした企業は50%を超えている。

A 適切である。50.5%である。

Q 令和3年度能力開発基本調査において、支出した教育訓練費用の労働者一人当たりの平均額は、自己啓発支援に対する金額の方が、Off-JTに対する金額よりも大きい。

A 適切ではない。Off-JTが1.2万円、自己啓発支援は0.3万円である。

Q 令和3年度能力開発基本調査において、事業内職業能力開発計画の作成状況は、「すべての事業所において作成している」とした企業は約7割であった。

A 適切ではない。「いずれの事業所においても作成していない」が7割を超えている（77.7%）。「すべての事業所において作成している」のは14.2%である。

Q 令和3年度能力開発基本調査において、職業能力開発推進者の選任状況については、「いずれの事業所においても選任していない」が7割を超えている。

A 適切である。81.6%と大半を占めている。

Q 令和3年度能力開発基本調査において、教育訓練休暇制度の導入状況については、既に導入している企業は約8割に及ぶ。

A 適切ではない。「導入している」企業は9.7%であり、「導入をしていないし、導入する予定がない」企業が79.5%である。

Q 令和3年度能力開発基本調査において、教育訓練休暇制度や短時間勤務制度について、導入予定がないとした企業の理由として最も多かったのが、労働者からの制度導入の要望がないためである。

A 適切ではない。最も多い理由は、「代替要員の確保が困難であるため」であり、「労働者からの制度導入の要望がないため」は3番目の理由である。

Q 令和3年度能力開発基本調査において、正社員に対してOff-JTを実施した事業所は、半数以下にとどまっている。

A 適切ではない。69.1%である。

Q 令和3年度能力開発基本調査において、正社員に対するOff-JTを実施している事業所について、産業別では生活関連サービス業・娯楽業での実施率が最も高い。

A 適切ではない。生活関連サービス業・娯楽業はむしろ低く、高いのは電気・ガス・熱供給・水道業・複合サービス事業などである。

Q 令和3年度能力開発基本調査において、正社員以外に対してOff-JTを実施している事業所は、半数に満たない。

A 適切である。29.8%であり、正社員に比べると低い。

Q 令和3年度能力開発基本調査において、Off-JTの研修内容としては、「管理・監督能力を高めるマネジメント系」の研修の割合が最も多い。

A 適切ではない。新規採用者などの初任層対象の研修が最も多い。

Q 令和3年度能力開発基本調査において、正社員または正社員以外に対する計画的なOJTを実施した事業所は6割を超えている。

A 適切である。61.8%である。

Q 令和3年度能力開発基本調査において、人材育成に関して何らかの「問題がある」と回答した事業所の問題点として最も割合が高いのが、「人材育成を行う時間がない」である。

A 適切ではない。「指導する人材が不足している」が最も高く60.5%である。

Q 令和3年度能力開発基本調査において、正社員に対してキャリアコンサルティングを行う仕組みを導入している事業所は、半数を超えている。

A 適切ではない。令和3年度では41.8%である。

第2章 キャリアコンサルティングを行うために必要な知識

Q 令和3年度能力開発基本調査において、正社員に対するキャリアコンサルティングの実施時期は、人事評価のタイミングに合わせて実施するケースが最も多い。

A 適切ではない。1年に1回、3年に1回など、定期的に実施するケースが最も多い。

Q 令和3年度能力開発基本調査において、キャリアコンサルティングを行う仕組みがある事業所を、産業分類で見ると、正社員では、医療・福祉の割合が最も高い。

A 適切ではない。最も高いのが複合サービス事業（81.7%）であり、次いで金融業、保険業（80.7%）で高くなっている。

Q 令和3年度能力開発基本調査において、キャリアコンサルティングを行う仕組みを導入している事業所のうち、キャリアコンサルティングを行う目的は、正社員、正社員以外ともに「労働者の希望等を踏まえ、人事管理制度を的確に運用するため」である。

A 適切ではない。正社員、正社員以外ともに「労働者の仕事に対する意識を高め、職場の活性化を図るため」である。

Q 令和3年度能力開発基本調査において、正社員に対するキャリアコンサルティングを行う上での問題点の内訳で、最も割合が高かったのが、キャリアコンサルタントの依頼にコストがかかるであった。

A 適切ではない。「キャリアに関する相談を行っても、その効果が見えにくい」である。

Q 令和3年度能力開発基本調査において、キャリアコンサルティングの仕組みを導入せず、実施していない事業所の理由として最も割合が高いのが、「相談を受けるための人員を割くことが難しい」ためである。

A 適切ではない。正社員、正社員以外ともに、「労働者からの希望がない」ためである。

Q 令和3年度能力開発基本調査において、キャリアコンサルティングの仕組みを導入している事業所のうち、キャリアコンサルタントが相談を受けているのは約半数である。

A 適切ではない。キャリアコンサルタントが相談を受けているのは、8.8%である。

Q 令和3年度能力開発基本調査において、ジョブ・カードを「内容を含めて知っており活用している」事業所は全体の約3割である。

A 適切ではない。「内容を含めて知っており活用している」事業所はわずかに2.2％である。

Q 令和3年度能力開発基本調査において、労働者の主体的なキャリア形成に向けて実施した取組は、「自己啓発に対する支援」が最も多い。

A 適切ではない。「上司による定期的な面談の実施（1on1ミーティング等）」が最も多い。

Q 令和3年度能力開発基本調査において、労働者の自己啓発に対する支援を行っている事業所は、正社員ではおよそ8割に及ぶ。

A 適切である。81.4％である。

Q 令和3年度能力開発基本調査において、職業能力評価の活用方法としては、「技能継承のための手段」において最も活用されている。

A 適切ではない。「人事考課の判断基準」が最も割合が高い。

Q 令和3年度能力開発基本調査において、自信のある能力・スキルでは、正社員、正社員以外ともに、「定型的な事務・業務を効率的にこなすスキル」が最も割合が高かった。

A 適切ではない。正社員、正社員以外ともに、「チームワーク、協調性・周囲との協働力」の割合が最も高い。

Q 令和3年度能力開発基本調査によると、向上させたい能力・スキルの内容については、正社員では「マネジメント能力・リーダーシップ」が最も割合が高い。

A 適切である。正社員以外では「ITを使いこなす一般的な知識・能力」の割合が最も高い。

Q 令和3年度能力開発基本調査によると、令和2年度に自己啓発を行った者は、労働者全体で半数を越えている。

A 適切ではない。労働者全体では36.0％である。

Q 令和3年度能力開発基本調査によると、自己啓発の実施方法は、「社外の勉強会、研究会への参加」の割合が最も高い。

A 適切ではない。「eラーニング（インターネット）による学習」の割合が最も高い。

Q 令和3年度能力開発基本調査によると、自己啓発を行った理由は、正社員、正社員以外ともに、「資格取得のため」が最も多い。

A 適切ではない。「現在の仕事に必要な知識・能力を身につけるため」が最も多い。

Q 令和3年度能力開発基本調査によると、自己啓発を行う上での問題点として最も多いのは、正社員では「仕事が忙しくて自己啓発の余裕がない」である。

A 適切である。次いで、男性は「費用がかかりすぎる」、女性は「家事・育児が忙しくて自己啓発の余裕がない」である。なお、正社員以外も、最も多いのは、「仕事が忙しくて自己啓発の余裕がない」である。

Q 令和3年度能力開発基本調査において、令和2年度中にキャリアコンサルティングを受けた者の割合は、正社員では初めて3割を超えた。

A 適切ではない。全体で10.6%、正社員で13.3%、正社員以外では5.8%である。

Q 令和3年度能力開発基本調査において、キャリアコンサルティングが役立ったことの内訳として最も多かったのは、自己啓発を行うきっかけになったである。

A 適切ではない。最も多かったのは、仕事に対する意識が高まったである。

Q 令和3年度能力開発基本調査において、キャリアコンサルタントによる相談の利用の要望は、正社員では社内社外を合わせ、利用できるのであれば利用したいとする割合が半数を超えている。

A 適切である。費用を負担することなく社内又は社外での利用と、社外で費用を負担してでも利用したいを合わせると、正社員で59.5%であった。

Q 令和3年度能力開発基本調査によると、キャリアコンサルタントに相談したい内容は、正社員、正社員以外ともに、「仕事に対する適性・適職（職業の向き不向き）」が最も多い。

A 適切ではない。正社員、正社員以外ともに、「将来のキャリアプラン」が最も多い。

Q 公共職業訓練は求職者のみが対象であり、在職者に対する訓練は実施していない。

A 適切ではない。公共職業訓練には仕事に就いている人向けの在職者訓練もある。

Q 公共職業訓練（離職者訓練）は、主に雇用保険を受給できない人が対象であり、訓練費用はテキスト代等を除き無料である。

A 適切ではない。主に雇用保険を受給できない人が対象なのは、離職者訓練ではなく、求職者支援訓練である。

Q 求職者支援訓練は、国、都道府県が直接訓練を実施する。

A 適切ではない。認定を受けた民間教育訓練機関が実施する。

Q 公共職業訓練のうち離職者訓練には、ものづくり系の訓練を行う委託訓練と、事務・サービス系の訓練を行う施設内訓練がある。

A 適切ではない。ものづくり系の訓練を行う施設内訓練と事務・サービス系の訓練を行う委託訓練がある。

Q 一般教育訓練給付金の支給対象者は、原則として受講開始日現在で雇用保険の被保険者等であった期間が5年以上（初めて受給を受ける人は、当分の間2年以上）ある者である。

A 適切ではない。3年以上（初めて受給を受ける人は、当分の間1年以上）ある者である。

Q 一般教育訓練給付金の支給額は、教育訓練施設に支払った教育訓練経費の20％に相当する額である。

A 適切である。ただし、その額が10万円を超える場合は10万円とし、4千円を超えない場合は支給されない。

Q 一般教育訓練給付金について、受講開始前1年以内にキャリアコンサルタントが行うキャリアコンサルティングを受けた場合は、その費用を、教育訓練経費に加えることができる。

A 適切である。ただし、その額が2万円を超える場合には、2万円までとする。

Q 専門実践教育訓練給付金の支給額は、教育訓練施設に支払った教育訓練経費の20％に相当する額である。

A 適切ではない。教育訓練経費の50％に相当する額であり、1年間で40万円を超える場合の支給額は40万円である（最長3年間）。さらに受講修了後に、あらかじめ定められた資格等を取得し、受講修了日の翌日から1年以内に被保険者として雇用された方又は既に雇用されている方に対しては、教育訓練経費の20％に相当する額を追加して支給する。

Q 専門実践教育訓練給付金の申請手続では、原則として、ジョブ・カードの交付を受け提出する必要はない。

A 適切ではない。訓練対応キャリアコンサルタントによる訓練前キャリアコンサルティングを受け、ジョブ・カード等を受講開始日の1ヶ月前までにハローワークへ提出する必要がある。

Q 専門実践教育訓練給付金の支給対象者は、原則として受講開始日現在で雇用保険の被保険者等であった期間が5年以上（初めて支給を受けようとする人は、当分の間、3年以上）ある必要がある。

A 適切ではない。受講開始日現在で雇用保険の被保険者等であった期間が3年以上（初めて支給を受けようとする人は、当分の間、2年以上）ある必要がある。

Q 特定一般教育訓練を受講する際には、原則として、受講前に訓練対応キャリアコンサルタントによる訓練前キャリアコンサルティングを受ける必要がある。

A 適切である。専門実践教育訓練も同様に必要である。

Q 人材開発支援助成金は、労働生産性の向上の有無にかかわらず一定率の経費や賃金助成が行われる。

A 適切ではない。労働生産性の向上により、助成率がアップする（生産性要件）。

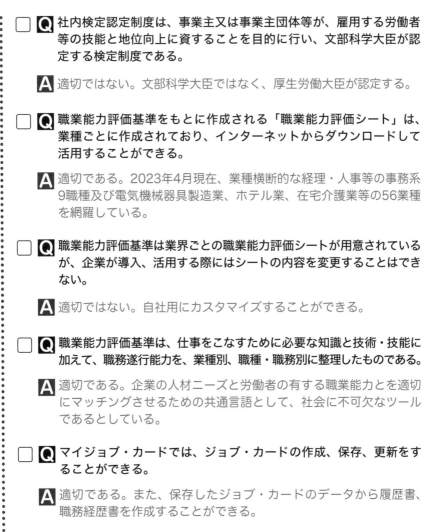

Q 社内検定認定制度は、事業主又は事業主団体等が、雇用する労働者等の技能と地位向上に資することを目的に行い、文部科学大臣が認定する検定制度である。

A 適切ではない。文部科学大臣ではなく、厚生労働大臣が認定する。

Q 職業能力評価基準をもとに作成される「職業能力評価シート」は、業種ごとに作成されており、インターネットからダウンロードして活用することができる。

A 適切である。2023年4月現在、業種横断的な経理・人事等の事務系9職種及び電気機械器具製造業、ホテル業、在宅介護業等の56業種を網羅している。

Q 職業能力評価基準は業界ごとの職業能力評価シートが用意されているが、企業が導入、活用する際にはシートの内容を変更することはできない。

A 適切ではない。自社用にカスタマイズすることができる。

Q 職業能力評価基準は、仕事をこなすために必要な知識と技術・技能に加えて、職務遂行能力を、業種別、職種・職務別に整理したものである。

A 適切である。企業の人材ニーズと労働者の有する職業能力とを適切にマッチングさせるための共通言語として、社会に不可欠なツールであるとしている。

Q マイジョブ・カードでは、ジョブ・カードの作成、保存、更新をすることができる。

A 適切である。また、保存したジョブ・カードのデータから履歴書、職務経歴書を作成することができる。

Q ジョブ・カードは、「生涯を通じたキャリア・プランニング」及び「職業能力証明」の機能を持つツールである。

A 適切である。労働市場インフラとして、キャリアコンサルティング等の個人への相談支援のもと、求職活動、職業能力開発などの各場面において活用するものである。

第2章 キャリアコンサルティングを行うために必要な知識

Q 一般教育訓練給付金の利用を希望した場合には、受講前にジョブ・カードを活用したキャリアコンサルティングを受けることが必須となる。

A 適切ではない。一般教育訓練給付金ではなく、専門実践教育訓練給付金及び特定一般教育訓練給付金である。

Q ジョブ・カードを作成するのはキャリアコンサルタントであり、保管や管理は本人が行う。

A 適切ではない。ジョブ・カードを作成、保管、管理するのは本人である。

Q ジョブ・カードの様式は大別すると、キャリア・プランシートと職務経歴シートの2種類である。

A 適切ではない。キャリア・プランシート、職務経歴シート、職業能力証明シートの3種類である。

Q ジョブ・カードは、大学等での学生の利用は想定していない。

A 適切ではない。ジョブ・カードを、学生が生涯を通じて活用するキャリア・プランニングのツールとして活用することが、キャリア教育の視点からも期待されている。

Q マイジョブ・カードでは、RIASECによる興味診断などの自己理解に役立つツールがある。

A 適切である。職業スキルチェックや、価値観診断のツールなどもある。

Q 応募書類の作成においては、原則として、編年型（時系列型）や職能型ではなく、逆編年型で、これまでの経歴を記入する。

A 適切ではない。相談者の年齢やこれまでの職歴、転職経験、アピールしたい内容などによって表現の方法には違いがある。

Q 応募書類の作成においては、必要な項目を網羅するとともに、職務と関係する地域活動や趣味について記入することも望ましい。

A 適切である。人に読ませるための積極性も求められる。

2-8 企業におけるキャリア形成支援の知識

全体をつかもう　この出題範囲からは、3問程度出題され、その内容は広範で多岐にわたります。養成講座などでもあまり扱わない内容も多く、主要な参考書での記述もほとんどありません。知識の幅や深さに個人差も多い出題範囲のため、過去の出題内容を中心に広くまとめています。知識がないと答えられない問題も多くあるため、知らないことは一つずつマスターしていきましょう。

採用管理

採用管理においては、採用選考時における、公正さの確保が課題となる。

日本国憲法の第二十二条では、基本的人権の一つとして「職業選択の自由」を、また第十四条では、「法の下の平等」を保障している。社員の採用選考において、企業は応募者の基本的人権を尊重することが求められる。

■「公正な採用選考をめざして（厚生労働省）」　読む

企業は採用選考を、応募者の基本的人権を尊重すること、応募者の適性・能力のみを基準として行うことの2点を基本的な考え方として実施する。

また、就職差別につながるおそれのある事項を応募書類に記載させることや、面接時に尋ねることがないように留意しなければならない。具体的に、以下の項目のような内容は、特に注意が必要である。

①本人に責任のない事項の把握

本籍・出生地に関することや家族、住宅状況、生活環境・家庭環境等に関すること

②本来自由であるべき事項

　　宗教、支持政党、人生観・生活信条、尊敬する人物、思想、労働組合や
　学生運動などの社会運動に関すること、講読している新聞・雑誌・愛読書
　などに関すること
③採用選考の方法

　　身元調査などの実施、全国高等学校統一応募用紙・JIS規格の履歴書（様
　式例）に基づかない事項を含んだ応募書類（社用紙）、合理的・客観的に
　必要性が認められない採用選考時の健康診断の実施

▌配置や異動の管理

　配置や異動の管理においては、出向や転籍、派遣と請負の違いなどが過去に
出題されており、注意が必要である。また、社内公募や社内ベンチャーの出題
もあるので、内容を確認する。

■ 出向と転籍の違い

　元の会社との労働契約（身分）を維持しながら、他の会社の指揮命令下で業
務に従事することを、出向という。
　一方、元の会社との労働契約を終了させて、他の会社と新たな労働契約を結
び業務に従事することを、転籍という。

■ 派遣と請負の違い

　派遣元の会社が、自己の雇用する労働者を、派遣先の指揮命令を受けて派遣
先のために労働に従事させることを派遣という。また、請負は、仕事の完成を
目的とするものであり、発注者と労働者の間には指揮命令関係は生じない。

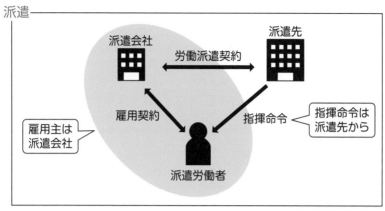

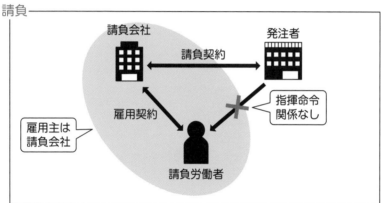

▲派遣と請負の違い

■ 異動などに関連した最近の社内制度

労働者のモチベーションや企業業績の向上のため、最近は社内公募、社内FA（フリーエージェント）制度、社内ベンチャー制度といった仕組みを設ける企業もある。

▼異動などに関連した最近の社内制度

様々な社内制度	内容
社内公募	部署が社内に対して人材を募集することであり、応募者と部署の双方が合意すれば異動が成立する仕組みである
社内FA	社員が自ら、行きたい部署や仕事を選択し、希望を出せる制度。モチベーションの向上につながるが、希望どおりにならない場合には、モチベーションが減退するリスクがある
社内ベンチャー	新規事業の開発において、会社が資金や人員を提供して新規事業部門を立ち上げたり、子会社として独立させたりする仕組み。メンバーは社内公募等によって選ばれるのが一般的である

退職管理

退職においては、解雇、解雇の制限及び予告の義務、解雇の種類を確認するとともに、早期退職優遇制度について確認する。

■ 解雇制限

解雇とは、使用者側からの労働契約の解約をいう。また、解雇に関しては制限がある。

労働契約法第十六条

> 解雇は、客観的に合理的な理由を欠き、社会通念上相当であると認められない場合は、その権利を濫用したものとして、無効とする。

■ 解雇予告

解雇する場合には、労働基準法において、解雇に合理的な理由がある場合にも、解雇予告の実施もしくは、解雇予告手当の支払いが義務付けられている（労働基準法第二十条）。

労働基準法第二十条

> 使用者は、労働者を解雇しようとする場合においては、少なくとも30日前にその予告をしなければならない。30日前に予告をしない使用者は、30日分以上の平均賃金を支払わなければならない。

なお、解雇予告が30日に満たない場合には、解雇予告手当との併用も可能である。

■ 解雇の種類

解雇の種類は大別すると、普通解雇、整理解雇、懲戒解雇の3種類がある。中でも、経営不振や事業の縮小など、経営側の都合による人員削減のための解雇を整理解雇といい、整理解雇には、次の4要件が設定され、すべてを満たさないと実施することはできない。

①人員削減の必要性
　　人員削減をしなくてはならない経営上の理由があること。
②解雇回避努力義務の履行
　　配置転換や希望退職者の募集など、解雇を回避するためのあらゆる努力をしていること。
③解雇される人の選定の合理性
　　人選が合理的かつ公平で妥当性があること。
④解雇手続きの妥当性
　　解雇対象者、労働組合又は労働者の過半数を代表する者との十分な協議をしていること。

■ 早期退職優遇制度

早期退職制度は、会社が退職者を募ることで、自主的に退職する社員に対し割増の退職金を支払ったり、転職先を紹介したりする制度である。

労働時間管理

労働者の働く時間の管理では、法定労働時間といわゆる36（さぶろく）協定、休憩や休日、代休と振替休日の違い、就業規則の作成について確認する。

■ 法定労働時間と36（さぶろく）協定

法定労働時間は1日8時間、週40時間を超えて労働させてはならない。

労働基準法第三十二条

> 　使用者は、労働者に、休憩時間を除き1週間について40時間を超えて、労働させてはならない。
> 　2　使用者は、1週間の各日については、労働者に、休憩時間を除き1日について8時間を超えて、労働させてはならない。

ただし、労使協定を締結し、労働基準監督署に届け出れば法定労働時間を超えて労働させることができる。

労働基準法第三十六条

> 　使用者は、当該事業場に、労働者の過半数で組織する労働組合がある場合においてはその労働組合、労働者の過半数で組織する労働組合がない場合においては労働者の過半数を代表する者との書面による協定をし、厚生労働省令で定めるところによりこれを行政官庁に届け出た場合においては、（中略）その協定で定めるところによって労働時間を延長し、又は休日に労働させることができる。

■ 休憩時間

休憩は、労働時間に応じ、労働時間が6時間を超える場合は少なくとも45分、8時間を超える場合は少なくとも1時間与えなければならない。また、原則として休憩は労働時間の途中に、一斉に、自由に与えなければならない。

■ 休日

休日は、原則として週1日与えなければならない。ただし例外的に4週間で4日という与え方も認められる。

■ 代休と振休

休日出勤させた後に、その代償として、後日に他の労働日を休みとするものを代休（代替休日）といい、休日労働の割増賃金が発生する。

また、事前に、休日と定められた日を労働日として、別の労働日を休日とすることを振休（振替休日）といい、休日労働の割増賃金が発生しない。

▼代休と振休の手続き、割増賃金の違い

種類	手続き	割増賃金
代替休日（代休）	事後	発生する
振替休日（振休）	事前	発生しない

■ 就業規則

労働基準法では、常時10人以上の労働者を使用する使用者に就業規則を作成し、労働者に周知する義務を課している。就業規則は、所轄の労働基準監督署長に届け出なければならない。

なお、就業規則で定める基準に達しない労働条件を定める労働契約については、その部分は無効となる。

■ 裁量労働制

裁量労働制とは、みなし労働時間制のひとつであり、労働時間が労働者の裁量に委ねられている労働契約のことである。

裁量労働制には、専門業務型裁量労働制と企画業務型裁量労働制がある。

記事の取材や編集の業務、ゲームソフトの創作の業務や公認会計士や税理士、弁護士、大学での教授研究の業務など19業務が指定されているのが、専門業務型裁量労働制である。

一方、事業運営上の重要な決定が行われる企業の本社などにおいて企画、立案、調査および分析を行う労働者を対象としているのが、企画業務型裁量労働制である。

▼導入要件の比較

専門業務型裁量労働制	企画業務型裁量労働制
労使協定を締結し、労働基準監督署へ届け出る	労使委員会を設置し、委員の5分の4以上の議決により対象業務や対象労働者の範囲などを決議し、労働基準監督署長へ届け出る

■ 高度プロフェッショナル制度

　高度プロフェッショナル制度とは、高度の専門的知識等を有し、職務の範囲が明確で一定の年収要件を満たす労働者を対象に、労使委員会の決議及び労働者本人の同意を前提として、年間104日以上の休日確保措置や健康管理時間の状況に応じた健康・福祉確保措置等を講ずることにより、労働基準法に定められた労働時間、休憩、休日及び深夜の割増賃金に関する規定を適用しない制度である。

　高度プロフェッショナル制度の導入には次の手順での手続きが必要である。
　①労使委員会の設置
　②労使委員会の決議（委員の5分の4以上の多数による決議）
　③労働基準監督署長への届け出
　④対象労働者の同意を書面で得る
　⑤対象業務に就かせる（健康管理時間の把握、休日の付与等）
　⑥決議の有効期間の満了（継続の場合は②へ）

　高度プロフェッショナル制度の対象業務として、次の業務など5業務が指定されている。

・金融商品の開発業務
・金融商品のディーリング業務

・アナリストの業務

・コンサルタント業務

・研究開発業務

　なお、対象労働者の年収要件は、1,075万円以上である。また、業務に従事する時間に関し、使用者から具体的な指示を受けて行うものは、対象業務にならない。例えば、研究開発の業務の中での品質管理を行う業務等や、研究開発に関する権利取得に係る事務のみを行う業務等の場合である。

人事考課

　従業員の業績、能力、業務への貢献度などを一定の基準で査定することを人事考課といい、その結果は賃金や、昇進などに反映される。

■ 人事考課の視点

　人事考課は一般的に、成績考課、情意考課、能力考課の3つの視点で行われる。

▼人事考課の視点の評価する内容

視点	内容
成績考課	仕事の成果、課題や目標達成度をもとに評価する
情意考課	労働意欲、勤怠状況や取り組む姿勢、やる気を評価する
能力考課	知識や熟練度といった職務遂行能力で評価する

■ 人事考課の評価誤差

　人事考課の際には、評価誤差（エラー）に気をつけなければならない。主な評価誤差の種類は以下のとおりである。

▼評価誤差（エラー）の種類

種類	内容
ハロー効果	特定の優れた（劣った）一面でその人のすべてを評価してしまう
論理的誤差	事実によらずに誤った論理づけや関連づけにより評価してしまう
近接誤差	最近の出来事が印象に残り、期間全体での評価が正しくされない。期末誤差と呼ばれることもある
中心化傾向	評価が無難な中間レベルに集中してしまい、優劣の差が出ない
寛大化傾向	考課を甘くしてしまう。また、厳しくしてしまうことは、厳格化傾向と呼ばれる
対比誤差	対象者と自分とを比較し、自分より優れている点は過大に、自分より劣っている点は過小に評価してしまう

■ 目標管理制度（MBO）

目標を設定し、それに対する達成度合いで評価を決める制度のことを目標管理制度といい、Management by Objectives（MBO）と表現される。1954年にドラッカーが提唱した。

人事制度

従業員をその能力や職務、役割などによって序列化することにより、業務遂行する際の権限や責任、さらには待遇などの根拠となる制度を等級制度という。主な制度として、職能資格制度と職務等級制度がある。

■ 職能資格制度と職務等級制度

職能資格制度は、「人」を基準とするのに対して、職務等級制度は、「仕事」を基準とした雇用制度をいう。

最近、耳にすることが多い、「ジョブ型雇用」制度は職務等級制度の考え方を基礎としている。

職能資格制度は、日本企業に固有の制度といわれ、ゼネラリストを育成して

きた大企業や、熟練工の経験と勘が重視された製造業にも適しているといわれている。採用の基本は新卒一括採用にある。

一方、職務等級制度は、特にアメリカにおいて発達したもので、その職務に特化した知識や技能を持つ、スペシャリストの養成に適しているといわれている。採用の基本は、職務が発生した際に随時採用する形である。

▼職能資格制度と職務等級制度の比較

	職能資格制度	職務等級制度
基礎とするもの	人	仕事（ジョブ）
雇用のスタイル	メンバーシップ雇用	ジョブ型雇用
採用方針の傾向	新卒一括採用が基本	職務発生時に雇用
育成する人材	ゼネラリスト	スペシャリスト
職務の内容	柔軟	明確
重視するもの	幅広い能力や経験	仕事の内容や難易度
報酬の考え方	経験に対応するため、年功序列が構成しやすい	職務に対応し、職務がなくなれば解雇もありうる
賃金制度の傾向	職能給	職務給
主なメリット	人事異動に適している	職務と給与が対応している
主なデメリット	年功序列的な運用となり、総人件費が高くなる傾向	職務内容や難易度の明確化が困難、組織や職務の固定化

なお、職能資格制度と職務等級制度の中間的な位置づけの、役割等級制度（ミッショングレード制度）がある。これは職務における役割の価値の大きさによって等級を付与する仕組みである。

リーダーシップ理論

リーダーシップ理論には様々なものがあるが、これまでに出題されたものを次に整理する。

▼リーダーシップ理論の種類と内容

理論の種類	内容
PM理論	三隅二不二（みすみじゅうじ）が提唱。リーダーシップをP（Performance：**目標達成能力**）とM（Maintenance：**集団維持能力**）の2つの次元から捉えている
SL理論	SLとは、Situational Leadership（**状況対応型リーダーシップ**）のことであり、部下の**成熟度**によって、有効なリーダーシップスタイルが異なるという理論である。部下の成熟度により、成熟度が低いものから、教示型・指導型・支持型・委任型がある
シェアド・リーダーシップ	チームのメンバー**全員**がリーダーシップを発揮している状態のことをいう
パス・ゴール理論	メンバーが**ゴール**（業務目標）を達成するため、リーダーはどのような**パス**（道筋）を通ればよいのかを示すことをいう

新しい働き方

　時間や空間の制約にとらわれることなく働くことができるよう、**柔軟**な働き方がしやすい環境整備が進められている。

▼柔軟な働き方がしやすい環境整備の例

環境整備の例	内容
在宅勤務	勤務する会社のオフィスではなく、自宅で働くこと
テレワーク	情報通信技術（ICT）を活用し時間や場所の制約を受けずに柔軟に働く形態。テレは「遠く」の意。テレワークには雇用型テレワークと、非雇用型テレワークがある
サテライトオフィス	本社などから離れた場所に設置されたオフィス
SOHO	Small Office Home Officeの略であり、情報通信機器を利用して、小さなオフィスや自宅などでビジネスを行う事業者

　また、これまでのいわゆる正社員と比べて、働く場所や、職務内容、勤務時間の範囲が限定されている社員を、限定正社員という。それぞれ、勤務地限定

正社員、職務限定正社員、勤務時間限定正社員などと呼ばれる。

　なお、一般的にテレワーク勤務を導入する場合には、就業規則の変更が必要となることが多いが、通常勤務とテレワーク勤務において、労働時間制度やその他労働条件が同じである場合は、就業規則を変更しなくても、既存の就業規則のままで導入することもできる。

一問一答でふりかえり

□ **Q** 「公正な採用選考をめざして」（厚生労働省）において、採用選考時において購読している新聞や、愛読書に関する質問を行うことは、就職差別につながるおそれがある事柄と指摘されている。

A 適切である。宗教や支持政党、人生観や生活信条、尊敬する人物なども、就職差別につながるおそれがある事柄として指摘している。

□ **Q** 「公正な採用選考をめざして」（厚生労働省）において、採用が決定する以前に、勤務地から自宅までの勤務ルートを提出させることは、就職差別につながるおそれはないとされている。

A 適切ではない。採用後であれば差し障りはないとされているが、採用する以前に行うことは、就職差別につながるおそれがある事柄として指摘されている。

□ **Q** 出向とは一般的に、元の会社との労働関係を終了させて、他の会社と新たな労働契約を結び業務に従事することをいう。

A 適切ではない。問題の説明は転籍を意味しており、出向とは、元の会社との労働契約（身分）を維持しながら、他の会社の指揮命令下で業務に従事することをいう。

□ **Q** 請負労働者に対して、受入先の管理者は指揮・命令をすることはできない。

A 適切である。請負は、仕事の完成を目的とするものであり、受入先と労働者の間には指揮命令関係は生じない。

Q 派遣元の会社が、自己の雇用する労働者を、派遣先の指揮命令を受けて派遣先のために労働に従事させることを派遣という。

A 適切である。派遣会社と派遣労働者の間には雇用契約が存在する。

Q 社内ベンチャー制度とは、部署が社内に対して人材を募集し、応募者と部署の双方が合意すれば異動が成立する仕組みである。

A 適切ではない。問題文の説明は、社内公募といわれる仕組みである。社内ベンチャーは、会社が資金や人員を提供して、新規事業部門を立ち上げたり、子会社として独立させたりする仕組みである。

Q 社員が自ら、行きたい部署や仕事を選択し、希望を出せる制度のことを、社内FA制度という。

A 適切である。FAとはフリーエージェントを意味する。

Q 解雇は、客観的に合理的な理由を欠き、社会通念上相当であると認められない場合は、その権利を濫用したものとして無効とする。

A 適切である。労働契約法第十六条に規定されている。

Q 使用者は、労働者を解雇しようとする場合においては、原則として、少なくとも14日前にその予告をしなければならない。

A 適切ではない。原則として少なくとも30日前に解雇予告を行うか、解雇予告手当の支払いが義務付けられている。

Q 解雇の種類は大別すると、普通解雇と懲戒解雇の2種類がある。

A 適切ではない。大別すると、普通解雇、整理解雇、懲戒解雇の3種類がある。

Q 整理解雇は、「人員削減の必要性」が認められる場合にのみ認められる。

A 適切ではない。人員削減の必要性、解雇回避努力義務の履行、解雇される人の選定の合理性、解雇手続きの妥当性の4つの要件を満たす必要がある。

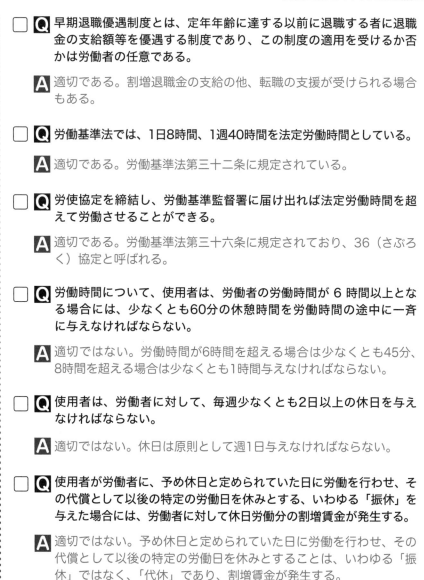

Q 早期退職優遇制度とは、定年年齢に達する以前に退職する者に退職金の支給額等を優遇する制度であり、この制度の適用を受けるか否かは労働者の任意である。

A 適切である。割増退職金の支給の他、転職の支援が受けられる場合もある。

Q 労働基準法では、1日8時間、1週40時間を法定労働時間としている。

A 適切である。労働基準法第三十二条に規定されている。

Q 労使協定を締結し、労働基準監督署に届け出れば法定労働時間を超えて労働させることができる。

A 適切である。労働基準法第三十六条に規定されており、36（さぶろく）協定と呼ばれる。

Q 労働時間について、使用者は、労働者の労働時間が 6 時間以上となる場合には、少なくとも60分の休憩時間を労働時間の途中に一斉に与えなければならない。

A 適切ではない。労働時間が6時間を超える場合は少なくとも45分、8時間を超える場合は少なくとも1時間与えなければならない。

Q 使用者は、労働者に対して、毎週少なくとも2日以上の休日を与えなければならない。

A 適切ではない。休日は原則として週1日与えなければならない。

Q 使用者が労働者に、予め休日と定められていた日に労働を行わせ、その代償として以後の特定の労働日を休みとする、いわゆる「振休」を与えた場合には、労働者に対して休日労働分の割増賃金が発生する。

A 適切ではない。予め休日と定められていた日に労働を行わせ、その代償として以後の特定の労働日を休みとすることは、いわゆる「振休」ではなく、「代休」であり、割増賃金が発生する。

Q 常時5人以上の労働者を使用している事業所は、就業規則を作成し、労働基準監督署長に届け出なければならない。

A 適切ではない。常時10人以上の労働者を使用している事業所である。

第2章 キャリアコンサルティングを行うために必要な知識

Q 使用者は、就業規則を常時、見やすい場所への掲示、備え付け、書面の交付などの方法によって、労働者に周知することが義務付けられている。

A 適切である。周知することが義務付けられている。

Q 裁量労働制には、専門業務型、企画業務型、一般業務型の3種類がある。

A 適切ではない。専門業務型と企画業務型の2種類である。

Q 専門業務型裁量労働制を導入する場合には、労使委員会の設置が必要である。

A 適切ではない。労使委員会の設置が義務付けられるのは、企画業務型裁量労働制である。専門業務型裁量労働制の導入においては、労使協定の締結と労働基準監督署長への届け出が必要である。

Q 高度プロフェッショナル制度の導入にあたっては、労使委員会を設置し、構成員の過半数以上の承認決議が必要である。

A 適切ではない。5分の4以上の承認決議が必要である。

Q 高度プロフェッショナル制度の対象労働者の年収要件として、厚生労働省令では1,575万円以上を満たすこととされている。

A 適切ではない。高度プロフェッショナル制度導入の年収要件は、年収1,075万円以上である。

Q 高度プロフェッショナル制度の対象者には、労働時間、休憩、休日、深夜の割増賃金に関する規定は適用されない。

A 適切である。労働基準法に定められた労働時間、休憩、休日及び深夜の割増賃金に関する規定が適用されない。

Q 高度プロフェッショナル制度の対象となる業務に、研究開発部門における研究開発に関する権利取得に関する事務のみを行う業務は該当しない。

A 適切である。新たな技術、商品又は役務の研究開発の業務のうち、例えば、完成品の検査や品質管理を行う業務や、研究開発に関する権利取得に係る事務のみを行う業務の場合には、高度プロフェッショナル制度の対象業務にはなり得ない。

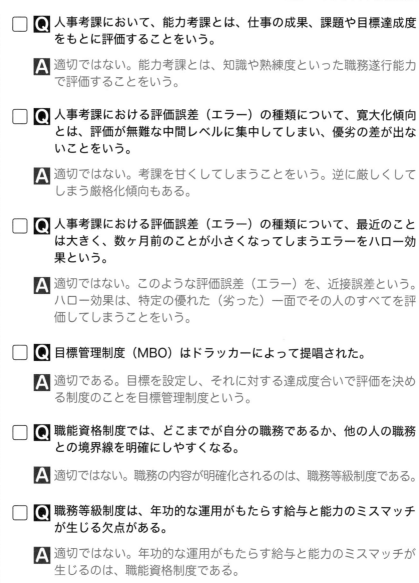

Q 人事考課において、能力考課とは、仕事の成果、課題や目標達成度をもとに評価することをいう。

A 適切ではない。能力考課とは、知識や熟練度といった職務遂行能力で評価することをいう。

Q 人事考課における評価誤差（エラー）の種類について、寛大化傾向とは、評価が無難な中間レベルに集中してしまい、優劣の差が出ないことをいう。

A 適切ではない。考課を甘くしてしまうことをいう。逆に厳しくしてしまう厳格化傾向もある。

Q 人事考課における評価誤差（エラー）の種類について、最近のことは大きく、数ヶ月前のことが小さくなってしまうエラーをハロー効果という。

A 適切ではない。このような評価誤差（エラー）を、近接誤差という。ハロー効果は、特定の優れた（劣った）一面でその人のすべてを評価してしまうことをいう。

Q 目標管理制度（MBO）はドラッカーによって提唱された。

A 適切である。目標を設定し、それに対する達成度合いで評価を決める制度のことを目標管理制度という。

Q 職能資格制度では、どこまでが自分の職務であるか、他の人の職務との境界線を明確にしやすくなる。

A 適切ではない。職務の内容が明確化されるのは、職務等級制度である。

Q 職務等級制度は、年功的な運用がもたらす給与と能力のミスマッチが生じる欠点がある。

A 適切ではない。年功的な運用がもたらす給与と能力のミスマッチが生じるのは、職能資格制度である。

Q 職能資格制度は、現在の資格が異動先の職務でも適用されることから、幅広く多様な職務を経験することにより、いわゆるゼネラリストの育成に適している。

A 適切である。逆に職務等級制度は、スペシャリストの育成に適しているとされている。

第**2**章
キャリアコンサルティングを行うために必要な知識

Q リーダーシップの理論について、PM理論とは、部下の成熟度などの状況によってリーダーシップのスタイルを変えていくとする理論である。

A 適切ではない。問題文の説明は、SL理論の説明である。PM理論は、リーダーシップをP（Performance：目標達成能力）とM（Maintenance：集団維持能力）の2つの次元から捉えるものである。

Q パス・ゴール理論とは、メンバーが目標を達成するために、リーダーはどのような道筋を通ればよいのかを示すことである。

A 適切である。目標はゴール、道筋はパスを意味している。

Q サテライトオフィスとは、情報通信機器を利用して、小さなオフィスや自宅などでビジネスを行う事業者のことをいう。

A 適切ではない。サテライトオフィスは、本社などから離れた場所に設置されたオフィスのことをいい、問題文の説明は、SOHO（Small Office Home Officeの略）を表している。

Q テレワークには雇用型テレワークと、非雇用型テレワークがある。

A 適切である。テレワークとは、情報通信技術（ICT）を活用し、時間や場所の制約を受けずに柔軟に働く形態をいう。

Q テレワーク勤務者と通常勤務者において、労働時間やその他の労働条件が同一の場合は就業規則の変更が必要となる。

A 適切ではない。通常勤務とテレワーク勤務において、労働時間制度やその他労働条件が同じである場合は、就業規則を変更しなくても、既存の就業規則のままでテレワーク勤務することができる。

2-9

労働市場の知識

全体を
つかもう

この出題範囲からは、毎回3問程度出題され
ます。まずは、雇用関連の指標で使われる、
データに関する専門用語を理解しましょう。そして国
が行っている主要な調査の種類と調査している機関を
把握し、それらの調査結果の数値の特徴をつかむこと
が大切です。細かな数値を暗記するというよりも、お
およその数値と傾向を把握しましょう。

労働市場に関する調査についての用語 出る

　労働市場に関する統計データを理解するために、まずは用語を理解する。こ
れまでの試験でも用語の意味が定期的に問われており、正しい理解が必要であ
る。なお、労働市場に関する統計データで最も重要な、労働力調査（総務省統
計局）と一般職業紹介状況（厚生労働省）から用語を紹介する。

■ 労働力調査の読み解きに必要な用語と比率

　「就業者」の意味や「完全失業者」の3つの条件、「労働力人口」の内訳には
特に注意しよう。

▼労働力調査の読み解きに必要な用語

用語	意味
従業者	調査週間中に賃金などの収入を伴う**仕事**を1時間以上した者
休業者	仕事を持ちながら、調査週間中少しも仕事をしなかった者のうち、雇用者で、給料等の支払いを受けている又は受けることになっている者等
就業者	従業者と**休業者**を合わせたもの
完全失業者	次の3つの条件を満たす者 ①仕事がなくて調査週間中に少しも**仕事**をしなかった（就業者ではない） ②仕事があればすぐ**就**くことができる ③調査週間中に、仕事を**探す**活動や事業を始める準備をしていた（過去の求職活動の結果を待っている場合を含む）
労働力人口	15歳以上の人口のうち、就業者と**完全失業者**を合わせたもの
非労働力人口	15歳以上の人口のうち、「就業者と**完全失業者**」以外の者

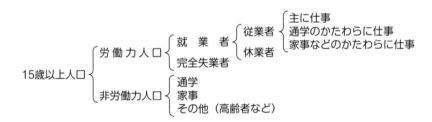

▲15歳以上の人口の区分
(参考：総務省統計局「労働力調査　用語の解説」)

▼労働力調査の読み解きに必要な比率

比率	意味
労働力人口比率	15歳以上の人口に占める「労働力人口」の割合
就業率	15歳以上の人口に占める「就業者」の割合
完全失業率	「労働力人口」に占める「完全失業者」の割合

国が行う調査の種類と特徴

労働市場に関して国が行う主な調査は下記のとおりである。国のどの機関が
どのような目的で調査を行い、どのような項目（調査結果）がわかるのかを整
理する。

■ 労働力調査  読む

労働力調査は、我が国における就業及び不就業の状態を明らかにするための
調査で、**完全失業率**がわかる。調査は毎月、**総務省**が行っている。

▼労働力調査（基本集計）令和4年（2022年）平均結果の概要（総務省統計局）

項目	調査結果
完全失業率	**2.6%** 　（前年比0.2ポイント低下）
完全失業者	179万人 　（前年比16万人減少）
就業者	6,723万人 （前年比10万人増加）
就業率	60.9% 　（前年比0.5ポイント上昇）
正規の職員・従業員	3,597万人 （前年比1万人増加）
非正規の職員・従業員	2,101万人 （前年比26万人増加）

UP! 得点アップ

正規の職員・従業員と非正規の職員・従業員の雇用者の比率はおよそ６：４

■ 一般職業紹介状況 読む

一般職業紹介状況は、**公共職業安定所（ハローワーク）**における求人、求職、
就職の状況（新規学卒者を除く）を集計し、毎月の**有効求人倍率**がわかる。調
査は毎月、**厚生労働省**が行っている。

■ 一般職業紹介状況の読み解きに必要な用語と比率

「求職」は、職を求めているので仕事を探していることをいい、「求人」は人

を求めているので、「人を探している人」つまり「事業主」を表す。

▼一般職業紹介状況の読み解きに必要な用語

用語	意味
新規求職申込件数	期間中に新たに受け付けた求職申込みの件数
新規求人数	期間中に新たに受け付けた求人数（採用予定人員）
月間有効求職者数	前月から繰り越された有効求職者数と当月の「新規求職申込件数」の合計数
月間有効求人数	前月から繰り越された有効求人数と当月の「新規求人数」の合計数

▼一般職業紹介状況の読み解きに必要な比率

比率	意味
求人倍率	求職者に対する求人数の割合で、新規求人倍率と有効求人倍率がある
新規求人倍率	「新規求人数」を「新規求職申込件数」で除して計算する
有効求人倍率	「月間有効求人数」を「月間有効求職者数」で除して計算する

▼一般職業紹介状況（令和4年12月分及び令和4年分）について（厚生労働省）

項目	調査結果
有効求人倍率（令和4年平均）	1.28倍（ 前年比0.15ポイント上昇）
正社員有効求人倍率（令和4年12月分）	1.03倍

■ 賃金構造基本統計調査 読む

　賃金構造基本統計調査は、主要産業に雇用される労働者について、その賃金の実態を労働者の雇用形態、就業形態、職種、性、年齢、学歴、勤続年数、経験年数別等に明らかにするものである。調査は年に1回、厚生労働省が行っている。

■ 就業構造基本調査

就業構造基本調査は、国民の就業及び不就業の状態を調査し、全国及び地域別の就業構造を明らかにするものであり、昭和57年（1982年）以降は、5年ごとに総務省が行っている。

■ 就労条件総合調査

就労条件総合調査は、主要産業における企業の労働時間制度、賃金制度等について総合的に調査し、我が国の民間企業における就労条件の現状を明らかにすることを目的として毎年、厚生労働省が実施している。

■ 毎月勤労統計調査

毎月勤労統計調査は、雇用、給与及び労働時間について、全国調査にあってはその全国的変動を毎月明らかにすることを、地方調査にあってはその都道府県別の変動を毎月明らかにすることを目的に、毎月、厚生労働省が行っている。

■ 労働経済動向調査

労働経済動向調査は、景気の変動、労働力需給の変化等が、雇用、労働時間等に及ぼしている影響や、それらに関する今後の見通し、対応策等について調査し、労働経済の変化の方向、当面の問題等を迅速に把握することを目的として、四半期ごとに、厚生労働省が行っている。

■ 賃金事情等総合調査

中央労働委員会が取扱う労働争議の調整の参考資料とするため、賃金（春闘の賃金妥結状況等）、退職金や定年制、労働時間などの情報収集することを目的として、毎年、厚生労働省が行っている。

■ 景気動向指数

景気動向指数は、景気の現状把握及び将来予測に資するために作成された指標であり、景気動向指数には、景気の動きに対して、いつ反応を示すかによって、先行系列、一致系列、遅行系列に分けられている。作成は内閣府が毎月行っている。

▼景気動向指数の系列と採用されている雇用関連の指標

系列	雇用関連の指標
先行系列	新規求人数
一致系列	有効求人倍率
遅行系列	完全失業率

　景気の動きに先行して反応するのが新規求人数であり、景気の動きに合わせて反応するのが有効求人倍率、景気の動きに遅れて反応するのが完全失業率である。

一問一答でふりかえり

□ **Q** 就業者とは、15歳以上の従業者と完全失業者を合わせたものである。

A 適切ではない。就業者とは、15歳以上の「従業者」と「休業者」を合わせたものである。

□ **Q** 完全失業者は、15歳以上人口のうちで調査週間中に少しも仕事をしなかった人のことである。

A 適切ではない。完全失業者は、①仕事がなくて調査週間中に少しも仕事をしなかった。②仕事があればすぐ就くことができる。③調査週間中に、仕事を探す活動や事業を始める準備をしていた。これらの3つの条件を満たす者である。

□ **Q** 労働力人口とは、18歳以上人口のうち、就業者と完全失業者を合わせたものである。

A 適切ではない。18歳ではなく、15歳である。

□ **Q** 完全失業率は、労働力人口に占める完全失業者の割合である。

A 適切である。労働力人口とは、就業者と完全失業者を合わせたものをいう。

Q 労働力人口比率とは、15歳以上の人口に占める就業者の割合である。

A 適切ではない。15歳以上の人口に占める労働力人口（就業者と完全失業者の合計）の割合である。

Q 労働力調査は毎月、厚生労働省が行っている。

A 適切ではない。厚生労働省ではなく、総務省が行っている。

Q 労働力調査によると、令和4年（2022年）平均の完全失業率は、3%を上回った。

A 適切ではない。前年比0.2ポイント低下の2.6%であった。

Q 毎月の有効求人倍率の推移を見るためには、賃金構造基本調査を調べるとよい。

A 適切ではない。毎月の有効求人倍率の推移を見るためには、一般職業紹介状況を調べるとよい。

Q 一般職業紹介状況は、総務省が毎月調査をしている。

A 適切ではない。一般職業紹介状況は、厚生労働省が毎月調査をしている。

Q 有効求人倍率は、民間の職業紹介事業者に加え、公共職業安定所（ハローワーク）における有効求職者一人当たりの有効求人数を表している。

A 適切ではない。有効求人倍率は、公共職業安定所における有効求職者一人当たりの有効求人数を表しており、民間の職業紹介事業者は調査の対象に含まれない。

Q 一般職業紹介状況によると、令和4年（2022年）平均の有効求人倍率は、1.5倍を上回った。

A 適切ではない。令和4年（2022年）平均の有効求人倍率は、1.28倍であった。

Q 一般職業紹介状況（令和4年12月分）によると、正社員有効求人倍率は、2倍を上回っている。

A 適切ではない。正社員有効求人倍率は、1.03倍であった。

Q 賃金構造基本統計調査は、国民の就業及び不就業状態を調査し、全国及び地域別の就業構造を明らかにするものである。

A 適切ではない。賃金構造基本統計調査は、主要産業に雇用される労働者について、その賃金の実態を労働者の雇用形態、就業形態、職種、性、年齢、学歴、勤続年数、経験年数別等に明らかにするものである。

Q 賃金構造基本統計調査は、総務省が毎年実施している。

A 適切ではない。総務省ではなく、厚生労働省である。

Q 就業構造基本調査は、総務省が毎年実施している。

A 適切ではない。総務省が昭和57年（1982年）以降は、5年ごとに行っている。

Q 毎月勤労統計調査は、雇用、給与及び労働時間について、その変動を明らかにすることを目的としている。

A 適切である。毎月、厚生労働省が行っている。

Q 就労条件総合調査は、労働時間制度や定年制度、賃金制度等について総合的に調査をしており、毎年、厚生労働省が実施している。

A 適切である。民間企業における就労条件の現状を明らかにすることを目的としている。

Q 労働経済動向調査は、中央労働委員会が取扱う労働争議の調整の参考資料とするため、春闘の賃金妥結状況等について厚生労働省が調査している。

A 適切ではない。これは賃金事情等総合調査の内容である。労働経済動向調査は、景気の変動が雇用に及ぼしている影響や今後の見通しを把握するために厚生労働省が調査している。

Q 完全失業率は、内閣府が作成する景気動向指数の先行系列の一つに採用されている。

A 適切ではない。完全失業率は遅行系列に分類される。雇用関連の先行系列としては、新規求人数が採用されている。

2-9
労働市場の知識

□ **Q** 有効求人倍率は、内閣府が作成する景気動向指数の一致系列の一つ
に採用されている。

A 適切である。一致系列は、景気の動きに合わせて反応するとされて
いる。

第 **2** 章

キャリアコンサルティングを行うために必要な知識

2-10

労働政策及び労働関係法令並びに社会保障制度の知識

**全体を
つかもう** この出題範囲からは、最近の試験では4問
程度出題されています。労働関係法令では、
労働基準法の出題が特に多く、次いで労働契約法、
育児・介護休業法、労働者派遣法など出題のある法
令は多岐にわたるため、完全に網羅するのは難しい
出題範囲と言えます。これまでに出題された内容を
中心に知識を確認しましょう。

労働基準法 よく出る

　労働基準法は、労働条件に関する最低基準を定める法律であり、頻出の労働
基準法は様々な規定があるが、賃金（割増賃金）、年次有給休暇、労働条件の
交付、そして母性保護の規定を確認する。

■ 賃金の支払い

　賃金の支払いには次の5つの原則がある。

▼賃金支払いの5つの原則

5つの原則	内容
通貨払いの原則	賃金は通貨で支払わなくてはならない。ただし、労働者の同意を得て、労働者の預貯金口座へ振込むことができる
直接払いの原則	賃金は必ず本人に支払わなくてはならない。例えば、年少者の賃金を親が受け取ってはならない
全額払いの原則	賃金は全額を支払わなくてはならない。ただし、税金等法令によるものや労使協定により定められたものは差し引くことができる
毎月一回以上払いの原則	賃金は毎月一回以上支払わなければならない
一定期日払いの原則	賃金は一定の期日を定めて支払わなければならない

■ 割増賃金

　割増賃金とは、使用者が労働者に時間外労働（残業）・休日労働・深夜業を行わせた場合に、支払わなければならない賃金である。

　割増賃金には、時間外、休日、深夜の3種類の手当がある。それぞれの割増率を確認する。

▼割増賃金の種類と割増率

種類	条件	割増率
時間外（手当）	法定労働時間（1日8時間、週40時間）を超えたとき	25%以上
	時間外労働時間が月60時間を超えたとき	50%以上
休日（手当）	法定休日（週1日）に勤務させたとき	35%以上
深夜（手当）	22時～5時までの間に勤務させたとき	25%以上

　なお、深夜手当は、管理監督者にも支払われる。

■ 年次有給休暇の発生要件と確実な取得

　年次有給休暇とは、労働者の休暇日のうち、使用者から賃金が支払われる有給の休暇日のことである。

使用者は、労働者が雇入れの日から6ヶ月間継続勤務し、その6ヶ月間の全労働日の8割以上を出勤した場合には、原則として10日の年次有給休暇を与えなければならない。なお、年次有給休暇の法律上の上限は20日であり、時効は2年である。

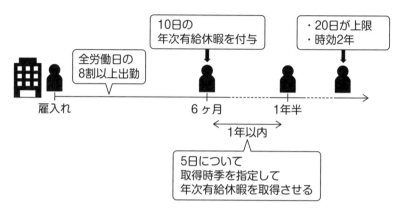

▲年次有給休暇のルール

　パートタイム労働者など、所定労働日数が少ない労働者については、年次有給休暇の日数は所定労働日数に応じて比例付与される。
　また、使用者は、年次有給休暇が10日以上付与される労働者に対し、付与した日から1年以内に5日について、取得時季を指定して年次有給休暇を取得させなければならない。

■ 労働条件の書面等での交付

　労働基準法では、労働契約を締結する際に労働者に労働条件の明示義務が定められており、明示の方法は、これまで書面の交付に限られていたが、平成31年度からは、労働者が希望した場合は、FAXや電子メール、SNS等でも明示できるようになった。なお、印刷や保存のために出力できるものに限られる。
　書面等で交付しなければならない事項は次のとおりである。

①労働契約の期間
②有期労働契約の更新の基準
③就業場所・従事すべき業務

④始業・終業時刻、所定労働時間超えの労働の有無、休憩時間、休日、休暇、2交代制等に関する事項

⑤賃金の決定・計算・支払いの方法、賃金の締切・支払時期、昇給に関する事項

⑥退職（解雇を含む）に関する事項

■ 労働基準法における母性保護規定

労働基準法では、産前産後における母性保護を規定している。規定されている保護の内容は、次のとおりである。

▼母性保護に関する規定

規定	内容
産前産後の休業	使用者は、6週間（多胎妊娠の場合にあっては、14週間）以内に出産する予定の女性が休業を請求した場合においては、その者を就業させてはならない。また、使用者は、産後8週間を経過しない女性を就業させてはならないが、産後6週間を経過した女性が請求した場合において、医師が支障ないと認めた業務に就かせることは差しつかえない
妊婦の軽易業務転換	使用者は、妊娠中の女性が請求した場合においては、他の軽易な業務に転換させなければならない
妊産婦等の危険有害業務の就業制限	使用者は、妊娠中の女性及び産後1年を経過しない女性を、重量物を取り扱う業務、有害ガスを発散する場所における業務その他妊産婦の妊娠、出産、哺育等に有害な業務に就かせてはならない
妊産婦の時間外労働、休日労働、深夜業の制限	妊産婦が請求した場合には、時間外労働、休日労働又は深夜業をさせることはできない
育児時間	生後満1年に達しない生児を育てる女性は、1日2回、各々少なくとも30分の育児時間を請求することができる

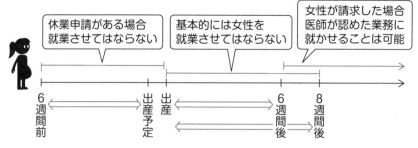

▲産前産後の休業

最低賃金法

　最低賃金法には雇用主が労働者に対し、最低賃金額以上の賃金を支払う義務があることが定められている。

■ 地域別最低賃金と特定最低賃金

・最低賃金には、都道府県ごとに定められている地域別最低賃金のほか、特定の業種に対して適用される特定最低賃金がある。

・地域別最低賃金は、労働者が健康で文化的な最低限度の生活を営むことができるよう、生活保護に係る施策との整合性に配慮する。

・地域別最低賃金と特定最低賃金の両方が適用される場合には、最低賃金額の高い方が適用される。

・最低賃金の金額は時間給として定められる。

・地域別最低賃金は、毎年、中央最低賃金審議会が、地方最低賃金審議会へ最低賃金額改訂の目安を示し、地方最低賃金審議会が決定する。

■ 最低賃金法の罰則や特例

・雇用主は、最低賃金以上を支払う必要があり、それよりも低い金額で雇用契約をした場合には、契約自体が無効となる。

・最低賃金未満の支払いしかしていない場合には、差額の支払い義務が課される。

・最低賃金を支払わない場合には、罰則（罰金）がある。

・最低賃金の減額の特例は、都道府県労働局長の許可を条件に認められる。

具体的には、精神又は身体の障害により著しく労働能力が低い場合や、試みの使用期間中の方等の場合である。

労働契約法

労働契約法は、労働契約の成立や変更、労働契約の終了について明確にしたものである。なお、国家公務員及び地方公務員は、労働契約法の適用除外となっている。

■ 労働契約の基本ルール

労働契約の扱いには、次のようなルールがある。

①労働契約の締結や変更に当たっては、労使の対等の立場における合意による。

②労働者と使用者は、労働契約の締結や変更に当たっては、均衡を考慮する。

③労働者と使用者は、労働契約の締結や変更に当たっては、仕事と生活の調和に配慮する。

④労働者と使用者は、信義に従い誠実に行動しなければならず、権利を濫用してはならない。

■ 有期労働契約

使用者は、有期労働契約について、やむを得ない事由がある場合でなければ、その契約期間が満了するまでの間において、労働者を解雇することができない。

有期労働契約が更新されて通算5年を超えたときは、労働者の申込みにより、期間の定めのない労働契約（無期労働契約）に転換することができる。なお、無期労働契約転換後の給与などの労働条件は、就業規則等で別段の定めがある部分を除き、直前の有期労働契約と同一の労働条件となる。

労働施策総合推進法

労働施策総合推進法（旧雇用安定法）は、労働環境を取り巻く様々な問題の解決を目的とした法律であり、2019年の法改正により、新たにパワーハラス

メントの防止に関連するルールが定められたため、通称「パワハラ防止法」とも言われている。

■ パワーハラスメントの定義

職場におけるパワーハラスメントの定義は、職場で行われる次の3つの要素の「全てを満たす」行為をいう。

①優越的な関係を背景とした言動
②業務上必要かつ相当な範囲を超えたもの
③労働者の就業環境が害されるもの

代表的なパワーハラスメントの言動には、身体的、精神的な攻撃はもちろんのこと、人間関係の切り離し、過大な要求のみならず、能力や経験とかけ離れたような仕事を命じるような過小な要求や、私的なことに過度に立ち入ることも含まれる。

■ 講ずべき措置

①事業主の方針等の明確化および周知・啓発
　方針の明確化と労働者への周知・啓発
②相談に応じ、適切に対応するために必要な体制の整備（相談窓口の設置）
　相談窓口の設置と周知、窓口担当者の適切な対応
③職場におけるパワハラに関する事後の迅速かつ適切な対応
　行為者への適正な措置や、再発防止に向けた措置
④併せて講ずべき措置
　プライバシー保護や、解雇その他不利益取り扱いをされない旨等の周知・
　啓発

個別の事案について、パワハラに該当するのかの判断に際しては、言動の目的、言動が行われた経緯や状況等、様々な要素を総合的に考慮することが必要である。

労働時間等設定改善法

労働時間等設定改善法は、労働者が能力を有効に発揮し、労働者の健康で充実した生活の実現と経済の発展を目的に、企業に労働時間等の設定の改善を求める法律であり、ワーク・ライフ・バランスの実現を目指したものである。

■ 勤務間インターバル制度

労働時間等設定改善法は、平成30年に改正され、健康及び福祉を確保するために必要な前日の終業から翌日の始業までの時間の設定（勤務間インターバル制度）が事業主の努力義務とされた。また、事業主は、他の事業主との取引に際して、著しく短い期限の設定や発注内容の頻繁な変更といった、長時間労働につながる取引慣行の見直しが規定された。

労働安全衛生法

労働安全衛生法は、職場における労働者の安全と健康を確保するとともに、快適な職場環境を形成する目的で制定された法律である。

■ 労働安全衛生法のポイント

①雇用したときや、一定の危険有害業務に就かせた場合に、安全衛生教育の実施
②雇用したときや、定期（1年以内に1回）に健康診断の実施
③長時間労働者に対する、面接指導の実施
　月80時間を超える時間外労働をし、疲労の蓄積が認められる労働者からの申出があった場合には、医師による面接指導を行わなければならない（研究開発業務に従事する労働者、高度プロフェッショナル制度の対象者を除く）。
④ストレスチェックの実施

労働者派遣法

労働者派遣法は、派遣労働者の就業条件の整備や、派遣労働者の権利を保護

するために定められた法律である。

■ 派遣の期間制限

派遣については、派遣先事業所単位での期間制限が設けられている。

同一の派遣先の事業所に対して、派遣できる労働者派遣期間は、原則3年が限度となる。派遣先がそれを超えて受け入れようとする場合は、派遣先の過半数労働組合又は過半数代表者からの意見を聴く必要がある。

一方、派遣労働者側にも、派遣労働者単位の期間制限が設けられている。

同一の派遣労働者を、派遣先の事業所における同一の組織単位に派遣ができる期間は、3年が限度となる。ただし、派遣元に無期雇用されている場合と、60歳以上の場合には期間制限はない。

■ 派遣元が講ずる雇用安定措置の実施

派遣労働者が、同じ職場で3年を超えて働きたいと申し出たときには、派遣元事業主は以下の措置を取らなくてはならない。

①派遣先の企業へ直接雇用を依頼する。
②①の依頼の結果、実現につながらなければ、新たな派遣先を提供する。
③派遣元事業主によって、派遣労働者を無期雇用する。
④その他、雇用の安定を図る措置を講じる。

■ 派遣元が講ずるキャリアアップ措置の実施

段階的かつ体系的な教育訓練の実施や、希望者へのキャリアコンサルティングを行う。

個別労働紛争解決促進法

この法律は、労働条件その他労働関係に関する事項についての個々の労働者と事業主との間の紛争（個別労働関係紛争）について、あっせんの制度を設けること等により、その実情に即した迅速かつ適正な解決を図ることを目的としている。

■ 紛争解決援助の制度

具体的な紛争解決援助の制度としては下記がある。

①総合労働相談コーナーの開設
②都道府県労働局長の助言・指導制度
③紛争調整委員会によるあっせん制度

育児・介護休業法

この法律は、人口減少、少子高齢化、核家族化などに対応して、仕事と育児、仕事と介護の両立を支援することを目的としている。

■ 育児休業と育児休業給付金

育児休業は、子が1歳（一定の基準を満たす場合は、最長で2歳）に達するまで（父母ともに育児休業を取得する場合は、子が1歳2か月に達するまでの間の1年間）、申出により育児休業の取得が可能であり、事業主は、申出を拒むことはできない。

また、休業中には雇用保険から、原則1年間、休業開始時賃金日額×支給日数の67%（育児休業開始から6ヶ月経過後は50%）相当額が、育児休業給付金として支給される。

なお、育児休業期間における社会保険料（健康保険と厚生年金）は免除されるが、免除期間中も、年金額計算においては、保険料を納めた期間として扱われる。

■ 育児休暇

育児休暇は、未就学児の子の病気や怪我などの看護が必要な際に取得できる休暇のことである。育児休暇は1年に5日まで（未就学児が2人以上の場合は10日まで）取得することができ、令和3年1月からは、時間単位の取得が可能になった。

▼育児・介護に関する制度と制限

制度、制限	内容
短時間勤務制度	3歳に達するまでの子を養育する労働者について、労働者が希望すれば利用できる短時間勤務の措置（1日原則6時間）を義務付けている
子の看護休暇制度	小学校就学前までの子が1人であれば年5日、2人以上であれば年10日を限度として看護休暇の取得が可能である
時間外労働の制限	小学校就学前までの子を養育する労働者が請求した場合、1ヶ月24時間、1年150時間を超える時間外労働を制限している

■ 介護休業と介護休業給付金

介護休業制度は、1人の対象家族が要介護状態に至るごとに、申出を行うことにより通算して93日（3回までの分割が可能）を限度に介護休業の取得が可能であり、事業主は、申出を拒むことはできない。

また、休業中には雇用保険から原則として「休業開始時賃金日額×支給日数×67％」の介護休業給付金が支給される。なお、介護休業期間中は、育児休業とは異なり、社会保険料の免除の制度はない。

■ 介護休暇

介護休暇は、家族に介護が必要になった際に取得できる休暇のことである。介護休暇は、1年に5日まで（対象家族が2人以上の場合は10日まで）取得することができ、令和3年1月からは、時間単位の取得が可能になった。

▌雇用保険法

雇用保険は、失業や雇用継続等に関する政府が管掌する強制保険制度である。雇用保険は、大きく分けると、「失業等給付」と「雇用保険二事業（雇用安定事業や能力開発事業）」を実施している。

雇用保険は、事業所の規模に関わらず、1週間の所定労働時間が20時間以上で、31日以上の雇用見込みがあるものは、派遣社員や契約社員、パート、アルバイトも含めて適用対象となる。

■ 失業等給付などの内容

失業等給付には、求職者給付、就職促進給付、雇用継続給付、教育訓練給付がある。また、2020年より育児休業給付は、失業等給付から独立し、子を養育するために休業した労働者の生活および雇用の安定を図るための給付へと変更されました。

▼失業等給付の種類と具体例

失業等給付の種類	具体例
求職者給付	基本手当（いわゆる失業保険）など
就職促進給付	再就職手当など
教育訓練給付	教育訓練給付金
雇用継続給付	高年齢者雇用継続給付、介護休業給付

■ 基本手当の支給要件

基本手当（いわゆる失業保険）は、原則として、被保険者が失業した場合に、離職の日以前2年間に被保険者期間が通算12ヶ月以上ある場合に支給される。なお、倒産や解雇の場合は、離職日以前1年間に被保険者期間が6ヶ月以上ある場合に支給される。

なお、基本手当の給付日数は、離職理由や年齢、被保険者期間や就職困難者の該当有無により異なり、90日から360日である。

労働者災害補償保険法（労災保険法）

労働者災害補償保険法（労災保険法）は、業務上の事由又は通勤による負傷、病気、障害、あるいは死亡等に対して、迅速かつ公正な保護をすることを目的としている。

適用される事業は、労働者（パート・アルバイトを含む）を1人でも使用している事業所。なお、中小企業の事業主等には、特別加入制度がある。

■ 保険料、休業（補償）に関する給付

業務災害に対する保険給付には、療養（補償）給付、休業（補償）給付、障

害（補償）給付、遺族（補償）給付、葬祭料・葬祭給付、傷病（補償）年金、介護（補償）給付などがある。

　なお、保険料は、全額を事業主が負担する。

　休業（補償）給付は、労働することができないために賃金を受けない日の4日目から、給付基礎日額の60％相当額が支給される。

職業能力開発促進法

　職業能力開発促進法は、職業訓練及び技能検定の充実・強化のための施策を講ずることにより、職業に必要な労働者の能力の開発及び向上を促進することで、職業の安定と労働者の地位の向上を図り、経済及び社会の発展に寄与することを主たる目的とする法律である。

■ 用語の定義

　職業能力開発促進法で扱われる用語の定義について、出題されることがあるため確認する。

▼職業能力開発促進法における重要な用語とその意味

用語	意味
労働者	事業主に雇用される者及び求職者をいう
職業能力	職業に必要な労働者の能力をいう
職業能力検定	職業に必要な労働者の技能及びこれに関する知識に関する検定をいい、厚生労働省の所掌に属さないものは除く。具体的には技能検定と、厚生労働大臣の認定を受けた社内検定である
職業生活設計	労働者が、自らその長期にわたる職業生活における職業に関する目的を定め、その目的の実現のため、職業の選択や職業能力の開発及び向上のための取組み等について自ら計画することをいう
キャリアコンサルティング	労働者の職業の選択、職業生活設計又は職業能力の開発及び向上に関する相談に応じ、助言及び指導を行うことをいう

　なお、職業能力開発促進法は、キャリアコンサルティングや、キャリアコンサルタントが初めて明文化された法律である。

■ 事業主の責務

事業主は、その雇用する労働者に対し、必要な職業訓練を行うとともに、その労働者が自ら職業に関する教育訓練又は職業能力検定を受ける機会を確保するために、必要な援助等に努めなければならない。

■ 事業内職業能力開発計画の作成

雇用する労働者の職業能力の開発及び向上を段階的かつ体系的に行うために事業主が作成する計画のことを、事業内職業能力開発計画という。なお、この計画の作成は職業能力開発促進法に基づいた、事業主の努力義務となっており、人材開発支援助成金の一部のコースにおいて支給要件となっている。

社会保障制度

社会保障制度では、公的年金制度（国民年金と厚生年金等）と健康保険、介護保険について確認する。

■ 公的年金制度

公的年金には、国民年金、厚生年金、共済年金の3種類があり、日本国内に住所のあるすべての人が加入を義務付けられている。

▼公的年金の制度と対象となる人

制度	対象となる人
国民年金	日本国内に住む20歳以上60歳未満のすべての人（定住している外国人を含む）
厚生年金	厚生年金保険の適用を受ける会社に勤務するすべての人
共済年金	公務員・私立学校教職員など

※共済年金は、平成27年10月に厚生年金に統合され、原則として、以降に受給権が発生する場合は、共済組合等の長期給付は厚生年金となった。

■ 国民年金

国民年金は、日本国内に住所を有する20歳以上60歳未満のすべての人が加

入するもので、老齢・障害・死亡により「基礎年金」を受けることができる。なお、国民年金の保険料は定額制である。

そして、国民年金の被保険者には、「第1号被保険者」「第2号被保険者」「第3号被保険者」の3種類がある。

▼国民年金の被保険者の種類と対象者

種類	対象者
第1号被保険者	学生、フリーター、無職の人など
第2号被保険者	厚生年金保険の適用を受けている事業所に勤務する人
第3号被保険者	第2号被保険者の配偶者で20歳以上60歳未満の人

■ 厚生年金

厚生年金保険に加入している人は、厚生年金保険の制度を通じて国民年金に加入する第2号被保険者に分類される。そのため、国民年金の給付である「基礎年金」に加えて、「厚生年金」を受けることとなる。いわゆる2階建て部分と呼ばれる。保険料は所得に比例する定率制による。

■ 国民健康保険

主に自営業者や会社を退職している人が加入する保険であり、運営は主に市区町村が行っている。

■ 健康保険

主に大企業で働く人は、大企業が独自に設立した健康保険組合（組合けんぽ）に加入し、中小企業で働く人は、全国健康保険協会（協会けんぽ）に加入することが一般的である。毎月支払う保険料は、被保険者と事業者が折半して負担する。

また、産前産後休業、育児休業期間中の健康保険料、厚生年金保険料は、事業主が申出を行うことによって、本人負担、事業主負担ともに免除される（介護休業期間の免除はない）。

保険給付は、療養の給付の他、出産一時金や、高額療養費、傷病により欠勤し給料が支給されない場合の傷病手当金などがある。

業務外の傷病により休業した場合、休業4日目から、傷病手当金として標準報酬日額の3分の2に相当する金額が、最長1年6ヶ月支給される。

■ 介護保険

介護保険は、介護を必要とする人に必要な費用を給付する保険である。介護保険制度の保険者は、市区町村である。被保険者については、次のように区分される。

▼介護保険の被保険者の種類と対象者

被保険者の種類	対象者
第1号被保険者	65歳以上の者
第2号被保険者	40歳以上65歳未満の者

第1号被保険者は、原因を問わずに要介護認定又は要支援認定を受けたときに介護サービスを受けることができる。第2号被保険者は、加齢に伴う疾病（がんや脳血管疾患など16種）が原因で要介護（要支援）認定を受けたときに介護サービスを受けることができる。

一問一答でふりかえり

☐ **Q** 賃金を銀行等への口座振込で支払う場合には、本人の同意は必要ない。

A 適切ではない。口座振込で支払う場合には本人の同意が必要である。

☐ **Q** 賃金の支払いは、2ヶ月に1度などの頻度での支払いも認められている。

A 適切ではない。毎月1回以上支払う必要がある。

☐ **Q** 労使協定を結び、就業規則で規定している場合には、賃金の一部を控除して支払うことができる。

A 適切である。税金等法令によるものや、労使協定等により定められたものは控除することができる。

Q 時間外労働をさせた場合の賃金の割増率は、原則として、通常の賃金の25%以上としなければならない。

A 適切である。なお、時間外労働時間が月60時間を超えたときには、割増率は50%以上となる。

Q 法定休日に労働させた場合の割増賃金は、通常の賃金の3割5分以上としなければならない。

A 適切である。なお、法定休日は、労働基準法で規定されている、毎週少なくとも1回の休日、又は、4週間を通じて4日の休日のことである。

Q いわゆる管理監督者に該当する労働者に対しては、いかなる割増賃金の支払いも不要である。

A 適切ではない。管理監督者に対しても深夜手当は適用される。

Q 一週間の所定労働日数が4日以下のアルバイトの場合、6ヶ月勤務後も年次有給休暇を取得する権利は生じない。

A 適切ではない。使用者は、労働者が雇入れの日から6ヶ月間継続勤務し、その6ヶ月間の全労働日の8割以上を出勤した場合には、原則として10日の年次有給休暇を与えなければならないが、パートタイムやアルバイト等、所定労働日数が少ない場合においても、所定労働日数に応じて比例付与される。

Q 年次有給休暇の時効は付与された日から3年間である。

A 適切ではない。2年間である。

Q 年次有給休暇が10日以上付与される労働者に対し、付与した日から1年以内に5日について、取得時季を指定して年次有給休暇を取得させなければならない。

A 適切である。年次有給休暇の日数のうち年5日について、取得時季を指定して取得させることが必要である。

Q 労働契約の締結に際し、使用者は賃金や就業場所や始業・終業時間等の労働条件について、労働者に対して口頭で説明を行い、承諾を得れば書面で労働者に交付する必要はない。

A 適切ではない。書面による交付が求められるが、労働者が希望した場合には、FAXや電子メール、SNS等、出力できるもので交付することも可能である。

Q 女性労働者について、使用者は出産する予定の6週間（多胎妊娠の場合は14週間）前になれば、必ず産前休業を与えなければならない。

A 適切ではない。必ずではなく請求した場合においてである。使用者は、6週間（多胎妊娠の場合にあっては、14週間）以内に出産する予定の女性が休業を請求した場合においては、その者を就業させてはならない。

Q 使用者は、妊娠中の女性は、請求の有無にかかわらず、他の軽易な業務に転換させなければならない。

A 適切ではない。妊娠中の女性が請求した場合である。

Q 産後6週間を経過した女性が就業を希望した場合には、本人が支障ないと判断した業務に就業させることができる。

A 適切ではない。医師が支障ないと認めた業務に就かせることは差しつかえない。

Q 妊産婦が請求した場合には、時間外労働をさせることはできない。

A 適切である。休日労働や深夜業も同様である。

Q 使用者は、生後満1年に達しない生児を育てる女性には、請求の有無にかかわらず、1日2回、各々少なくとも30分の育児時間を与えなければならない。

A 適切ではない。生後満1年に達しない生児を育てる女性は、1日2回、各々少なくとも30分の育児時間を請求することができる。

Q 最低賃金法において、使用者は、最低賃金額に達しない賃金の支払いをしても、刑事処罰の対象とならない。

A 適切ではない。刑事処罰の対象となり、五十万円以下の罰金に処する。

Q 地域別最低賃金の改定は、地方最低賃金審議会が引上げの目安額を決め、中央最低賃金審議会がこれを参考に引上げ額を決める方法で行われている。

A 適切ではない。最低賃金の決定方法は、中央最低賃金審議会から示される引上げ額の目安を参考にしながら、各都道府県の地方最低賃金審議会での地域の実情を踏まえた審議・答申を得た後、異議申出に関する手続きを経て、都道府県労働局長により決定される。

Q 雇用主は、最低賃金以上を支払う必要があり、それよりも低い金額で雇用契約をした場合には、契約自体が無効となる。

A 適切である。また、最低賃金未満の支払いしかしていない場合には、差額の支払い義務が課される。

Q 労働契約法は、労働契約の基本を定める法令であり、国家公務員、地方公務員にも適用される。

A 適切ではない。国家公務員、地方公務員は、労働契約法の適用除外である。

Q 使用者は、有期労働契約について、その契約期間が満了するまでの間は、どんな場合であっても労働者を解雇することができない。

A 適切ではない。使用者は、有期労働契約について、やむを得ない事由がある場合でなければ、その契約期間が満了するまでの間において、労働者を解雇することができない。

Q 有期労働契約が通算で3年を超えて反復更新された場合、使用者は労働者の申込みにより、期間の定めのない労働契約（無期労働契約）に転換しなくてはならない。

A 適切ではない。通算で5年を超えて反復更新された場合である。

Q 労働時間等設定改善法の改正により、勤務間インターバル制度を必ず導入することが事業主に義務付けられた。

A 適切ではない。勤務間インターバル制度の導入は事業主の努力義務である。

Q 優越的な関係を背景とした言動の全てが、職場におけるパワーハラスメントであると定義される。

A 適切ではない。優越的な関係を背景とした言動であり、業務上必要かつ相当な範囲と超えたものであり、労働者の就業環境が害されるものが該当する。客観的にみて、業務上必要かつ相当な範囲で行われる適正な業務指示や指導は該当しない。

Q 管理職である労働者を退職させるため、誰でも遂行可能な業務を行わせることは、職場におけるパワーハラスメントの代表的な言動に該当すると考えられる。

A 適切である。過大な要求のみならず、過小な要求もパワーハラスメントの代表的な言動に該当すると考えられている。

Q 個別の事案について、パワーハラスメントに該当するのかの判断に際しては、言動の目的、言動が行われた経緯や状況等、様々な要素を総合的に考慮することが必要である。

A 適切である。相談者の心身の状況や言動が行われた際の受け止めなど、その認識にも配慮しながら、相談者と行為者の双方から丁寧な事実確認を行うことが重要である。

Q 労働安全衛生法では、月80時間以上の時間外労働を行った労働者に対して、本人からの申出の有無にかかわらず、医師による面接指導を行わなければならない。

A 適切ではない。月80時間以上の時間外労働を行い、疲労の蓄積が認められ、当該労働者からの申出があった場合に、医師による面接指導を行わなければならない。

Q 個別労働紛争解決促進法は、主として労働組合と事業主との間の紛争解決を対象としたものである。

A 適切ではない。個別労働紛争解決促進法は、労働組合と事業主との間の紛争は対象としておらず、「個々の労働者と事業主との間の紛争」について、迅速かつ適正な解決を図ることを目的としている。

Q 育児・介護休業法における育児休業は、労働者の事業主に対する申出を要件としている。

A 適切である。事業主はその申出を拒むことはできない。

Q 育児休業給付金は、健康保険から支給される。

A 適切ではない。育児休業給付金は、介護休業給付金と同様に雇用保険から支給される。

Q 育児休業給付金の1ヶ月当たりの支給額は、原則として休業開始時賃金日額×支給日数の67%（育児休業の開始から6ヶ月経過後は50%）相当額である。

A 適切である。なお、育児休業期間における社会保険料（健康保険と厚生年金）は免除される。

Q 同一の派遣先の事業所に対して、派遣できる労働者派遣期間は、原則として、3年が限度となる。

A 適切である。派遣先がそれを超えて受け入れようとする場合は、派遣先の過半数労働組合又は過半数代表者からの意見を聴く必要がある。

Q 同一の派遣労働者を、派遣先の事業所における同一の組織単位に派遣ができる期間は、どんな場合においても、3年が限度となる。

A 適切ではない。派遣元に無期雇用されている場合と、60歳以上の場合には期間制限はない。

Q 派遣労働者のキャリアアップを図るために、派遣元はすべての派遣労働者に対して「キャリアコンサルティング」を提供することが義務化された。

A 適切ではない。希望者へのキャリアコンサルティングを行う。

Q 育児・介護休業法において、小学校就学前の子を養育する労働者について、労働者が希望すれば、短時間勤務の措置が義務付けられている。

A 適切ではない。小学校就学前の子ではなく、3歳に達するまでの子を養育する労働者である。

Q 介護休業制度は、1人の家族が要介護状態に至るごとに、申出を行うことにより通算して93日を限度に介護休業の取得が可能である。

A 適切である。事業主は申出を拒むことはできない。

☐ **Q** 介護休業は、分割して取得することはできない。

A 適切ではない。分割できる。対象家族1人につき3回まで、通算で93日まで取得が可能である。

☐ **Q** 介護休業期間中は、社会保険料が免除される。

A 適切ではない。介護休業期間中（介護休業給付金の支給期間中）は、社会保険料の免除はない。

☐ **Q** 介護休暇は、原則として1年に5日まで取得することができる。

A 適切である。なお、対象家族が2人以上の場合は10日まで取得することができる。

☐ **Q** 介護休暇は必ず1日単位で取得しなければならない。

A 適切ではない。介護休暇や看護休暇は時間単位で取得することができる。

☐ **Q** 雇用保険制度の「失業等給付」には、労働者が失業したときに給付される「求職者給付」のみならず、労働者の能力開発を支援する「教育訓練給付」等も設けられている。

A 適切である。失業等給付には、求職者給付、就職促進給付、教育訓練給付、雇用継続給付がある。

☐ **Q** 求職者給付の基本手当は、被保険者が失業した場合に、離職の日以前2年間に被保険者期間が通算6ヶ月以上ある場合に支給される。

A 適切ではない。被保険者が失業した場合に、離職の日以前2年間に被保険者期間が通算12ヶ月以上ある場合に支給される。なお、倒産や解雇の場合は、離職日以前1年間に被保険者期間が6ヶ月以上ある場合に支給される。

☐ **Q** 労働者災害補償保険（労災保険）は、労働者を常時10人以上使用する事業場の事業主に加入が義務付けられている。

A 適切ではない。労働者を1人でも使用している事業場の事業主に加入が義務付けられている。

Q 中小企業の事業主であっても、労働者災害補償保険（労災保険）に加入することができる。

A 適切である。中小企業の事業主には特別加入制度がある。

Q 職業能力開発促進法では、労働者は、職業生活設計を行い、その職業生活設計に即して自発的な職業能力の開発及び向上に努めるものとすると規定されている。

A 適切である。それによって、職業の安定と労働者の地位の向上を図り、経済及び社会の発展に寄与することを目的としている。

Q 職業能力開発促進法では「キャリアコンサルティング」について、「労働者の職業の選択、職業生活設計又は職業能力の開発及び向上に関する相談に応じ、助言及び指導を行うこと」としている。

A 適切である。職業能力開発促進法において、キャリアコンサルティングが定義付けされている。

Q 職業能力開発促進法において、「労働者」とは、事業主に雇用される者のみを表している。

A 適切ではない。事業主に雇用される者及び求職者をいう。したがって、求職者も含まれる。

Q 職業能力開発促進法において、「職業能力検定」とは、技能検定のみを指している。

A 適切ではない。この法律における「職業能力検定」には、技能検定制度と社内検定認定制度によるものがある。

Q 事業内職業能力開発計画の作成は、事業主が必ず行うべき義務とされている。

A 適切ではない。事業内職業能力開発計画の作成は、事業主の努力義務とされている。

Q 事業内職業能力開発計画は、雇用する労働者の職業能力の開発及び向上を段階的かつ体系的に行うために事業主が作成する計画のことをいう。

A 適切である。職業能力開発促進法において規定されている。

Q 事業内職業能力開発計画の作成においては、決まった様式や記載内容の定めがあり、企業が自由に作成することはできない。

A 適切ではない。決まった様式や記載内容の定めがなく、企業が自由に作成することができる。

Q 国民年金は、日本国民のみに加入の義務がある。

A 適切ではない。日本国内に住所を有する20歳以上60歳未満のすべての人が加入するものであり、定住外国人も含まれる。

Q 国民年金の保険料は定額制が採用されているのに対して、厚生年金の保険料は所得に比例する定率制が採用されている。

A 適切である。なお、厚生年金に加入している人は、厚生年金保険の制度を通じて国民年金に加入する第2号被保険者に分類される。

Q 業務外の傷病により休業した場合、休業7日目から、傷病手当金として標準報酬日額の3分の2に相当する金額が支給される。

A 適切ではない。傷病手当金は休業4日目から支給される。

Q 介護保険の保険者は都道府県である。

A 適切ではない。介護保険における保険者は、全国の市町村及び特別区（東京23区）である。

Q 介護保険制度で受けられる介護保険サービスは、65歳以上の者が要支援・要介護状態となった場合に受けることができる制度であり、65歳未満の者は受けられない。

A 適切ではない。40歳以上65歳未満の第2号被保険者は、加齢に伴う疾病（がんや脳血管疾患など16種）が原因で要介護（要支援）認定を受けたときに介護サービスを受けることができる。

2-11

学校教育制度及び
キャリア教育の知識

**全体を
つかもう** この範囲からは毎回2問の出題があります。
以前は「今後の学校におけるキャリア教育・
職業教育の在り方について（答申）」がよく出題され
ましたが、最近は「キャリア・パスポート」の出題が
目立ちます。官公庁の資料やデータでは「学校基本調
査」は要注意です。

学校教育法

　学校教育法からの出題は、学校の種類に関する内容、特に新たな学校種（学
校の種類）の出題実績があるため、それぞれの特徴を確認する。

■ 学校種

　学校教育法では、学校種を定めている。

　従来からの学校種には、幼稚園、小学校、中学校、高等学校、特別支援学校、
大学（大学院、短期大学）、高等専門学校、専修学校、各種学校があるが、平
成になってから、新たな学校種が誕生している。それらについての出題が過去
に見られるため、注意が必要である。

▼平成に入ってからの新たな学校種

開始時期	学校種	内容
平成11年度	中等教育学校	中学校と高等学校を合わせた、いわゆる中高一貫校。同じ設置者が中学校と高等学校を併設する「併設型」と、別の設置者間で連携して実施する「連携型」がある
平成28年度	義務教育学校	小学校～中学校の義務教育を一貫して行う
平成31年度	専門職大学等	実践的な職業教育に重点を置き、産業界等と連携した教育を行う

専門職大学「等」には、専門職大学、専門職短期大学、専門職学科がある。

■ 専門職大学等

「第四次産業革命」と呼ばれるような新興の技術革新の進展や、国際競争の激化に伴い、産業構造が急速に転換している。そのため、優れた専門技能等を持って、新たな価値を創造することができる専門職業人材の養成が急務とされ、専門職大学等が設置されることとなった。

専門職大学等には以下のような特徴がある。

・産業界等と連携した教育課程の開発・編成・実施を行う
・卒業単位の3～4割以上は実習等の科目である
・実務家教員は、必要専任教員数の概ね4割以上とする
・社会人の学び直しの推進のため、実務経験者の入学においては、その実務経験による能力を勘案して、一定期間を修業年限に通算できる
・専門職大学の課程は、4年一貫制の他、4年の課程を前期（2年又は3年）・後期（2年又は1年）に区分して学科を設けることが可能である

■ キャリア教育の知識

キャリア教育に関して、出題が多い資料の一つに「今後の学校におけるキャリア教育・職業教育の在り方について（答申）」がある。平成23年（2011年）の資料ということでやや古いものの、学校におけるキャリア教育の指針、拠り所となる資料である。

今後の学校におけるキャリア教育・職業教育の在り方について（答申）

読む

　文部科学省の「今後の学校におけるキャリア教育・職業教育の在り方について（答申）」では、キャリア教育・職業教育の課題と基本的方向性と、キャリア教育の充実を図るための方策が記されている。キャリア教育と職業教育の言葉の定義から確認する。

・キャリア教育とは
　一人一人の社会的・職業的自立に向け、必要な基盤となる能力や態度を育てることを通して、キャリア発達を促す教育のことを、キャリア教育という。

・職業教育とは
　一定又は特定の職業に従事するために必要な知識、技能、能力や態度を育てる教育を、職業教育という。

　キャリア教育と職業教育は、キャリア形成支援の両輪といえる。

■ キャリア教育の基本的な方向性

　幼児期から高等教育（大学・短大・専門学校等）まで体系的にキャリア教育を進める。その中心として、基礎的・汎用的能力の確実な育成と、実践的・体験的な活動を充実させる。

■ キャリア教育と職業教育の方向性を考える上での重要な視点

　社会的・職業的自立や社会・職業への円滑な移行に必要な力を明確化する。その必要な力に含まれる要素は次の内容である。

①基礎的・基本的な知識・技能
②基礎的・汎用的能力
③論理的思考力・創造力
④意欲・態度及び価値観
⑤専門的な知識・技能

〈基礎的・汎用的能力の具体的内容〉
①人間関係形成・社会形成能力
②自己理解・自己管理能力
③課題対応能力
④キャリアプランニング能力

▲「必要な力」に含まれる要素

基礎的・汎用的能力の育成を主軸とした、体系的なキャリア教育の実施を推進している。

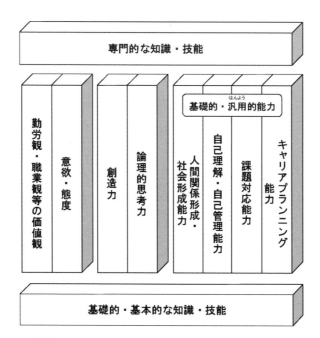

▲「社会的・職業的自立、社会・職業への円滑な移行に必要な力」の要素
●中央教育審議会著「今後の学校におけるキャリア教育・職業教育の在り方について（答申）」（2011年、文部科学省、p.27）

■ 各学校段階におけるキャリア教育推進のポイント

各学校段階におけるキャリア教育の推進のポイントは次のとおりである。

▼各学校段階におけるキャリア教育推進のポイント

学校段階	キャリア教育推進のポイント
幼児期	自発的・主体的な活動を促す
小学校	社会性、自主性・自律性、関心・意欲等を養う
中学校	自らの役割や将来の生き方・働き方等を考えさせ、目標を立てて計画的に取り組む態度を育成し、進路の選択・決定に導く
後期中等教育（高等学校）	生涯にわたる多様なキャリア形成に共通して必要な能力や態度を育成し、これを通じて勤労観・職業観等の価値観を自ら形成・確立する
特別支援教育	個々の障害の状態に応じたきめ細かい指導・支援の下で行う
高等教育	後期中等教育修了までを基礎に、学校から社会・職業への移行を見据え、教育課程の内外での学習や活動を通じ、高等教育全般で充実する

■ 社会人基礎力

社会人基礎力は、2006年に経済産業省が提唱した、「職場や地域社会で多様な人々と仕事をしていくために必要な基礎的な力」のことである。「前に踏み出す力」「考え抜く力」「チームで働く力」の3つの能力と12の能力要素から構成されている。

キャリア・パスポート　⊕ 出る

2020年度より、児童生徒がキャリア教育に係る活動を記録、蓄積し、次の学年へとつないでいく「キャリア・パスポート」の仕組みが導入された。

文部科学省では次のように目的を定め、定義をしている。

■ 目的

キャリア・パスポートの目的は、児童生徒にとっては、小学校から高等学校

を通じて、自らの学習状況やキャリア形成を見通したり、振り返ったりして、自己評価を行うとともに、主体的に学びに向かう力を育み，自己実現につなぐものである。

また、教師にとっては，その記述をもとに対話的に関わることによって，児童生徒の成長を促し，系統的な指導に資するものである。

■ 定義

児童生徒が、小学校から高等学校までのキャリア教育に関わる諸活動について、特別活動の学級活動及びホームルーム活動を中心として、各教科等と往還し、自らの学習状況やキャリア形成を見通したり振り返ったりしながら、自身の変容や成長を自己評価できるよう工夫されたポートフォリオのことである。

ポートフォリオとは、「書類を持ち運ぶためのケース」のことである。

また、文部科学省では、具体的な様式例や留意事項を示している。

■ 様式例と指導上の留意事項

・各地域・各学校における実態に応じ、学校間で連携しながら、柔軟な工夫を行うことが期待され、柔軟にカスタマイズされることを前提とする。
・各シートはA4判（両面使用可）に統一し，各学年での蓄積は数ページ（5枚以内）とする。
・小学校入学から高等学校卒業までの記録を蓄積する前提の内容とする。
・大人（家族や教師，地域住民等）が対話的に関わることができるものとすること
・通常の学級に在籍する発達障害を含む障害のある児童生徒については、児童生徒の障害の状態や特性及び心身の発達の段階等に応じて指導する。
・特別支援学校においては，個別の教育支援計画や指導計画等により「キャリア・パスポート」の目的に迫ることができると考えられる場合は、「キャリア・パスポート」の活用に代えることができるとしている。
・学年間の引き継ぎは、原則、教師間で行う。
・校種間の引き継ぎは、原則、児童生徒を通じて行う。

・個人情報を含むことが想定されるため「キャリア・パスポート」の管理は、原則、学校で行う。
● 「「キャリア・パスポート」の様式例と指導上の留意事項」（2019年、文部科学省）より

個別最適な学びと協働的な学び

　文部科学省では次世代の教育スタイルの一つとして、ICT（情報通信技術）を活用した「個別最適な学び」と「協働的な学び」の充実を掲げている。
　個別最適な学びとは、一人一人の理解状況や能力、適性に合わせ、個別に最適化された学びを行うことをいい、「指導の個別化」と「学習の個性化」から成る。

　「指導の個別化」とは、子供一人一人の特性や学習進度、学習到達度等に応じ、指導方法・教材や学習時間等の柔軟な提供・設定を行うことをいう。

　「学習の個性化」とは、教師が子供一人一人に応じた学習活動や学習課題に取り組む機会を提供することで、個々の子供の学習が最適となるよう調整することをいう。

　また、探究的な学習や体験学習を通じ、子供同士や他者と協力しながら、持続可能な社会の創り手となることができるよう、「協働的な学び」で資質や能力を育成する。

● 「学習指導要領の趣旨の実現に向けた個別最適な学びと協働的な学びの一体的な充実に関する参考資料」（2021年、文部科学省）

学校基本調査

　在学者数や学校卒業後の進路等については、文部科学省が毎年行っている学校基本調査によって確認することができる。細かな数字は覚える必要はないが、大まかな割合や趨勢（動向）を把握しておく。

学校基本調査（令和4年度） 読む

■ 学校区分ごとの在学者数と趨勢（動向）

少子化においても、区分によっては過去最多の在学者数となっているものがある点には注意が必要である。

区分	在学者数	前年比と趨勢（動向）
幼稚園	92万3千人	8万6千人減少
幼保連携型認定こども園	82万1千人	2万5千人増加（過去最多）
小学校	615万1千人	7万2千人減少（過去最少）
中学校	320万5千人	2万4千人減少（過去最少）
義務教育学校	6万8千人	9千2百人増加（過去最多）
高等学校	295万7千人	5万1千人減少
中等教育学校	3万3千人	6百人増加（過去最多）
特別支援学校	14万9千人	2千4百人増加（過去最多）
専修学校	63万6千人	2万7千人減少

● 「令和4年度学校基本調査調査結果のポイント」（2022年、文部科学省）

■ 高等学校卒業者の進路

高等学校卒業者（全日制・定時制）の進路は次のとおりである。

▼高等学校卒業者の進路とその割合

進路	割合（%）
大学・短期大学進学率（過年度卒を含む）	60.4%（過去最高）
大学（学部）進学率（過年度卒を含む）	56.6%（過去最高）
専門学校進学率	22.5%

▼大学（学部）卒業者の進路とその割合

進路	割合（%）
大学院等への進学率	12.4%
就職者の割合	**74**.5%

■ 女子学生の割合

　大学学部における女子学生の割合は、**45**.6％で過去最高の水準を維持している。なお、大学学部の女子学生は120万1千人で過去**最多**である。

インターンシップを始めとする学生のキャリア形成支援に係る取組の推進に当たっての基本的考え方

 読む

　インターンシップの意義や位置づけ、在り方や留意事項等について、文部科学省、厚生労働省、経済産業省が共同でまとめている。

　なお、令和4年（2022年）の一部改正では、インターンシップの定義づけがあらためて行われた。

　「学生のキャリア形成支援に係る産学協働の取組」は次の4つの類型に整理された。

▼産学協働の取組の類型

タイプ	類型	取組みの性質
タイプ1	オープン・カンパニー	情報提供・PR
タイプ2	キャリア教育	教育
タイプ3	汎用的能力・専門活用型インターンシップ	就業体験、能力の見極め、評価材料の取得
タイプ4	高度専門型インターンシップ（試行結果を踏まえ、今後判断）	就業体験、実践力の向上、評価材料の取得

　このうち、タイプ1やタイプ2は今回の定義ではインターンシップと称されず、タイプ3とタイプ4がインターンシップと称される。

つまり、企業の実務を経験する就業体験を伴うものが「インターンシップ」であるとあらためて定義された。

▼産学協働の取組の意義や留意事項

項目	内容
インターンシップの意味	学生が在学中に自らの専攻、将来のキャリアに関連し就業体験を行うこと
大学等及び学生にとっての意義	・キャリア教育・専門教育 ・教育内容・方法の改善・充実 ・高い職業意識の育成 ・自主性・独創性のある人材の育成
企業等における意義	・実践的な人材の育成 ・大学等の教育への産業界等のニーズの反映 ・企業等に対する理解の促進、魅力発信
インターンシップの形態	・正規の教育課程として、授業科目とする ・大学等の課外活動等の一環とする ・大学等と無関係に学生が個人的に参加する
大学等における留意事項	・大学等におけるインターンシップの位置づけ ・インターンシップの実施体制の整備 ・インターンシップの教育目的の明確化 ・インターンシップによる学習成果の評価等 ・インターンシップの実施時期、期間など
企業等における留意事項	・インターンシップに対する基本認識 ・インターンシップの実施体制の整備 ・報酬支給の扱いなどの経費に関する問題 ・安全、災害補償の確保 ・労働関係法令の適用 ・適切な運用のためのルール作り

また、大学等はインターンシップに関する専門的な教職員の育成を行い、大学等と企業等が協力して、受入れ拡大のためのインターンシップの設計や、大学側と企業側のニーズのマッチング等を行うコーディネーター等の育成、確保が必要である。

■ 採用選考に係る統一応募書類

　新規高等学校卒業者について、応募者の適性・能力に基づく差別のない公正な採用選考が行われるよう、文部科学省、厚生労働省及び全国高等学校長協会の協議により「全国高等学校統一応募書類」が定められ、使用の徹底を図っている。なお、全国高等学校統一応募書類は、履歴書と調査書からなる。

一問一答でふりかえり

☐ **Q** 学校教育制度の多様化及び弾力化を推進するため、新たな学校の種類として、中学校と高等学校を組み合わせた、中等教育学校が規定された。

A 適切である。いわゆる中高一貫校のことである。

☐ **Q** 義務教育学校の修業年限は6年である。

A 適切ではない。義務教育学校は、小学校から中学校の義務教育を一貫して行う学校の種類であり、修業年限は9年である。

☐ **Q** 専門職大学等について、実務経験を有する者が専門職大学等に入学する場合、当該実務経験を修業年限に通算することができる。

A 適切である。その実務経験による能力を勘案して、一定期間を修業年限に通算できる。

☐ **Q** 4年制の専門職大学の課程について、前期（2年又は3年）及び後期（2年又は1年）に区分することができる。

A 適切である。前期修了後一旦就職してから後期へ再入学したり、他の高等教育機関を既に卒業し実務経験を積んだ社会人が学び直しのために後期課程から入学するなど、積み上げ型の多様な学修スタイルが可能になる。

Q 一人一人の社会的・職業的自立に向け、必要な基盤となる能力や態度を育てることを通して、キャリア発達を促す教育のことを、職業教育という。

A 適切ではない。文章の内容は、キャリア教育の内容である。職業教育は、一定又は特定の職業に従事するために必要な知識、技能、能力や態度を育てる教育のことをいう。

Q 「今後のキャリア教育・職業教育の在り方について（答申）」（平成23年）の中で示される「基礎的・汎用的能力」とは、「論理的思考力」「創造力」「意欲・態度」「勤労観・職業観等の価値観」のことである。

A 適切でない。「基礎的・汎用的能力」とは「人間関係形成・社会形成能力」「自己理解・自己管理能力」「課題対応能力」「キャリアプランニング能力」の4つである。

Q キャリア教育は、進路について考え始める中学校段階から開始するのが望ましく、高等教育が終わるまで、段階に応じて体系的に実施されるべきである。

A 適切ではない。中学校段階から開始するのではなく、幼児期から高等教育まで体系的にキャリア教育を進める。

Q 「職場や地域社会で多様な人々と仕事をしていくために必要な基礎的な力」として、社会人基礎力が厚生労働省によって提唱された。

A 適切ではない。社会人基礎力を提唱したのは、経済産業省である。

Q 「キャリア・パスポート」は、2020年度より、すべての小学校及び中学校において導入されている。

A 適切ではない。すべての小学校、中学校及び高等学校において導入されている。

Q 「キャリア・パスポート」とは、キャリア教育に関わる諸活動について、児童生徒自身の変容や成長を自己評価できるよう工夫されたポートフォリオのことである。

A 適切である。それによって主体的に学びに向かう力を育み、自己実現につなぐものである。

Q 文部科学省は、「キャリア・パスポート」の小・中・高等学校の校種間での引き継ぎは想定していない。

A 適切ではない。学年、校種を越えて持ち上がることができるものとしている。

Q 「キャリア・パスポート」の趣旨・目的からすると、「キャリア・パスポート」は、高等学校や大学の入学試験での活用が求められている。

A 適切ではない。これまでに学んだことを自己評価したり、主体的に学ぶに向かう力を育むために活用するものであり、入学試験での活用は適切ではない。

Q 「キャリア・パスポート」には、個人情報を含むことが想定されるため、その管理は、原則として学校で行うものとしている。

A 適切である。文部科学省の「「キャリア・パスポート」の様式例と指導上の留意事項」では、管理は原則、学校で行うものとし、個人情報の保護や記録の紛失に留意するとある。

Q 「キャリア・パスポート」の引き継ぎは、「学年間の引き継ぎは、原則、児童生徒を通じて行う」、「校種間の引き継ぎは、原則、教師間で行う」こととしている。

A 適切ではない。逆である。学年間の引き継ぎは、原則、教師間で行い、校種間の引き継ぎは、原則、児童生徒を通じて行う。

Q 文部科学省のSociety5.0に向けた取り組みでは、次世代型学校における教育プログラムを個別最適な学びを推進するとしている。

A 適切である。目指すべき新しい時代の学校教育の姿として、全ての子供たちの可能性を引き出す、個別最適な学びと協働的な学びの実現が提言されている。

Q 令和4年度学校基本調査によると、近年の少子化の影響をうけ、義務教育学校や中等教育学校の在学者数は過去最低となっている。

A 適切ではない。義務教育学校や中等教育学校の在学者数は過去最高となっている。その背景として、学校数の増加などがある。

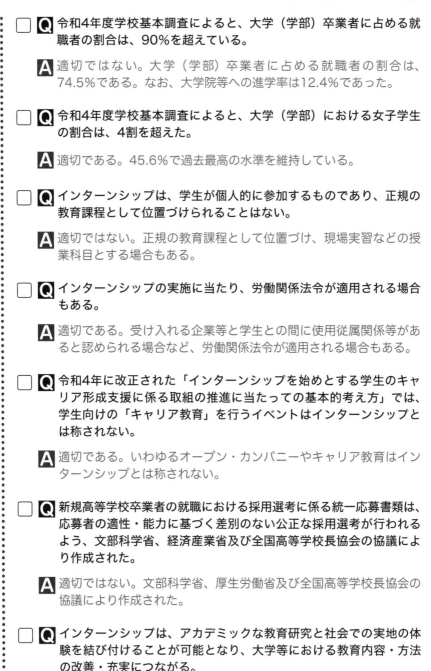

Q 令和4年度学校基本調査によると、大学（学部）卒業者に占める就職者の割合は、90％を超えている。

A 適切ではない。大学（学部）卒業者に占める就職者の割合は、74.5％である。なお、大学院等への進学率は12.4％であった。

Q 令和4年度学校基本調査によると、大学（学部）における女子学生の割合は、4割を超えた。

A 適切である。45.6％で過去最高の水準を維持している。

Q インターンシップは、学生が個人的に参加するものであり、正規の教育課程として位置づけられることはない。

A 適切ではない。正規の教育課程として位置づけ、現場実習などの授業科目とする場合もある。

Q インターンシップの実施に当たり、労働関係法令が適用される場合もある。

A 適切である。受け入れる企業等と学生との間に使用従属関係等があると認められる場合など、労働関係法令が適用される場合もある。

Q 令和4年に改正された「インターンシップを始めとする学生のキャリア形成支援に係る取組の推進に当たっての基本的考え方」では、学生向けの「キャリア教育」を行うイベントはインターンシップとは称されない。

A 適切である。いわゆるオープン・カンパニーやキャリア教育はインターンシップとは称されない。

Q 新規高等学校卒業者の就職における採用選考に係る統一応募書類は、応募者の適性・能力に基づく差別のない公正な採用選考が行われるよう、文部科学省、経済産業省及び全国高等学校長協会の協議により作成された。

A 適切ではない。文部科学省、厚生労働省及び全国高等学校長協会の協議により作成された。

Q インターンシップは、アカデミックな教育研究と社会での実地の体験を結び付けることが可能となり、大学等における教育内容・方法の改善・充実につながる。

A 適切である。教育内容・方法の改善・充実に役立つ。

第2章 キャリアコンサルティングを行うために必要な知識

2-12

メンタルヘルスの知識

全体をつかもう この出題範囲からは、毎回2問が出題されます。その内容は、ストレス（ストレスチェック）、「職場における心の健康づくり～労働者の心の健康の保持増進のための指針～」「健康づくりのための睡眠指針」「心の健康問題により休業した労働者の職場復帰支援の手引き」「自殺対策白書」などの厚生労働省の資料、そして精神疾患の特徴に分類することができます。メンタルヘルス対策の基礎知識をしっかりと身につけておきましょう。

┃ ストレス

　ストレス反応が引き起こされるメカニズムや要因、ストレスチェック制度について確認する。

■ ストレス要因とストレス反応

　ストレス反応は、ストレス要因により引き起こされる。なお、ストレス要因は、ストレッサーともいわれる。

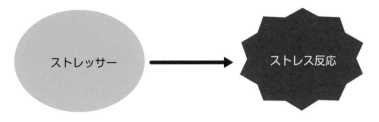

ストレッサー　→　ストレス反応

▲ストレス反応の引き起こされ方

　ストレッサーは、要因によって、次のように分けることができる。

▼ストレッサーの要因別の分類

物理的ストレッサー	暑さや寒さ、騒音や混雑など
化学的ストレッサー	公害物質、薬物、酸素欠乏・過剰、一酸化炭素など
心理・社会的ストレッサー	人間関係や仕事上の問題、家庭の問題など

また、ストレッサーによって引き起こされるストレス反応は、次のように分けることができ、心や体、日常の行動面に次のような変化があらわれる。

▼ストレス反応の分類

心理面	活気の低下、イライラ、不安、抑うつ（気分の落ち込み、興味・関心の低下など）
身体面	体のふしぶしの痛み、頭痛、肩こり、腰痛、目の疲れ、動悸や息切れ、胃痛、食欲低下、便秘や下痢、不眠など
行動面	飲酒量や喫煙量の増加、仕事でのミスや事故、ヒヤリハットの増加など

ストレス反応が長く続く場合には、普段の生活を振り返り、ストレスと上手に付き合うための方法（コーピング）を工夫することも大切である。

■ ストレスチェック制度

労働安全衛生法の一部改正によって、ストレスチェック制度が実施されている。ストレスチェック制度の特徴は次のとおりである。

・自分のストレスの状態を調べる検査を毎年1回行う。
　従業員50人以上の事業場では義務化されている（その人数に満たない事業場では努力義務である）
・申出のあった者に対しては医師による面接指導が行われる
・面接指導の結果、医師の意見に基づいて、必要がある場合には、就業上の措置を検討・決定する
・労働者の人事に関して直接の権限を持つ監督的地位にある人事部長等は、ストレスチェック実施事務従事者にはなれない。

・ストレスチェックの結果は事業者には通知されず、事業者が結果を入手するには本人の同意が必要である。

職場における心の健康づくり
～労働者の心の健康の保持増進のための指針～（厚生労働省）

 読む 出る

　この指針は、事業場において事業者が講ずるように努めるべき労働者の心の健康の保持増進のための措置（メンタルヘルスケア）が適切かつ有効に実施されるよう、メンタルヘルスケアの原則的な実施方法について定めるものである。

■ 職場におけるメンタルヘルスケアの基本的な考え方

　事業者は、次の3つの予防が円滑に行えるよう、メンタルヘルスケアを推進する。
・一次予防：メンタルヘルス不調を未然に防止する
・二次予防：メンタルヘルス不調を早期に発見し、適切な措置を行う
・三次予防：メンタルヘルス不調となった労働者の職場復帰の支援等を行う

■ 4つの（メンタルヘルス）ケア

　指針では、以下の4つのケアが継続的かつ計画的に行われることが重要であるとしている。

▼4つの（メンタルヘルス）ケア

4つのケア	内容
セルフケア	ストレスチェックなどの結果を受け、労働者自らがセルフケアを行えるよう、教育研修や情報提供を行うなどの支援を行う
ラインによるケア	管理監督者による、職場環境等の把握と改善、労働者からの相談対応や、職場復帰における支援等を行う
事業場内産業保健スタッフ等によるケア	産業医や医師、看護師、衛生管理者等や、人事労務管理スタッフにより、セルフケアやラインによるケアへの支援を行う
事業場外資源によるケア	事業場外の医師等の専門家や専門機関を活用した支援を行う

■ 事業場内産業保健スタッフ等の役割

事業場内産業保健スタッフのメンバー、役割は次のとおりである。

▼産業保健スタッフ等の役割

メンバー	役割
産業医等	健康管理を担う専門的立場から、メンタルヘルス対策の実施状況の把握、助言、指導を行う。**ストレスチェック**制度における中心的役割を担う
衛生管理者等	教育研修の企画・実施、相談体制づくりなどを行う
保健師等	労働者及び管理監督者からの相談対応などを行う
心の健康づくり専門スタッフ	教育研修の企画・実施、相談対応などを行う
人事労務管理スタッフ	労働時間等の労働条件の改善、労働者の適正な**配置**に配慮する
事業場内メンタルヘルス担当者	事業場メンタルヘルスケアの推進の実務を担当する。衛生管理者等や保健師等から専任することが望ましい

　なお、常時**50人以上**の労働者を使用するすべての事業者に対し、産業医を指定することを義務付けている。

┃ 健康づくりのための睡眠指針2014 （厚生労働省）

　より充実した睡眠についてのわかりやすい情報を提供することを目的に、厚生労働省は、『健康づくりのための睡眠指針2014』を策定している。指針では、睡眠12箇条がまとめられている。

健康づくりのための睡眠指針2014
～睡眠12箇条～

1. 良い睡眠で、からだもこころも健康に。
2. 適度な運動、しっかり朝食、ねむりとめざめのメリハリを。
3. 良い睡眠は、生活習慣病予防につながります。
4. 睡眠による休養感は、こころの健康に重要です。
5. 年齢や季節に応じて、ひるまの眠気で困らない程度の睡眠を。
6. 良い睡眠のためには、環境づくりも重要です。
7. 若年世代は夜更かし避けて、体内時計のリズムを保つ。
8. 勤労世代の疲労回復・能率アップに、毎日十分な睡眠を。
9. 熟年世代は朝晩メリハリ、ひるまに適度な運動で良い睡眠。
10. 眠くなってから寝床に入り、起きる時刻は遅らせない。
11. いつもと違う睡眠には、要注意。
12. 眠れない、その苦しみをかかえずに、専門家に相談を。

（出典：厚生労働省『健康づくりのための睡眠指針2014』）

（改訂）心の健康問題により休業した労働者の職場復帰支援の手引き（厚生労働省）

　厚生労働省では、メンタルヘルス不調により休業した労働者に対する職場復帰を支援するため、心の健康問題により休業した労働者の職場復帰支援の手引きを作成している。

■ 職場復帰支援の流れ

　心の健康問題で休業している労働者が円滑に職場復帰するため、休業から復職までの流れをあらかじめ明確にしておくことが必要である。

　手引きでは、次の5つのステップによって職場復帰支援を図ることとしている。

第1ステップ：病気休業開始及び休業中のケア
↓
第2ステップ：主治医による職場復帰可能の判断
↓
第3ステップ：職場復帰の可否の判断及び職場復帰支援プランの作成
↓
第4ステップ：最終的な職場復帰の決定
↓
┌─────────┐
│ 職場復帰 │
└─────────┘
↓
第5ステップ：職場復帰後のフォローアップ

▲職場復帰支援の流れ
（参考：厚生労働省、独立行政法人労働者健康安全機構、『改訂 心の健康問題により休業した労働者の職場復帰支援の手引き』2020年）

①病気休業開始及び休業中のケア

　初めに、必要な事務手続きや職場復帰支援の手順の説明をする。その後、労働者が病気休業期間中に安心して療養に専念できるよう、次の項目の情報を提供する。

・傷病手当金などの経済的な保障
・不安、悩みの相談先の紹介
・公的又は民間の職場復帰支援サービス
・休業の最長（保障）期間等

②主治医による職場復帰可能の判断

　次に、労働者からの職場復帰の意思とともに、主治医による診断書の提出を求める。ただし、主治医による診断は、日常生活における病状の回復程度によって職場復帰の可能性を判断していることが多く、必ずしも職場で求められる業務遂行能力まで回復しているとの判断とは限らないため、産業医等が精査した上で、採るべき対応を判断し、意見を述べることが重要である。

③職場復帰の可否の判断及び職場復帰支援プランの作成

　この段階で、職場復帰を支援するための具体的プラン（職場復帰支援プラン）を作成する。また、職場復帰の可否については、必要な情報を収集し、様々な視点から評価を行い総合的に判断する。

　正式な職場復帰決定の前に、職場復帰の試みとして、試し出勤制度等を設ける場合がある。試し出勤には、模擬出勤、通勤訓練、試し出勤がある。

④最終的な職場復帰の決定

　事業者による最終的な職場復帰の決定を行う。

⑤職場復帰後のフォローアップ

　職場に復帰したらそれで終わりではなく、管理監督者による観察と支援の他、事業場内産業保健スタッフ等によるフォローアップを実施し、適宜、職場復帰支援プランの評価や見直しを行う。

■ 代表的な精神疾患　出る

　試験では、精神疾患について、その症状などが出題されることがあるため、代表的なものを確認する。

　これらやその他の精神疾患の特徴や治療については、国立精神・神経医療研究センターのサイト「こころの情報サイト（旧みんなのメンタルヘルス総合サイト）」が詳しく、職場のメンタルヘルス対策については、厚生労働省のサイト「こころの耳」が詳しい。メンタルヘルスの知識に自信が無い方は、普段からこれらのサイトを閲覧しておくと徐々に理解が深まってくる。

　なお、精神疾患別の出題では、特にうつ病が多い。

▼代表的な精神疾患

主な精神疾患	特徴や治療法
アルコール依存症	大量のお酒を長期にわたって飲み続けることで、お酒がないといられなくなる状態である。本人は病気を認めたがらない傾向があるため、本人の積極的な治療への取組みとともに、家族や周囲のサポートが大切である。外来または入院治療による
うつ病	眠れない、食欲がない、一日中気分が落ち込んでいる、何をしても楽しめないといった症状がある。精神的ストレスや身体的ストレスが重なるなど、様々な理由から脳の機能障害が起きている状態である。治療は、休養と薬物療法の他、認知行動療法も、うつ病に効果が高いとされている
双極性障害	躁うつ病ともいわれる。ハイテンションで活動的な躁状態と、憂うつで無気力なうつ状態を繰り返す。躁状態ではとても気分が良いため、本人には病気の自覚がないことがある。治療は薬物療法と精神療法的アプローチがある
解離性障害	自分が自分であるという感覚が失われている状態。治療法では有効な薬はないとされており、本人や家族が症状を受け入れ、安心できる環境の中で自然経過を見守ることが大切である
適応障害	ある特定の状況や出来事が、その人にとってとてもつらく耐えがたく感じられ、そのために気分や行動面に症状が現れるものである。治療はストレスの原因の除去や、ストレスへの本人の適応力を高めることが中心となる
統合失調症	健康なときにはなかった状態が現れる陽性症状と、健康なときにあったものが失われる陰性症状がある。陽性症状とは、幻覚と妄想等であり、陰性症状は、意欲の低下、感情表現が少なくなる等がある。治療は、薬物療法と、専門家と話をしたりリハビリテーションを行ったりする治療を組み合わせて行う
パニック障害（不安障害）	突然理由もなく、動悸やめまい、発汗、窒息感、吐き気、手足の震えといった発作を起こし、生活に支障が出ている状態をいう。治療は、薬物療法と精神療法的アプローチがある
発達障害	いくつかのタイプに分類されており、大きく分けると、自閉症スペクトラム（自閉症、アスペルガー症候群）、ADHD（注意欠陥多動性障害）、LD（学習障害）がある。これらは生まれつきの特性であり、病気とは異なる。そのため、職場環境などにおいては、障害のある人の就労継続に必要な様々な支援を、自然に又は計画的に提供するナチュラルサポートが必要である

第2章 キャリアコンサルティングを行うために必要な知識

自殺対策白書（令和4年版）

　我が国の自殺者数は、平成10年には3万人を越えていたが（3万2,863人）、令和元年は統計開始以来、最少（2万169人）となり、令和2年は増加に転じたものの（2万1,081人）、令和3年は減少して、2万1,007人となった。

■ 自殺の状況

・男女別の自殺者数は、令和3年は男性13,939人に対して、女性は7,068人で、男性が全体の3分の2を占める。
・年齢階級別の自殺者数は、統計開始の昭和53年から現在にかけて「40〜49歳」、「50〜59歳」及び「60〜69歳」が多いが、「10〜19歳」の自殺者数は、近年増加傾向である。
・自殺の原因、動機として、男女ともに最も多いのは「健康問題」であり、男性は「経済・生活問題」が次いで多く、女性は「家庭問題」が次いで多い。
・令和2年の死因の順位を年齢階級別にみると、10歳から39歳までの男女を合わせた死因の第1位が自殺である。

■ ゲートキーパー

　ゲートキーパーとは、自殺の危険を示すサインに気づき、悩んでいる人に気づき、声をかけ、話を聞いて、必要な支援につなげ、見守るといった、適切な対応を図ることができる人のことで、言わば「命の門番」とも位置付けられる人のことである。

一問一答でふりかえり

□ **Q** ストレスの原因となる刺激のことを、ストレッサーといい、同じストレッサーへの個人の対処能力や受け止め方はみな同様である。

A 適切ではない。ストレスの原因となる刺激のことを、ストレッサーというが、ストレッサーへの対処能力やその受け止め方はそれぞれ異なる。なお、ストレスへの対処のことをコーピングという。

Q ストレッサーは要因によって区分されるが、人間関係や仕事上の問題などは心理・社会的ストレッサーといわれる。

A 適切である。他に物理的ストレッサー、化学的ストレッサーがある。

Q ストレスチェックを実施することが事業者の義務であるが、労働者数100人未満の事業場は当分の間、努力義務である。

A 適切ではない。50人未満の事業場は当分の間、努力義務である。

Q ストレスチェックの結果、高ストレスと判定された者など一定の要件に該当する労働者に対して、本人からの面接指導の申出の有無にかかわらず、医師による面接指導を受けさせることは事業者の義務である。

A 適切ではない。本人からの面接指導の申出があった場合である。

Q メンタルヘルスケアの基本的な考え方において、三次予防とは、メンタルヘルス不調を未然に防止する取組みのことである。

A 適切ではない。これは一次予防である。三次予防とはメンタルヘルス不調となった労働者の職場復帰の支援等を行う取組みである。なお、二次予防は、不調を早期に発見し、適切な措置を行うことである。

Q メンタルヘルスケアは、「セルフケア」「ラインによるケア」「事業場外資源によるケア」の3つのケアを継続的かつ計画的に行うことが重要であるとされている。

A 適切ではない。「事業場内産業保健スタッフ等によるケア」を加えた4つのケアである。

Q 「ラインによるケア」では、職場の管理監督者が、職場環境等の把握と改善や、労働者からの相談対応を行う。

A 適切である。その他、職場復帰支援などにおいても重要な役割を担う。

Q 産業医は、常時50人以上の労働者を使用するすべての事業者に対して、指定することが義務付けられている。

A 適切である。50人以上 3,000人以下の規模の事業場は、1名以上産業医を選任し、労働者数3,001人以上の規模の事業場は、2名以上産業医を選任しなくてはならない。

Q 「健康づくりのための睡眠指針2014」によると、成人の身体が必要とする睡眠時間の目安は6時間程度とされており、このくらいの睡眠時間の人が最も健康だといわれている。

A 適切ではない。必要な睡眠時間は人それぞれであり、1日の睡眠時間については、全体としては7時間前後をピークにした広い分布となっている。

Q 『改訂 心の健康問題により休業した労働者の職場復帰支援の手引き』によると、労働者の職場復帰に際しての主治医の診断は、日常生活における病状の回復程度によって職場復帰の可能性を判断していることが多いとされている。

A 適切である。そのため、必ずしも職場で求められる業務遂行能力まで回復しているとの判断とは限らない。

Q 『改訂 心の健康問題により休業した労働者の職場復帰支援の手引き』によると、職場復帰を正式に決定する前に、社内制度として、試し出勤制度等を設けると、より早い段階で職場復帰の試みを開始することができる。

A 適切である。試し出勤制度には、模擬出勤、通勤訓練、試し出勤がある。

Q 『改訂 心の健康問題により休業した労働者の職場復帰支援の手引き』によると、職場復帰支援のステップは、最終的な職場復帰の決定をもって完結する。

A 適切ではない。職場復帰後のフォローアップを行う必要がある。

Q アルコール依存症は、本人の自覚が強いため、積極的な治療につながりやすい。

A 適切ではない。本人が病気を認めたがらない傾向があるため、本人の積極的な治療への取組みとともに、家族や周囲のサポートが必要である。

Q 発達障害は、不眠や食欲の減退などの特徴があり、精神的ストレスや身体的ストレスが重なることなど、様々な理由から脳の機能障害が起きている状態であるとされている。

A 適切ではない。これらはうつ病の特徴である。

Q うつ病の症状には、体がだるい、疲れやすいといった体調の変化が現れることはあるが、食欲については変化が見られることはない。

A 適切ではない。食欲の減退もうつ病の症状の一つとされている。

Q うつ病の治療方法としては、カウンセリングが最も有効とされている。

A 適切ではない。うつ病の治療には、休養と薬物療法の他、認知行動療法も効果が高いとされている。

Q 双極性障害は、ハイテンションで活動的な躁状態と、憂うつで無気力なうつ状態を繰り返す特徴がある。

A 適切である。双極性障害は、躁うつ病ともいわれる。

Q 統合失調症の特徴として、自分が自分であるという感覚が失われている状態がある。

A 適切ではない。自分が自分であるという感覚が失われている状態は、解離性障害で見られる。

Q 統合失調症には、陽性症状と陰性症状があり、陽性症状の典型は幻覚と妄想で、陰性症状は、意欲の低下、感情表現の減少などである。

A 適切である。統合失調症には、健康なときにはなかった状態が現れる陽性症状と、健康なときにあったものが失われる陰性症状がある。

Q パニック障害とは、突然理由もなく、動悸やめまい、発汗、窒息感、吐き気、手足の震えといった発作の症状が発生し、そのために生活に支障が出ている状態である。

A 適切である。なお、パニック障害は不安障害の一つであり、恐怖症や強迫性障害、外傷後ストレス障害（PTSD）なども不安障害の中に分類される。

Q 発達障害のある人が安定して働き続けるために、周囲が必要な支援を自然に提供することを、「ナチュラルサポート」という。

A 適切である。発達障害は生まれつきの特性であり、その特性を本人や家族・周囲の人がよく理解し、学校や職場ではその人に合った過ごし方を工夫することができれば、その人が持っている本来の力が活かされるようになる。

☐ **Q** 「令和４年版自殺対策白書」（厚生労働省）によれば、我が国の自殺者数は、令和元年以降、増加傾向である。

A 適切ではない。令和元年は統計開始以来、最少となり、令和2年に増加に転じたものの、令和3年は減少している。

☐ **Q** 「令和４年版自殺対策白書」（厚生労働省）によれば、令和３年の自殺者全体の男女別構成比は女性が約3分の2を占めている。

A 適切ではない。令和３年の自殺者全体の男女別構成比は男性が約3分の2を占めている。

☐ **Q** 「令和４年版自殺対策白書」（厚生労働省）によれば、我が国では、男女を合わせた 15〜39 歳の各年代の死因の第1位は、悪性新生物（腫瘍）である。

A 適切ではない。男女を合わせた 15〜39 歳の各年代の死因の第1位は、自殺である。

2-13

中高年期を展望するライフステージ及び発達課題の知識

・・・

**全体を
つかもう** この出題範囲からは1問〜2問が出題されます。エリクソンやレビンソンが頻出です。人の発達段階をエリクソンは8段階、レビンソンは4段階に分けて、克服すべき課題等を挙げています。覚えづらい内容ですが、ご自身や身近な人の人生を思い浮かべながら理解を深めていきましょう。

■ エリクソンの理論 よく出る

　エリクソンはアイデンティティ（自我同一性）の概念を提唱し、人生を8つの段階に分け、それぞれの発達段階における心理社会的発達課題と危機を整理し、個体発達分化の図式（漸成的発達理論）を表した。

■ 個体発達分化の図式（漸成的発達理論）

　8つの発達段階における課題と、それが獲得できなかったときの危機を整理して、徐々に人の中核となるものが作られていくとした。

　エリクソンは、青年期に確立したアイデンティティ（自我同一性）を基盤として、親密性、世代性を確立し、人生の最終的な発達課題を統合性としている。

▼各発達段階における課題と危機、得られる人間的強さ

発達段階	獲得したい課題	発達課題と危機			得られる人間的強さ
①乳児期	基本的な信頼関係	信頼	対	不信	希望
②幼児前期	歩行や排泄の自律	自律性	対	恥、疑惑	意志
③幼児後期	自主的で自発的な行動	自発性	対	罪悪感	目的
④学童期	学校等での勤勉な学び	勤勉性	対	劣等感	有能感
⑤青年期	自分を受け入れる	同一性	対	同一性拡散	忠誠
⑥成人前期	パートナー等との親密性	親密性	対	孤立	愛
⑦成人期	次世代の育成（育てる）	世代性	対	停滞性	世話
⑧老年期	人生を振り返り、受け入れる	統合性	対	絶望	英知

　青年期の後の成人前期の「親密性」は自らと他者の同一性を融合し合う能力をいい、一般的には結婚を可能にする。また、「世代性」は次世代の確立や指導に関しての興味や関心のことをいい、子供を育てることや、後輩や若手を指導、育成することが大切な役割となる。

レビンソンの理論　よく出る

　レビンソンは、人生を四季に例え、成人の発達は4つの発達期を経ると考えた。また、それぞれの段階では安定期と過渡期が交互に現れるとしている。

▼各段階と過渡期と直面する課題

4つの発達期	主な過渡期 （節目の5年間）	過渡期で直面する課題
児童期と青年期 （0歳〜22歳）	—	—
成人前期 （17歳〜45歳）	成人への過渡期 （17歳〜22歳）	アパシー（無力感）と離人感（自分が自分と思えなくなる）
	30歳の過渡期 （30歳〜35歳）	焦燥感とさまよい
中年期 （40歳〜65歳）	人生半ばの過渡期 （40歳〜45歳）	真の自己との折り合いをつける。若さと老い、破壊と創造、男らしさと女らしさ、愛着と分離の両極性の解決
老年期 （60歳以降）	老年への過渡期	死の受容と新たな生きがいの獲得

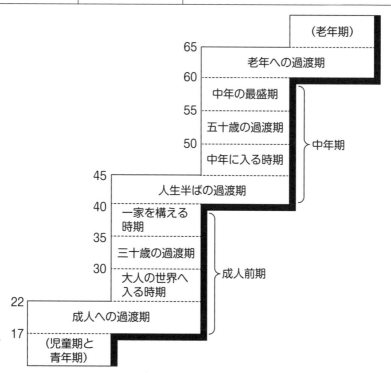

●岡田昌毅著『働くひとの心理学』（2013年、ナカニシヤ出版、p.79）
▲レビンソンによる成人前期と中年期の発達段階（Levinson, 1978）

なお、人生半ばの過渡期は、いわゆる「中年の危機」と呼ばれる。子どもが巣立った後の、空の巣（からのす）問題が生じる時期でもある。また、ユングはこの時期のことを「人生の正午」と表現している。

■ その他の理論家

　その他の発達段階に関する理論家を紹介する。

■ ギンズバーグ

　最初に職業発達理論を提唱したのは、エコノミストであったギンズバーグであるとされている（1951年）。ギンズバーグは、職業発達のプロセスを、空想期（10歳以下）、試行期（11〜18歳）、現実期（18歳〜20歳代初期）の3段階であるとしたが、その後改定し、職業選択は生涯にわたる意思決定のプロセスであるとした。

■ ハヴィガースト

　ハヴィガーストは、発達段階を次の6つに区分している。また、人間が健全で幸福な発達を遂げるために各発達段階で達成しておくことが望ましい課題のことを、発達課題と最初に名付けた。
　①乳幼児期
　②児童期
　③青年期
　④壮年期
　⑤中年期
　⑥老年期

■ レヴィン

　レヴィンは、社会的に不安定な存在として、青年を「周辺人」「境界人」（マージナルマン）と呼んだ。

■ マーシャ

　マーシャは、アイデンティティ危機の経験と積極的関与の有無の組み合わせ

から、アイデンティティ達成の様態（アイデンティティ・ステイタス）を、アイデンティティ達成、モラトリアム、予定アイデンティティ、アイデンティティ拡散の4つで示した。

■ 岡本祐子

岡本祐子は、岐路としての中年期に焦点を当て、中年期のアイデンティティ再体制化のプロセスを明らかにし、マーシャのアイデンティティ・ステイタスを応用して、アイデンティティのラセン式発達モデルを提唱した。

一問一答でふりかえり

☐ **Q** レビンソンは、心理社会的発達を 8 つの段階からなる個体発達分化の図式に示した。

A 適切ではない。8つの心理社会的発達段階からなる個体発達分化の図式を示したのは、レビンソンではなく、エリクソンである。

☐ **Q** エリクソンの個体発達分化の図式において、「同一性（アイデンティティ）対同一性拡散」が発達課題となるのは、成人期である。

A 適切ではない。成人期ではなく、青年期の発達課題である。

☐ **Q** エリクソンは、老年期の心理社会的危機を「世代性対停滞性」と表現し、この時期の発達課題とした。

A 適切ではない。老年期の心理社会的危機は「統合性対絶望」であり、「世代性対停滞性」と表現したのは、成人期である。

☐ **Q** エリクソンは、個体発達分化の図式において、老年期の課題は「統合性対絶望」であり、その課題を乗り越えると「英知」という人間的強さが得られるとした。

A 適切である。老年期の課題は統合性対絶望であり、それを乗り越えると英知が得られるとした。

Q レビンソンは、成人期を四季に例えた「ライフサイクル」に焦点を当て、成人の心理社会的発達は、安定期と過渡期が交互に現れ進んでいくとした。

A 適切である。成人の発達は4つの発達期を経ると考えた。

Q レビンソンは、ライフサイクルにおいて、成人前期から中年期への移行期を「成人への過渡期」と呼んだ。

A 適切ではない。成人前期から中年期への移行期を「人生半ばの過渡期」と呼んだ。

Q レビンソンの理論においては、30歳の過渡期では、アパシーと離人感を主要課題としている。

A 適切ではない。アパシーと離人感を主要課題とするのは、成人への過渡期（17歳〜22歳）であり、30歳の過渡期では、「焦燥感とさまよい」を主要課題としている。

Q レビンソンの理論においては、人生半ばの過渡期では、「若さと老い」「破壊と創造」「男らしさと女らしさ」「愛着と分離」の4つの両極性の解決が主要課題である。

A 適切である。いわゆる中年の危機と呼ばれる過渡期である。

Q ユングは、人生を日の出から日没までの6つの時期に分け、30歳前後を人生の正午と呼んだ。

A 適切ではない。ユングは人生を4つの時期に分け、40歳前後を人生の正午と呼んだ。

Q ハヴィガーストは、社会的に不安定な存在として、青年を周辺人（マージナルマン）と呼んだ。

A 適切ではない。ハヴィガーストではなく、レヴィンである。

Q ハヴィガーストは、青年期におけるアイデンティティの確立を、重要な発達課題として挙げている。

A 適切ではない。青年期の発達課題としてアイデンティティの確立を挙げているのは、ハヴィガーストではなく、エリクソンである。

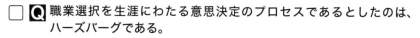

Q 職業選択を生涯にわたる意思決定のプロセスであるとしたのは、ハーズバーグである。

A 適切ではない。ハーズバーグではなく、ギンズバーグである。ハーズバーグは、職務満足もしくは職務不満足を規定する要因として、動機づけ要因と衛生要因の2つがあるとした。

Q マーシャは、アイデンティティ達成の様態について、アイデンティティ達成、モラトリアム、予定アイデンティティの3つで示した。

A 適切ではない。これらにアイデンティティ拡散を加えた4つの様態を示した。

Q 岡本祐子は、中年期のアイデンティティ再体制化のプロセスを明らかにし、「アイデンティティの直線的モデル」を提唱した。

A 適切ではない。「アイデンティティのラセン式発達モデル」を提唱した。

第2章 キャリアコンサルティングを行うために必要な知識

2-14

人生の転機の知識

**全体を
つかもう** 転機（トランジション）に関する問題は、概
ね毎回1問出題されます。中でもシュロスバー
グの4S（フォーエス）は何度も出題されています。
4Sの内容は暗唱できるようにしておきましょう。また
ブリッジスの転機は「終わりから始まる」と覚えてお
きましょう。

■ シュロスバーグの理論 よく出る

シュロスバーグは、結婚、離婚、転職、引っ越し、失
業、本人や家族の病気などのような人生上の転機（トラ
ンジション）を人生上の出来事として捉え、その対処法
を構築した。

Schlossberg,N.K.

■ 転機の分類

シュロスバーグは転機を3つに分類している。
①予測していた転機
②予測していなかった転機
③期待していたものが起こらなかった転機

■ 転機（トランジション）の意味

トランジションという言葉には、発達論的な視点による発達課題や移行期と
しての意味と、個人にとっての独自の出来事（結婚や転職、失業、病気など）
としての意味がある。シュロスバーグは後者の意味でトランジションを捉えて
いる。

188

■ 転機（トランジション）への対処法

シュロスバーグは転機（トランジション）への対処法として、3つの構造を挙げている。

なお、転機に対処するための資源は4Sと呼ばれる。

①転機を識別
　　↓
②対処のための
　資源（4S）を点検し活用
　　↓
③転機に対処

$$4S = \begin{array}{l} \text{Situation （状況）} \\ \text{Self （自己）} \\ \text{Support （支援）} \\ \text{Strategies （戦略）} \end{array}$$

▲トランジションへの対処法

ブリッジスの理論  出る

ブリッジスは転機（トランジション）の始まりを、何かが始まるときではなく、何かが終わるときであるとしている。

■ トランジション・プロセス

ブリッジスのトランジション・プロセスは、次の3段階で表すことができる。

| 何かが終わる（終焉・終結） | → | 中立圏（ニュートラルゾーン） | → | 何かが始まる |

▲トランジション・プロセス

得点アップ

ブリッジスのトランジション・プロセスは**終わり**から始まる

その他の理論家

その他の転機への対処に関する理論家を紹介する。

■ ニコルソン

ニコルソンは、転機への対処のプロセスを4つの段階に分け、それがサイクル（循環）すると考えた。

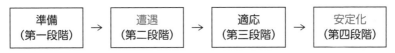

▲ニコルソンのトランジション・サイクル

■ 金井壽宏

金井壽宏（かないとしひろ）は、人生や仕事生活の節目には、自らの過去を内省して将来を展望する、キャリア・デザインを行うことを強調するとともに、偶然やってきた機会を楽しみながら漂流する、キャリア・ドリフトの概念を提唱している。

デザインがないとドリフトを楽しむことができずに、単に漂流してしまうとしている。

一問一答でふりかえり

☐ **Q** シュロスバーグが転機を乗り越えるための資源として提唱した4Sは、Situation（状況）、Sustain（持続）、Support（支援）、Strategies（戦略）の4つである。

A 適切ではない。Sustain（持続）ではなく、Self（自己）である。

☐ **Q** シュロスバーグのいう転機（トランジション）は、生涯発達の移行期を意味するものである。

A 適切ではない。結婚、離婚、転職、失業や病気など、人生上の出来事の視点から見たトランジションである。

Q シュロスバーグは転機（トランジション）のプロセスを、「終わり」「中立圏」「始まり」の三段階であるとした。

A 適切ではない。これはブリッジスが唱えた、トランジションのプロセスである。

Q シュロスバーグは、転機を「予測していた転機」「予測していなかった転機」「期待していたものが起こらなかった転機」の3つに分類した。

A 適切である。どのタイプに該当するのか、また、それがどの程度の重大さなのかを識別することが大切である。

Q シュロスバーグは、転機とは何かを失ったときのみ生じるものとしており、その転機が個人の興味・関心の変化につながるとした。

A 適切ではない。転機は何かを失ったときのみに生じるわけではない。

Q ブリッジスは、転機（トランジション）のプロセスは、終焉、中立圏を経て、開始へと至るとした。

A 適切である。何かが終わるときを、転機の始まりとしている。

Q ブリッジスは、「中立圏（ニュートラルゾーン）」をいかに上手くマネジメントするかが大切であるとした。

A 適切である。中立圏（ニュートラルゾーン）を上手にマネジメントすることが大切である。

Q ニコルソンのトランジション・サイクルは、準備、遭遇、適応の3つの段階が循環する。

A 適切ではない。準備、遭遇、適応、安定化の4つの段階が循環する。

Q 金井壽宏は、人生の節目にはキャリア・デザインを行うことを強調している。

A 適切である。また、デザインがないと、ドリフトを楽しむことができずに、ただ漂流してしまうとしている。

個人の多様な特性の知識

全体を つかもう
「個人の多様な特性の知識」からは、概ね2問程度の出題があります。そのトピックは、大きく分けると、治療と仕事の両立、高齢者、障害者、女性活躍、若年者への支援に分けることができます。また昨今では、職場におけるLGBTへの支援や、外国人労働者への支援も課題となっています。それぞれの現状や課題を整理しましょう。

治療と仕事の両立支援   読む   出る

　厚生労働省では、「事業場における治療と仕事の両立支援のためのガイドライン」を作成し、事業場が、がん、脳卒中などの疾病を抱える方々に対して、適切な就業上の措置や治療に対する配慮を行い、治療と仕事が両立できるようにするため、事業場における取組みなどをまとめている。

　治療と仕事の両立支援を行うに当たっての留意事項は次のとおりである。

①安全と健康の確保

就労により、疾病の増悪、再発や労働災害が生じないよう、就業場所の変更、労働時間の短縮、深夜業の減少等の就業上の措置や治療に対する配慮を行う。

②労働者本人による取組み

労働者本人が、主治医の指示等に基づき、治療を受け、服薬し、適切な生活習慣を守ること等、治療や疾病の増悪防止について適切に取り組むことが重要である。

③労働者本人の申出

治療と仕事の両立支援は、私傷病である疾病に関わるものであるため、労働者本人から支援を求める申出がなされたことをきっかけに取り組むことが基本となる。

④治療と仕事の両立支援の特徴を踏まえた対応

育児や介護と仕事の両立支援と異なり、時間的制約への配慮だけでなく、労働者本人の健康状態や業務遂行能力も踏まえた就業上の措置等が必要となる。

⑤個別事例の特性に応じた配慮

個人ごとに取るべき対応やその時期等は異なるものであり、個別事例の特性に応じた配慮が必要である。

⑥対象者、対応方法の明確化

事業場の状況に応じて、事業場内ルールを労使の理解を得て制定するなど、治療と仕事の両立支援の対象者、対応方法等を明確にしておくことが必要である。

⑦個人情報の保護

症状、治療の状況等に関する情報は機微な個人情報であり、労働安全衛生法に基づく健康診断において把握した場合を除いては、事業者が本人の同意なく取得してはならない。

⑧両立支援にかかわる関係者間の連携の重要性

事業者、人事労務担当者、産業医等の事業場の関係者、医師（主治医）、看護師、地域での支援関係機関などが連携することで、より適切な支援が可能となる。また、労働者と直接連絡が取れない場合は、労働者の家族等と連携して、必要な情報の収集等を行う場合がある。

　特に、治療と仕事の両立支援のためには、医療機関との連携が重要であり、本人を通じた主治医との情報共有や、労働者の同意のもとでの産業医、保健師、看護師等の産業保健スタッフや人事労務担当者と主治医との連携が必要である。

▲治療と仕事の両立支援イメージキャラクター「ちりょうさ」（厚生労働省）

若年者への支援

　フリーター、NEET（ニート）やひきこもりへの支援、若年者の雇用環境や職場での定着が課題である。また、就職氷河期を新卒時に経験し、不本意ながら非正規雇用に就いた者等に対する職業能力開発機会の確保も課題となっている。

■ NEETの定義

　NEETとは、「Not in Education, Employment or Training」の略語で、「働かず、学ばず、就業訓練もせず」の意味である。

　NEETやひきこもりへの就労やその定着支援のポイントには下記のようなものがある。

①規則正しい生活への移行
②発達障害等の可能性に注意を払う
③ひきこもりの長期化を防ぐため、家庭への訪問を行うアウトリーチ型支援の実施
④就労体験等を通じて、本人の現状に合わせ、働く自信を育む
⑤就労体験先と支援機関との連携や相互理解を図る

令和4年版子供・若者白書（内閣府）によると、15〜39歳の若年無業者の数は、令和3年で**75万人**であり、15〜39歳人口に占める割合は2.3%と、高い水準が続いている。

就業希望の若年無業者が求職活動をしていない理由として、病気・けがや勉強中の者を除くと、「知識・能力に自信がない」、「探したが見つからなかった」、「希望する仕事がありそうにない」といった回答が見られる。

■ 地域若者サポートステーション

地域若者サポートステーション（愛称：「サポステ」）では、15〜**49歳**までの働くことに悩みを抱えている方に対し、キャリアコンサルタントなどによる専門的な相談、コミュニケーション訓練などによるステップアップ、協力企業への就労体験などにより、就労に向けた支援を行っている。

「身近に相談できる機関」として、全国の方が利用しやすいようすべての都道府県に設置されている。厚生労働省が、支援の実績やノウハウがあるNPO法人、株式会社などに委託して実施している。

高齢者への支援

高齢者の就業は増加を続けており、今後もその傾向は継続すると予測される。

■ 高齢社会白書（内閣府）

令和3年の65歳以上人口は、3,621万人となり、総人口に占める割合（高齢化率）は、28.9%となった。高齢者の就業や失業に関する状況は以下のとおりである。

内容	特徴
労働力人口総数に占める65歳以上の者の割合	割合は**上昇し続けており**、13.4%である
65〜69歳の就業者の割合	男性は60.4%、女性は40.9%である
60〜64歳の完全失業率	低下傾向が続いていたが、新型コロナウイルス感染症の影響により3.1%に上昇した

(内閣府『令和4年版高齢社会白書』第1章高齢化の状況第2節高齢期の暮らしの動向)

　現在収入のある仕事をしている60歳以上の者については約4割が「働けるうちはいつまでも」働きたいと回答しており、70歳くらいまでまたはそれ以上との回答と合計すれば、約9割が高齢期にも高い就業意欲を持っている。

障害者への支援

■ 障害者の定義

　身体障害、知的障害又は精神障害（発達障害を含む）があるため、継続的に日常生活又は社会生活に相当な制限を受ける者をいう（障害者基本法第二条）。

■ 発達障害の種類

　発達障害には、広汎性発達障害（自閉症・アスペルガー症候群）、学習障害（LD）、注意欠陥多動性障害（ADHD）、その他の発達障害がある。

　また、発達障害などの一次障害を原因として、うつ病、不安障害、ひきこもりなどの二次障害が生じることがあり、就労支援を受ける前段階として取り組むべき課題を抱えている人もいる。

　なお、発達障害児（者）への支援を総合的に行うことを目的とした専門的機関として、発達障害者支援センターがあり、都道府県・指定都市自ら、または、都道府県知事等が指定した社会福祉法人、特定非営利活動法人等が運営している。

　発達障害者支援センターでは、相談支援、療育方法のアドバイスなどの発達

支援、就労支援や普及啓発・研修活動を行っている。

■障害者雇用促進法

平成30年に改正された障害者雇用促進法の主なポイントは以下のとおりである。

①募集・採用、処遇、教育訓練などについて障害があることを理由とした差別的取り扱いの禁止
②募集・採用及び就業に当たっての合理的配慮の提供について、事業主の過重な負担にならない範囲での義務付け
③法定雇用率の算定基礎に精神障害者を追加
④都道府県労働局長による紛争当事者への助言・指導・勧告

■ 法定雇用率

すべての事業主には、法定雇用率以上の割合で障害者を雇用する義務がある。なお、障害者雇用義務の対象には身体障害者、知的障害者に加え、平成30年より精神障害者が加わった。また、令和3年3月から法定雇用率は以下のように変更されているが、今後、段階的に引き上げられる予定である。

▼事業主区分と法定雇用率

区分	法定雇用率
民間企業	2.3%
国、地方公共団体等	2.6%
都道府県等の教育委員会	2.5%

また、法定雇用率を達成した民間企業の割合は48.3%である（令和4年障害者雇用状況の集計結果）。

■ 障害者の雇用の促進等に関する法律に基づく障害者差別禁止指針及び合理的配慮指針

障害者差別禁止指針では、障害者であることを理由とする差別を禁止することなどを定めている。合理的配慮指針では、募集や採用時には障害者が応募し

やすいような配慮を、採用後は仕事をしやすいような配慮をすることなどを定めている。

▼両指針のポイント

障害者差別禁止指針	合理的配慮指針
すべての事業主が対象	すべての事業主が対象
障害者であることを理由とする差別を禁止	個々の事情を有する障害者と事業主との相互理解の中で提供されるべき性質のもの （例：肢体不自由な障害者に対して、机の高さを調整し作業を可能にしたり、知的障害者に対して、習熟度に応じて業務量を徐々に増やしたりすること）
障害特性に関する正しい知識の取得や理解を深める	
募集・採用、賃金、配置、昇進、教育訓練などの項目で障害者に対する差別を禁止	

■ 障害者総合支援法

障害者総合支援法は、地域社会における共生の実現に向けて、障害福祉サービスの充実等、障害者の日常生活及び社会生活を総合的に支援するため、新たな障害保健福祉施策を講じることを趣旨としている。

▼障害者総合支援法における就労支援事業の種類

種類	内容
就労移行支援事業	就労希望する65歳未満の障害者へ、①生産活動、職場体験等の活動の機会の提供や就労に必要な訓練、②求職活動に関する支援、③その適性に応じた職場の開拓、④就職後における職場への定着に必要な相談等の支援を行う
就労継続支援A型事業	通常の事業所に雇用されることが困難であり、雇用契約に基づく就労が可能である者に対して、雇用契約の締結等による就労の機会の提供等や、就労に必要な知識及び能力の向上のために必要な訓練等の支援を行う
就労継続支援B型事業	通常の事業所に雇用されることが困難であり、雇用契約に基づく就労が困難である者に対して、就労の機会の提供等や就労に必要な知識及び能力の向上のために必要な訓練等の支援を行う

■ 地域障害者職業センター

地域障害者職業センターは、障害者に対して、ハローワーク（公共職業安定所）と協力して、就職に向けての相談、職業能力等の評価、就職前の支援から、就職後の職場適応のための援助まで、個々の障害者の状況に応じた継続的なサービスを提供している。

また、障害者雇用率制度、障害者雇用納付金制度などの雇用対策上の知的障害者・重度知的障害者の判定を行っている。

■ チャレンジ雇用

チャレンジ雇用とは、知的障害者等を、官公庁や自治体において、1年以内の期間を単位として非常勤職員として雇用し、1～3年の業務の経験を踏まえ、ハローワーク等を通じて一般企業等への就職につなげる制度である。

■ ジョブコーチ

職場適応援助者ともいい、障害者が職場に適応できるよう、職場に出向いた直接支援や、雇用後の職場適応支援を行う。

■ リハビリテーションカウンセリング

障害のある人が持つ、個人的な職業や自立生活における目標を達成するために体系化された支援のことをいう。

女性活躍への支援

女性の就業率は上昇しているものの、様々な事情により、就業を希望しながら働くことができない女性、本人の希望に反して短時間労働に従事せざるを得ない女性も多い。社会や職場における女性活躍の環境づくりをより一層推進する必要がある。

■ 男女共同参画白書（令和4年版）読む

『男女共同参画白書 令和4年版』（内閣府）のポイントは以下のとおりである。

第2章 キャリアコンサルティングを行うために必要な知識

①女性の年齢階級別労働力率は現在「M字カーブ」は以前に比べて浅くなっておりM字の底となる年齢階級も上昇している。

②女性が仕事を持つことに対する意識では、「子どもができても、ずっと職業を続ける方がよい」とする割合が男女ともに増加している。

③非正規雇用労働者の割合は、女性は53.6%、男性は21.8%であった。

④就業を希望しているのに、求職していない女性の理由としては「適当な仕事がありそうにない」が最も多い。

⑤男女の所定内給与額の格差は男性一般労働者を100とすると女性一般労働者は75.2であり、長期的に見ると縮小傾向である。

⑥男性雇用者と無業の妻から成る世帯は減少傾向。妻が64歳以下の世帯について見ると、令和3年では、専業主婦世帯は夫婦のいる世帯全体の23.1%である。

⑦第1子出産前に就業していた女性の就業継続率（第1子出産後）は上昇傾向にあり、平成22〜26年に第1子を出産した女性では53.1%である。

⑧近年、男性の育児休業取得率は上昇しており、令和2年度では、民間企業が12.65%、国家公務員が29.0%（一般職51.4%）、地方公務員が13.2%である。

■ 働く女性の実情（令和3年版）

『男女共同参画白書』と内容が重なるものも多いため、上で触れていないものを特徴として挙げる。

　女性の主な雇用指標等のデータは次のとおりである（令和3年）。

▼女性の主な雇用指標等

雇用指標等	数値や割合
女性の労働力人口	3,057万人（前年比13万人増）
労働力人口に占める女性の割合	44.6%
女性の労働力率（15歳以上人口に占める労働力人口の割合）	53.5%
女性の完全失業率	2.5%（男性3.1%）

　①女性雇用者数を産業別に見ると、「医療、福祉」が最も多く、「卸売業、小

売業」が続く。

②雇用者数に占める女性比率は、「医療、福祉」（76.8%）が最も高く、「宿泊業、飲食サービス業」（64.0%）、「生活関連サービス業、娯楽業」（60.1%）が続く。

③職業別雇用者数は、女性は「事務従事者」が最も多く、男性は「専門的・技術的職業従事者」が多い。

■ 女性の職業生活における活躍の推進に関する法律（女性活躍推進法）

事業主が主体的に、職場における女性活躍の現状を把握し、改善することを目的とした法律であり、事業主が実施するべき主な取組みは次のとおりである。

①現状の把握と改善点の洗い出し
②「一般事業主行動計画」の策定・公表・周知
③女性の活躍に関する情報の公表

③の企業の女性の活躍に関する情報は、厚生労働省のホームページ「女性の活躍推進企業データベース」で公表されている。データベースに掲載される項目は次の内容である。

・採用者に占める女性の割合
・労働者に占める女性労働者の割合
・育児休業取得率
・月平均残業時間や年次有給休暇取得率
・女性管理職の割合　など

なお、一般事業主行動計画を都道府県労働局へ届け出た企業のうち、女性の活躍推進に関する取組み状況が優良な企業は、3段階からなる厚生労働大臣の認定（えるぼし）を受けることができる。また、えるぼし認定企業のうち、より高い水準の要件を満たした企業はプラチナえるぼし認定を受けることができる。

LGBTへの支援

　LGBTは性的少数者を表す言葉として使われ、レズビアン（同性を好きにな
る女性）、ゲイ（同性を好きになる男性）、バイセクシャル（両性を好きになる
人）、トランスジェンダー（生物学的・身体的な性、出生時の戸籍上の性と性
自認が一致しない人）を意味する。なお、レズビアン、ゲイ、バイセクシャル
は性的指向による類型であり、トランスジェンダーは性自認による類型である。

　恋愛または性愛がいずれの性別を対象とするかは、性的指向であり、自己の
性別についての認識のことを性自認という。

　多くの性的マイノリティの当事者は、自身の性的指向や性自認を他人に知ら
れ、差別やハラスメントを受ける可能性から、性的指向や性自認を自分以外の
人に伝えること（カミングアウト）をしないことが多い。

　また、本人の意思に反して、性別情報や心身の健康に関わる情報などが分
かってしまうような情報が流布してしまうことは、本人が公表していないこと
の暴露（アウティング）に繋がり、心理的安全性が大きく脅かされる。
　職場における、性的マイノリティに対する配慮や対応、支援が必要である。

外国人への支援　🔍 読む

　外国人が在留資格の範囲内でその能力を十分に発揮しながら、適正に就労で
きるよう、事業主が守らなければならないルールがある。
　外国人の雇用状況については、毎年10月末現在の状況が、「外国人雇用状況」
の届出状況まとめとして、厚生労働省から公表されている。

■ 外国人雇用のルール

以下の2点は事業主の責務である。

①雇入れ及び離職の際に、その氏名や在留資格をハローワークへ届け出る
②「外国人労働者の雇用管理の改善等に関して事業主が適切に対処するための指針」に沿った、職場環境の改善や再就職の支援への取組み

■ 外国人労働者の状況

令和4年には外国人労働者は約182万人となり、過去最高を更新した。コロナ禍においては、一時、伸び率は低下したものの、実数では増加しつづけており、令和4年10月末現在のデータでは、前年比約95,000人の増加である。
労働者数の多い上位3か国や、在留資格別の状況は以下のとおりである。

・労働者数の多い上位3か国
第1位　ベトナム（全体の25.4%）
第2位　中国（同21.2%）
第3位　フィリピン（同11.3%）

届出が平成19年に義務付けされて以来、しばらくの間、中国が第1位の状況が続いていたが、令和2年10月末現在のまとめ以来、令和3年、4年においても、ベトナムが第1位となった。

・在留資格別の状況
第1位　身分に基づく在留資格（全体の32.7%）
第2位　専門的・技術的分野の在留資格（同26.3%）
第3位　技能実習（同18.8%）

身分に基づく在留資格には、「永住者」「日本人の配偶者等」「永住者の配偶者等」「定住者」の4種類があり、活動に制限がないのが特徴である。

・産業別の外国人雇用「事業所」の割合
第1位　卸売業、小売業（18.6%）

第2位　製造業（17.7%）

第3位　宿泊業、飲食サービス業（14.4%）

次いで多いのは建設業である。

・産業別の外国人労働者の「労働者数」の割合

第1位　製造業（26.6%）

第2位　サービス業（他に分類されないもの）（16.2%）

第3位　卸売業、小売業（13.1%）

事業所の数では「卸売業、小売業」だが、労働者の数では「製造業」が最も
多い。

・外国人を雇用する事業所数の事業所規模別の割合

第1位　30人未満（61.4%）

第2位　30〜99人（17.7%）

第3位　100〜499人（10.4%）

30人未満の小規模な事業所が圧倒的に多い。

✏ 一問一答でふりかえり

☐ **Q** 治療と仕事の両立支援に当たっては、本人からの申出により事業者
が把握した健康情報を、管理職や同僚すべてが共有していることが
前提となる。

A 適切ではない。健康や傷病の情報については、個人情報の保護、プ
ライバシーの配慮が大切である。

☐ **Q** 治療と仕事の両立支援を行うにあたっては、労働者本人を通じた主
治医との情報共有や、本人の同意のもとでの産業保健スタッフや人
事労務担当者と主治医との連携が必要である。

A 適切である。労働者本人と直接連絡が取れない場合には、労働者の
家族等との連携も必要になることがある。

Q 治療と仕事の両立支援の検討は、治療を行う労働者本人の上司（管理者）からの支援を求める申し出があったことを端緒に取り組むことが基本である。

A 適切ではない。労働者本人からの支援を求める申し出があったことを端緒に取り組むことが基本である。

Q NEET（ニート）とは、勤労意欲はあり求職活動をしているものの、職に就けない人のことをいう。

A 適切ではない。職に就いていなくとも就職を希望し求職活動をしている人は「失業者」であり、NEETとは区別する。NEETとは、「Not in Education, Employment or Training」の略語で、一般的には求職活動もしていない状況を指すことが多い。

Q ひきこもりの長期化防止のため、家庭への訪問を行うアウトリーチ型支援をタイミングよく開始することも有効である。

A 適切である。アウトリーチとは、英語で「手を伸ばす」ことを意味する。

Q 地域若者サポートステーションは、15歳から39歳の働くことに悩みを抱えている方に対して支援を行っている。

A 適切ではない。2020年に対象年齢が15歳から49歳へ引き上げられた。

Q 地域若者サポートステーションは、すべての都道府県に設置されている。

A 適切である。全国の方が利用しやすいよう、すべての都道府県に設置されている。

Q 「令和4年版高齢社会白書」によれば、労働力人口総数に占める65歳以上の者の割合は、減少し続けている。

A 適切ではない。労働力人口総数に占める65歳以上の者の割合は、増加し続けている。

Q 「令和4年版高齢社会白書」によれば、65歳から69歳の男性で仕事をしている人は、全体の半数に満たない。

A 適切ではない。65歳から69歳の男性で仕事をしている人は、全体の半数以上の60.4％である。

Q 発達障害の種類には、自閉症・アスペルガー症候群や、学習障害、注意欠陥多動性障害などがある。

A 適切である。自閉症・アスペルガー症候群は、広汎性発達障害と呼ばれる。

Q 障害者雇用促進法では、障害者に対する差別の禁止や、合理的配慮の提供義務について明記している。

A 適切である。雇用の分野における障害を理由とする差別的取扱いを禁止するとともに、障害者が職場で働くに当たっての支障を改善するための措置を講ずることを義務付けている。

Q 従業員が一定数以上の規模の事業主は、従業員に占める身体障害者、知的障害者、精神障害者の割合を法定雇用率以上にする義務がある。

A 適切である。法定雇用率以上の割合で障害者を雇用する義務がある。

Q 事業主は法定雇用率以上の割合で障害者を雇用する義務があり、一般の民間企業の法定雇用率は2.0%である。

A 適切ではない。民間企業の法定雇用率は2.3%である。なお、国、地方公共団体等は2.6%である（令和5年4月現在）。

Q 障害者の雇用について、法定雇用率を達成している企業は約7割である。

A 適切ではない。令和4年障害者雇用状況の集計結果によると、48.3%である。

Q 「障害者雇用に係る合理的配慮指針事例集 第三版」において、知的障害者の雇用に係る対応事例として、「本人の習熟度よりもやる気を優先し、業務量を多めに設定している」事例が多くあった。

A 適切ではない。当初は業務量を少なくし、本人の習熟度等を確認しながら徐々に増やしていく。

Q 障害者総合支援法における就労移行支援事業には年齢による制限はない。

A 適切ではない。就労移行支援事業は、就労を希望する65歳未満の障害者が対象となる。

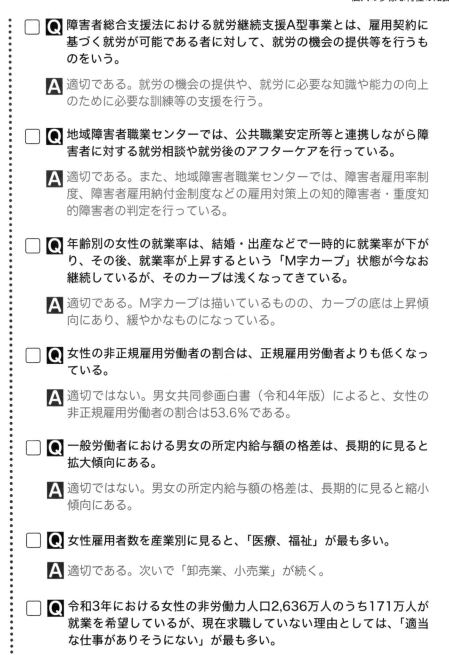

Q 障害者総合支援法における就労継続支援A型事業とは、雇用契約に基づく就労が可能である者に対して、就労の機会の提供等を行うものをいう。

A 適切である。就労の機会の提供や、就労に必要な知識や能力の向上のために必要な訓練等の支援を行う。

Q 地域障害者職業センターでは、公共職業安定所等と連携しながら障害者に対する就労相談や就労後のアフターケアを行っている。

A 適切である。また、地域障害者職業センターでは、障害者雇用率制度、障害者雇用納付金制度などの雇用対策上の知的障害者・重度知的障害者の判定を行っている。

Q 年齢別の女性の就業率は、結婚・出産などで一時的に就業率が下がり、その後、就業率が上昇するという「M字カーブ」状態が今なお継続しているが、そのカーブは浅くなってきている。

A 適切である。M字カーブは描いているものの、カーブの底は上昇傾向にあり、緩やかなものになっている。

Q 女性の非正規雇用労働者の割合は、正規雇用労働者よりも低くなっている。

A 適切ではない。男女共同参画白書（令和4年版）によると、女性の非正規雇用労働者の割合は53.6%である。

Q 一般労働者における男女の所定内給与額の格差は、長期的に見ると拡大傾向にある。

A 適切ではない。男女の所定内給与額の格差は、長期的に見ると縮小傾向にある。

Q 女性雇用者数を産業別に見ると、「医療、福祉」が最も多い。

A 適切である。次いで「卸売業、小売業」が続く。

Q 令和3年における女性の非労働力人口2,636万人のうち171万人が就業を希望しているが、現在求職していない理由としては、「適当な仕事がありそうにない」が最も多い。

A 適切である。次いで、「出産・育児のため」が多い。

Q 自己の性別についての認識のことを性的指向といい、恋愛や性愛がいずれの性別を対象とするかを性自認という。

A 適切ではない。逆である。自己の性別についての認識のことを性自認といい、恋愛や性愛がいずれの性別を対象とするかを性的指向という。

Q 外国人を雇い入れた場合に「外国人雇用状況」を届け出るが、離職の場合はその必要はない。

A 適切ではない。雇入れ及び離職の場合に、その氏名や在留資格をハローワークへ届け出る必要がある。

Q 「外国人雇用状況」の届出状況まとめ（令和4年10月末現在）によれば、外国人労働者を国籍別に見ると、フィリピンが最も多い。

A 適切ではない。最も多いのは、ベトナムである。

Q 「外国人雇用状況」の届出状況まとめ（令和4年10月末現在）によれば、外国人労働者を在留資格別に見ると、「専門的・技術的分野の在留資格」が最も多い。

A 適切ではない。「身分に基づく在留資格」が最も多い。

Q 「外国人雇用状況」の届出状況まとめ（令和4年10月末現在）によれば、外国人労働者を雇用している事業所を規模別にみると、労働者数「500人以上」規模の事業所が最も多い。

A 適切ではない。「30人未満」の規模の事業所が最も多い。

Q 「外国人雇用状況」の届出状況まとめ（令和4年10月末現在）によれば、外国人労働者数の産業別の割合をみると、「製造業」が最も多い。

A 適切である。なお、外国人を雇用する「事業所数」の産業別の割合では、「卸売業、小売業」が最も多い。

3章

キャリアコンサルティングを行うために必要な技能

この章では、カウンセリングの進め方を体系的に理解するとともに、相談過程において必要な技能について学びます。実際のキャリアコンサルティングのための環境の整備や、クライエントを支援する具体的な方法を学びます。特に自己理解の支援では、アセスメント（検査）ツールの種類や特徴を整理しましょう。

3-1 カウンセリングの技能

3-2 グループアプローチの技能

3-3 相談過程全体の進行の管理に関する技能

3-4 相談過程において必要な技能

アクセスキー　**S**　（小文字のエス）

カウンセリングの技能

全体を つかもう この出題範囲からは概ね1問から2問の出題があります。システマティック・アプローチや、アイビイのマイクロカウンセリングなどは、キャリアコンサルタントとして、共通に身につけておきたい技能です。学科試験対策のみならず、実技試験対策においても重要な内容です。

▌包括的・折衷的アプローチ

　キャリア・カウンセリングは、ある特定のカウンセリング理論や療法に偏ることなく、様々な理論や療法を「包括的・折衷的」に活用することが求められる。包括的・折衷的なアプローチでは、システマティック・アプローチ、コーヒーカップ・モデル、ヘルピング、マイクロカウンセリングといったカウンセリングプロセスや技法を用いる。

■システマティック・アプローチ よく出る

　キャリア・カウンセリングにおいては、クライエントとの間に良い人間関係（ラポール・リレーション）を作った上でともに目標を定め、目標への計画を立て、計画を達成する方策などを体系的に進めるアプローチをとる。

　このアプローチは一般に、**システマティック・アプローチ**といい、次のプロセスにより行われる。

　①カウンセリングの開始

　　　↓

　②問題の把握

↓

③目標の設定

↓

④方策の実行

↓

⑤結果の評価

↓

⑥カウンセリングとケースの終了

■コーヒーカップ・モデル

コーヒーカップ・モデルは、國分康孝によって提唱されたカウンセリングモデルである。そのプロセスはコーヒーカップの断面図に似ていることから、コーヒーカップ・モデルと名付けられた。

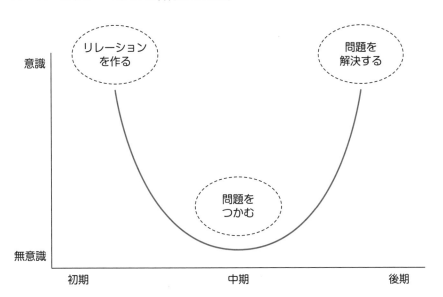

▲コーヒーカップ・モデル

コーヒーカップ・モデルは、次のようなプロセスによりカウンセリングが行われる。

①面接初期では、クライエントとのリレーション（信頼関係）を作る。
②面談中期では、クライエントの問題をつかむ。
③面談後期では、問題の解決を試みる。

カウンセラーは、今、相談過程のどの地点にいるのかを点検しつつ、カウンセリングを進めることが大切である。

■ヘルピング

ヘルピングは、カーカフによって提唱されたカウンセリングモデルである。このモデルでは、カウンセラーをヘルパー、クライエントをヘルピーと呼ぶ点が特徴的である。

ヘルピングは、次のプロセスによって行われる。

▼カーカフのヘルピングのプロセス

プロセス	内容と具体的な技法
①事前段階 （かかわり技法）	ラポールを形成する。具体的技法には、かかわりへの準備、親身なかかわり、観察、傾聴の4つの技法がある
②第1段階 （応答技法）	言葉による応答を繰り返し、ヘルピーの現在地を明らかにするための自己探索を目指す。具体的技法には、事柄への応答、感情への応答、意味への応答がある
③第2段階 （意識化技法）	ヘルピーの目的地を明らかにするための自己理解を目指す。具体的技法には、意味、問題、目標、感情の意識化の技法がある
④第3段階 （手ほどき技法）	目標達成のために計画を立てて、実行する段階である。具体的技法には、目標の明確化、行動計画の作成、スケジュールと強化法の設定、行動化の準備、各段階の検討がある
⑤援助過程の繰り返し	ヘルピーの反応や行動の結果によって援助が繰り返される

■マイクロカウンセリング

マイクロカウンセリングは、アイビイらによって開発された、カウンセリングの基本モデルである。アイビイは、様々なカウンセリングにかかわるうちに、多くのカウンセリングに共通して見られるパターンがあることに気づき、それを技法と命名し、マイクロ技法の階層表として表した。

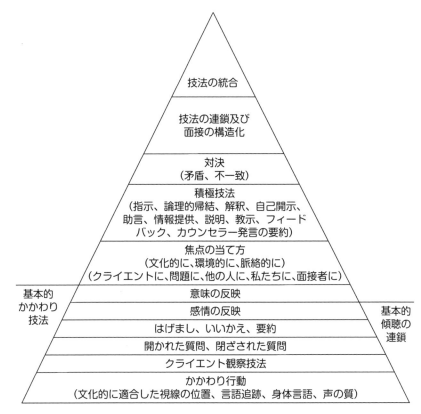

▲マイクロ技法の階層表
●A.E.アイビイ著、福原真知子訳、川島書店「マイクロカウンセリング」(1985年、p.8)

図中の「かかわり行動」は、クライエントとのラポール（信頼関係）構築に重要な、視線の合わせ方、言語的追跡、身体言語、声の調子の4つのパターンからなる。

基本的傾聴の連鎖は、かかわり行動を土台にして「聴く」技法である。クライエント観察技法、開かれた質問、閉ざされた質問、はげまし、いいかえ、要約、感情の反映を適宜、連鎖的に行う。それに意味の反映を含めたものを、基本的かかわり技法という。

また、マイクロカウンセリングの技法では、傾聴を基礎としながら、カウンセラーが能動的なかかわりを行うことによって、クライエントの問題解決への行動を促す。それらを積極技法といい、主な内容は次のとおりである。

▼マイクロカウンセリングの積極技法の内容

技法	内容
指示	クライエントにどのような行動を取ってほしいかを明確に示すこと
論理的帰結	クライエントの行動により予測される良い結果や悪い結果を考えるよう促すこと
解釈	クライエントの状況に関する新しい観点を与えること
自己開示	カウンセラー自らが自分の考えや経験をクライエントに伝えること
助言、情報提供、教示	クライエントにカウンセラーの考えや情報を伝えること
フィードバック	カウンセラーもしくは第三者がクライエントをどのように見ているかを伝えること
発言の要約	カウンセラーが助言、コメントしたことを要約して伝えること

階層表にある技法を折衷的に活用できるようになると、技法の統合の域に達したといえる。

■ブリーフ・セラピー

ブリーフ・セラピーは、個人の病理には焦点を当てずに、解決に焦点をあて、「短期間（ブリーフ）で問題解決」を試みる心理療法である。未来志向型の療法であり、アメリカのミルトン・エリクソンに影響を受けた人たちが技法化した療法である。

ブリーフ・セラピーの一つに、解決志向アプローチがあり、ソリューショ

ン・フォーカスト・アプローチ（SFA）とも呼ばれる。

　ソリューション・フォーカスト・アプローチ（SFA）の技法には、ミラクル・クエスチョン、例外探しの質問（例外の質問）、コーピングの質問、スケーリングの質問等がある。

▼ソリューション・フォーカスト・アプローチ（SFA）の質問の種類

内容	質問の名称
「寝ている間に奇跡が起こり、問題解決したとして、昨日とはどのような違いから奇跡が起きたことを知りますか」と、解決の姿を知るための質問	ミラクル・クエスチョン
「すべてがうまくいかない、という人に、うまく出来たことがありませんか」と例外がないかを確認するための質問	例外探しの質問
「大変な状況の中で、どのように乗り越えたのですか」とクライエントの回復力などを評価するために行う質問	コーピングの質問
「最高を10、最低を1として、今はどれくらいですか」と良い時、悪い時の具体的な差異を明らかにする質問	スケーリングの質問

第3章　キャリアコンサルティングを行うために必要な技能

一問一答でふりかえり

□ **Q** システマティック・アプローチのステップは、自己理解→仕事（職務）理解→啓発的経験→情報提供→方策の実行→新たな環境への適応によって行われる。

A 適切ではない。システマティック・アプローチは、カウンセリングの開始→問題把握→目標設定→方策の実行→結果の評価→終了のプロセスによって行われる。

□ **Q** 國分康孝が提唱したコーヒーカップ・モデルでは、「リレーションづくり」「問題把握」「問題解決」のプロセスによって相談を行う。

A 適切である。面接初期、面接中期、面接後期でのそれぞれのプロセスにおいて行うべきことである。

Q ヘルピングは、グラッサーによって提唱されたカウンセリングモデルである。

A 適切ではない。ヘルピングはカーカフによって提唱された。

Q カーカフによって提唱されたヘルピングにおいて、相談者がどのような状態にあるかを明らかにするための応答技法として、かかわりへの準備、親身なかかわり、観察、傾聴がある。

A 適切ではない。応答技法としては、事柄への応答、感情への応答、意味への応答がある。かかわりへの準備、親身なかかわり、観察、傾聴は、事前段階におけるかかわり技法の具体的技法である。

Q カーカフによって提唱されたヘルピングにおいて、相談者がどのような状態になりたいかを明らかにする意識化技法として、意味、問題、目標、感情の意識化がある。

A 適切である。意識化技法では、相談者（ヘルピー）の目的地を明らかにするための自己理解を目指す。

Q カーカフによって提唱されたヘルピングのプロセスは、第3段階の手ほどき技法によってカウンセリングは終了する。

A 適切ではない。相談者（ヘルピー）の反応や行動の結果によって、援助過程の繰り返しが行われる。

Q アイビイのマイクロカウンセリングやカーカフのヘルピングは、折衷的なアプローチといえる。

A 適切である。折衷的なアプローチである。

Q アイビイのマイクロカウンセリングにおける「かかわり行動」について、視線を合わせるとクライエントを緊張させてしまうため、話を聴くときには目をそらした方がよい。

A 適切ではない。凝視するのではなく、聴いていますよ、というメッセージがクライエントに伝わるような視線を心がけるとよい。

Q アイビイのマイクロカウンセリングにおける「かかわり行動」について、クライエントの発言に気を配ることが大切であり、自分の姿勢、表情、しぐさなどに注意を払う必要はない。

A 適切ではない。無意識のうちに身体で相手にメッセージを伝えてしまうこともあり、自分の姿勢などに注意を払うことも大切である。

Q アイビイらによって示されたマイクロカウンセリングでは、事前段階-かかわり技法、第1段階-応答技法、第2段階-意識化技法、第3段階-手ほどき技法といった段階ごとに用いる技法を示している。

A 適切ではない。これらの段階と技法は、カーカフによって提唱されたヘルピングの内容である。

Q アイビイのマイクロカウンセリングにおいて、「かかわり行動」と「クライエント観察技法」は、効果的なコミュニケーションの基礎を形成しているといえる。

A 適切である。かかわり行動には、視線の合わせ方、身体言語、声の調子、言語的追跡の4つがある。また、クライエント観察技法により、クライエントの言葉と表情・態度との矛盾点や変化に気づくことができる。

Q ブリーフ・セラピーとは、短期間に問題解決を図る心理療法である。

A 適切である。代表的なものに、解決志向アプローチがある。

Q 解決志向アプローチの技法において、「どうやって、そんな大変な状況を乗り越えたのですか」という質問は、「例外探しの質問」である。

A 適切ではない。これはコーピングの質問である。例外探しの質問は、問題ばかりと感じている人に、問題の例外を尋ねることである。

Q 解決志向アプローチの技法において、「最低を1、最高を10としたら、今はどのくらいですか。」など、尺度を用いて回答してもらう質問法のことを、ミラクル・クエスチョンという。

A 適切ではない。これはスケーリングの質問である。ミラクル・クエスチョンは、奇跡が起きて問題が解決したときの、具体的なイメージを引き出すための質問である。

グループアプローチの技能

全体をつかもう この出題範囲からは毎回1問から2問の出題があります。よく出題されるのはベーシック・エンカウンター・グループ、構成的グループ・エンカウンターの特徴に関しての出題です。関連人物として、ベーシック・エンカウンター・グループはロジャーズ、構成的グループ・エンカウンターは國分康孝をおさえておきましょう。

グループアプローチ

　キャリアガイダンスや、キャリアコンサルティングには、その対象を個人とする場合と、グループを対象として行う場合がある。

　共通の目標や類似の問題を持つクライアント数人などのグループを対象とするキャリアガイダンスやキャリアコンサルティングのことを、グループアプローチという。

■グループアプローチの効果を上げるための原則

グループアプローチの効果を上げるための原則として、次の点が挙げられる。

①双方向のコミュニケーションによるメンバー間の相互作用
②メンバー共通の目標（common goal）の共有
③メンバーの行動を規定する決まりごと、基準（norms）がある
④メンバーには一連の役割（roles）や特定の機能がある
⑤メンバーは個人的特徴を行使し合う
⑥各人のニーズを満たすようにグループが行動する

ベーシック・エンカウンター・グループ

　ロジャーズが集団心理療法の手法として開発したものである。エンカウンターとは「出会い」を意味しており、メンバーが本音を言い合うことによって、相互理解、相互作用を深めるものである。フリートークを主体として行われるものをベーシック（非構成的）・エンカウンター・グループという。なお、通常は必要最低限のかかわりを行うファシリテーター（進行役）が存在する。

得点アップ

　フリートーク主体なのが、ベーシック(非構成的)・エンカウンター・グループ

構成的グループ・エンカウンター

　國分康孝がベーシック・エンカウンター・グループを基礎として創始した。構成とは、条件（場面）設定をするということで、エクササイズ（用意された課題）を介して自己開示を促進し、シェアリング（振り返り）を行うことが特徴である。

得点アップ

　エクササイズやシェアリングがあるのが、構成的グループ・エンカウンター

■構成的グループ・エンカウンターの原理

　構成的グループ・エンカウンターの目的は、他者とのふれあいと自己発見であり、自己発見とは、他者は気づいているが、自分は気づいていない自分（自己盲点）に気づくことである。
　構成的グループ・エンカウンターには次の3つの原理がある。

　①あるがままの自分、本音に気づく
　②エクササイズなどの枠を介しての自己開示が促進される。
　③シェアリングによる認知の拡大や修正がなされる。

■構成的グループ・エンカウンターのルール

構成的グループ・エンカウンターでは、エクササイズや時間の設定とともに、次のルールを設定する。

①守秘義務がある
②批判的な発言や評価的な発言をしない
③発言の強要をしない
④エクササイズを強要しない

なお、構成的グループ・エンカウンターでは必要に応じてリーダーが介入を行う。介入は、参加者が他者の尊厳を傷つけるような発言をしたときや、ルールが守られていないときなどに、グループのエクササイズを適切な軌道に戻すために必要に応じて行う。

■構成的グループ・エンカウンターのシェアリング

エクササイズを介して、感じたことや気づいたことを、メンバーで振り返り共有することをシェアリングという。これにより、各個人の固有性を共有することにもなり、受容や共感的理解によって受容的態度を培うことができる。

なお、リーダーは上記のような介入をすることはあるものの、ファシリテート（進行）を行い、各個人の発言に対して、解釈、分析、批判はしないことに留意する。

■構成的グループ・エンカウンターにおける抵抗

エクササイズなどで、自らの本音を表現することへ抵抗の原因については、精神分析理論の視点では、防衛機制と関わりがあるとされ、具体的には次の3つをあげている。

▼自らの本音を表現することへの抵抗の原因

抵抗の原因	内容
超自我抵抗	道徳原則に基づいた、プライドや倫理観（ねばならぬ）に由来する抵抗
自我抵抗	現実原則に基づいた、本能的な満足を断念、延期させるような抵抗
エス抵抗	快楽原則に基づいた、本能的な満足を求める衝動的な抵抗

　抵抗は排除しなければならないのではなく、本人がその抵抗に気づき、抵抗を乗り越えることができれば良いが、リーダーはこれらの抵抗への対処が必要になることがある。

その他のグループアプローチ

　その他のグループアプローチには、レヴィンのTグループや、モレノのサイコドラマがある。

■Tグループ

　Tグループは、Training Groupの略であり、参加者相互の自由なコミュニケーションにより、自己理解、他者理解、リーダーシップなどの人間関係に気づきを得て、人間的成長を得るための学習方法であり、ゲシュタルト心理学者のレヴィンが提唱した。なお、Tグループはロジャーズのベーシック・エンカウンター・グループの開発に大きな影響を与えたとされている。

■サイコドラマ

　サイコドラマは心理劇とも呼ばれ、クライエントが抱える問題を、演技を通じて理解を深めて解決を目指す集団心理療法であり、精神科医のモレノが提唱した。監督（治療者）、演者（治療の対象）、観客、舞台、助監督の5つの要素があり、助監督は補助自我とも呼ばれ、演者を代弁したり、支えたりする。

■セルフヘルプ・グループ

　セルフヘルプ・グループは自助グループとも呼ばれ、同じ問題や悩みを抱えている人たちが、思いや体験を語り合い、悩みや苦しみを分かち合い、相互に

援助し合うことで、自分らしく生きる力を得ようとする目的で集まるグループのことをいう。

様々なワークショップの手法

参加者が自発的な作業や発言、交流によって、学びや問題解決、トレーニングができる場のことをワークショップという。ワークショップには様々な方法があるが、ここでは過去に出題されたものを主に紹介する。

▼ワークショップの種類

種類	内容
ディベート	討論を行うこと。あるテーマが与えられ、賛成（肯定）・反対（否定）の2組に分かれ、議論を戦わせるための主張、質問、反論を繰り返すこと
ブレイン・ライティング法	旧西ドイツで開発された思考法。6人ずつの参加者で、3つずつアイデアを各自が考え、5分以内で用紙に記入し隣に回す方法でアイデアを書き出していく方法
コンセンサスゲーム	重大な問題に直面した際に、チームメンバーとの合意形成（コンセンサスを取る）をしながら一つの結論を導くゲーム
ワールドカフェ	テーマについて小グループで自由に話し合い、一定時間後に一人を除いてグループを移動し、残った一人から説明を受けたのち再び対話を行い、これを繰り返す。あたかも参加者全員との話し合いをしたような効果がある

一問一答でふりかえり

☐ **Q** グループアプローチにおいては、自由なふれあいを尊重するため、グループメンバーに行動を規定する基準（norms）や役割（roles）を設定する必要はない。

A 適切ではない。グループアプローチの効果を上げるために、行動を規定する基準(norms)や役割（roles）を設けることがある。

Q ベーシック・エンカウンター・グループは、國分康孝によって開発された。

A 適切ではない。ベーシック・エンカウンター・グループはロジャーズが開発した。

Q 構成的グループ・エンカウンターは、國分康孝によって開発された。

A 適切である。構成的グループ・エンカウンターは、ベーシック・エンカウンター・グループを基礎として國分康孝によって開発された。

Q メンバー間の相互理解、相互作用を深めるためにフリートークを主体として行われるのが、構成的グループ・エンカウンターである。

A 適切ではない。フリートークを主体とするのは、ベーシック・エンカウンター・グループである。

Q 構成的グループ・エンカウンターは、エクササイズとシェアリングが行われるのが特徴的である。

A 適切である。エクササイズにより自己開示が促進され、シェアリングによって認知の拡大や修正が図られる。

Q 構成的グループ・エンカウンターは、エクササイズやシェアリングは行うが、特にルールを設けないのが特徴である。

A 適切ではない。守秘義務が課される、批判的、評価的な発言をしない、発言の強要をしない、エクササイズを強要しないといったルールがある。

Q 構成的グループ・エンカウンターにおけるリーダーは、メンバー個々の自己発見、自己理解の妨げにならないよう、どんな場合でも介入は行わない。

A 適切ではない。構成的グループ・エンカウンターでは、ルールが守られない場合などに、リーダーは必要に応じて介入をすることがある。

Q 構成的グループ・エンカウンターにおける抵抗について、超自我抵抗は、快楽原則に基づいた本能的な満足を求める衝動的な抵抗である。

A 適切ではない。超自我抵抗は、道徳原則に基づいた、倫理観（ねばならぬ志向）や恥ずかしさなどに由来する抵抗である。快楽原則に基づいた本能的な満足を求める衝動的な抵抗は、エス抵抗である。

Q 構成的グループ・エンカウンターにおける抵抗について、円滑なワークの進行を妨げることになるため、リーダーはそれを排除しなければならない。

A 適切ではない。抵抗は排除すべきではなく、本人がその抵抗に気づき、それを乗り越えるよう、リーダーは対処する。

Q Tグループは、参加者相互の自由なコミュニケーションにより、自己理解や他者理解を深め人間的成長を目指すグループアプローチであり、ロジャーズが開発した。

A 適切ではない。Tグループを開発したのは、レヴィンである。

Q Tグループは精神疾患の治療を目的に行われる集団療法である。

A 適切ではない。Tグループは参加者との相互の自由な交流により、人間的成長を目的に行われる。

Q サイコドラマはクライエントが抱える問題を、演技を通じて解決を図る集団心理療法である。

A 適切である。サイコドラマは、モレノが提唱した。

Q セルフヘルプ・グループとは、同じ悩みを抱えた人が集まり、相互に援助し合うことを通じて、自らの回復を図るグループのことをいう。

A 適切である。セルフヘルプは自助グループとも呼ばれる。

Q ワークショップの種類について、3つずつアイデアを考え、5分以内に用紙に記入し隣に回してアイデアを書き出していく方法を、ワールドカフェという。

A 適切ではない。問題文はブレイン・ライティング法という思考法の説明であり、ワールドカフェは小グループでの自由な話し合いを、顔ぶれを変えながら繰り返すことである。

3-3

相談過程全体の進行の管理に関する技能

全体をつかもう この出題範囲からの出題は概ね1問、もしくは無しの回もありますが、実際のキャリアコンサルティングではとても重要です。なお、相談過程の進行の管理について、問題文では「相談過程のマネジメント」と称されることもあります。また、キャリアコンサルタントとしての支援の基本姿勢に照らして正誤判断ができる問題が多いです。

相談過程全体の進行の管理

　相談者の問題の把握を適切に行いつつ、相談過程のどの段階にいるのかを常に把握して、各段階に応じた支援方法を選択して、相談を適切に進行・管理（マネジメント）することが必要である。

■ 相談過程全体の進行の管理における注意点

　相談過程全体の進行の管理における重要な用語を確認する。
　相談過程の流れを次に例示する。

▼相談過程の全体像（例：システマティック・アプローチの全体像）
　①カウンセリングの開始
　　暖かい雰囲気の中で、ラポールやリレーションと呼ばれる信頼関係を構築する。
　②問題の把握
　　来談の目的や問題を把握する。
　③目標の設定
　　解決すべき目標を吟味して、最終目標を決定する。

④方策の実行

　　主な方策には、意思決定、学習、自己管理がある。

⑤結果の評価

　　クライエント、カウンセラーの両者で行う。

⑥カウンセリングとケースの終了

　　終了を決定し、クライエントに伝える。

▼相談過程全体の進行の管理に関する用語

用語	内容
インテーク面談	初回面談のことをいい、その主な目的は相談者とのラポールやリレーションという言葉で表現される信頼関係を構築することである
コラボレーション	複数の専門家が役割を分担し、協力して課題解決に取り組むことをいい、協働ともいう
リファー	自らの専門性と照らして、自分よりも相談に相応しい他の専門家を相談者に紹介することをいう
コンサルテーション	キャリアコンサルタントが他の専門家の助言を求めることをいい、照会ともいう
スーパービジョン	キャリアコンサルティングの実践についてキャリアコンサルタント自身が、相談記録などから、第三者の視点（指導者）から評価、教育を受けることをいう
コーディネーション	目的を達成するために、各専門家が連携して、支援の内容を調整することをいう。

一問一答でふりかえり

☐ **Q** キャリアコンサルティングでは、相談者の現実の問題を扱い、実質的な指示や指導をして問題解決することが大切であり、相談者との間にラポールを形成しようとする努力は必要ない。

　A 適切ではない。相談者とのラポールやリレーション（信頼関係）の形成がキャリアコンサルティングの第一歩である。

Q 相談者の表情や声の質、話の内容が前回の相談時と異なると感じた
ときには、相談者にどのような変化が生じたのか、新たな問題を抱
えているのかを把握する。

A 適切である。視線や表情、声といった非言語情報に加え、言語情報
からクライエントの問題点をつかむ。

Q 相談者の目標設定、方策の選択・実行の支援は行うものの、相談結
果をキャリアコンサルタント自らが評価することは必要ではない。

A 適切ではない。相談結果を自ら評価することも必要である。

Q 相談者に精神疾患が疑われる場合では、その確信が持てるまでは面
談を続け、その疾患に適した医療機関へ紹介することが望ましい。

A 適切ではない。キャリアコンサルタントは精神疾患の診断をするこ
とはできないため、精神疾患が疑われる場合には、面談を無理に続
けず医療機関等にリファーすべきである。

Q インテーク（受理）面談とは、相談者と最後に行う面談であり、面
談の総括を行う。

A 適切ではない。インテーク（受理）面談とは初回に行う面接のこと
をいい、ラポール（リレーション）の構築が大きな目的である。

Q コラボレーション（協働）とは、キャリアコンサルタント自身があ
る課題に対し、より専門性の高い専門家に相談することをいう。

A 適切ではない。コラボレーション（協働）とは、複数の専門家が役
割を分担し、協力して課題解決に取り組むことをいう。問題文はコ
ンサルテーション（照会）の内容である。

Q リファーとは、特に精神科医に対して相談者を紹介することをいい、
行政機関や社会保険労務士への紹介は含まれない。

A 適切ではない。リファーとは、他の専門家を相談者に紹介すること
をいい、精神科医に限られるものではない。

Q コーディネーションとは、支援の目標を達成するために、各専門家
が連絡を取り合い、連携し、支援の内容の調整を行うことである。

A 適切である。コーディネーションとは、関係者が連携して支援内容
を調整するプロセスのことである。

第**3**章

キャリアコンサルティングを行うために必要な技能

3-4

相談過程において必要な技能

**全体を
つかもう** この範囲からの出題は問40前後から7問
〜10問程度と多く出題されますが、対策
し易い内容も多く、合格作戦上、なるべく失点を防
ぎたい出題範囲です。常識的にアプローチできる問
題もありますが、安定して出題される「自己理解の
支援」では、アセスメントツールの種類や特徴に関
する正しい知識が問われます。しっかりと対策をし
ておきましょう。

相談場面の設定

　クライエントとの相談に当たり、キャリアコンサルタントが留意すべき点と
して、物理的な環境と心理的な環境の整備がある。

■ 物理的環境を整えるために

　カウンセリングを成功に導くための条件の一つとして、メイヤーは物理的な
環境を整えることを挙げている。
　相談場面における物理的環境は、次のような点に配慮する。

・キャリアコンサルタントが適切な服装を身につける
・キャリアコンサルタントとクライエントの間に物を置かないようにする
・静かな場所でキャリアコンサルティングを行う
・進行を遮る可能性のある電話等を切っておく、取り次がないようにする
・開始や終了の時間を守る
・必要な備品をそろえる（時計やティッシュ等）

適切な服装を
身につける

開始や終了の
時間を守る

キャリアコンサルタント

進行を遮らない
ようにする

OFF

クライエント

静かな場所で
行う

間に物を
置かない

必要な備品を
そろえる

▲相談場面における物理的環境

　着席の際には、一直線上に向かい合うよりも、90度から120度の角度をつけて座ることも望ましい。また、プライバシーの保護のため、オープンな場でのキャリアコンサルティングを極力避けることや、記録のための内容の録音等はクライエントの同意に基づいて行うことが大切である。

■ 心理的な環境を整えるために

　特にインテーク面談（初回面談、受理面談）においては、クライエントとキャリアコンサルタントとの間に信頼関係（ラポール、リレーション）を作ることが大切である。
　相談場面における心理的環境は、次のような点に配慮する。

・クライエントが話しやすい雰囲気を作るため、キャリアコンサルタント自身の話し方、表情、態度、姿勢等に注意する
・支援の内容や保有資格、守秘義務等について、事前の説明、インフォームド・コンセントを行う

・到達目標や相談の範囲等については、クライエントの同意を得ながら進行する
・クライエントが自己開示できるよう、キャリアコンサルタントは、受容的態度、共感的態度、自己一致（純粋性）を実践する
・クライエントの自己決定権を尊重する
・専門領域と照らして、自らが対応することが不適切であると判断した場合には、他の専門家にリファー（紹介）する

　なお、受容的態度とは、自他に対してあるがままの等身大で受け入れることであり、共感的態度は、ただクライエントを純粋に感じ、あたかもキャリアコンサルタントがクライエント自身であるかのように感じることである。そして自己一致（純粋性）は、キャリアコンサルタント自身があるがままの自分でいることである。

自己理解の支援

　自己理解の支援については、その重要性、方法、アセスメント（検査）の種類、アセスメント（検査）実施の際の留意点についてよく出題される。

■ 自己理解の重要性

　キャリアコンサルティングの第一歩は、クライエントの「自分自身」の理解、つまり自己理解である。自分をいくつかの視点から見つめ直し、自分の像を明らかにする。
　自己理解の意義と特徴は、次に挙げるとおりである。

・自分の像を明らかにし、自分の言葉で説明できるようになる
・自分を描写する方法は、客観的であるべき
・自己と環境との関係を知る
・自己理解は包括的であり、継続的に行われる

■ 自己理解の方法

　自己理解の方法には、観察法、検査法、面接法がある。

観察法はクライエントの表情、態度、行動等を観察し、客観的な記録分析を行う。検査法は、アセスメントツールなどを活用した検査を実施する。面接法はクライエントと直接面接することにより理解する。

▼自己理解の方法

方法	種類や特徴	
観察法	自然的観察法	あるがままを観察し記録
	用具的観察法	検査等を用いて観察し記録
	実験的観察法	場面や状況を設定して観察記録
検査法	知能検査、適性検査、学力検査	
	性格検査、興味検査、進路適性検査	
	職業レディネス・テスト、キャリア・アンカー・テスト等	
面接法	面接により、クライエントを直接理解する	

■ アセスメント（検査）の種類

検査に用いるアセスメントツールは、個人の特性を科学的・客観的に測定できるため、自己理解に役立つ。主なアセスメントツールの種類とその対象者、特徴について整理する。なお、これまでに次に示す11種類が出題されている。

▼検査の種類

種類	対象者	特徴
VPI職業興味検査	短大生、大学生以上	ホランド理論に基づくVPIの日本版。6つの興味領域（RIASEC）に対する興味の程度と5つの傾向尺度（自己統制、男性-女性傾向、地位志向、稀有反応、黙従反応）を表示する。160個の職業名に対する興味の有無を回答する
職業レディネス・テスト（VRT）	中学生・高校生（大学生も可）	ホランド理論に基づく6つの興味領域に対する興味の程度と自信度を表示する。職業興味を測定するA検査と基礎的志向性を測定するB検査、職務遂行の自信度を測定するC検査から成る

OHBYカード	児童・生徒 ～若者、中高年	職業カードソート技法を行うために開発されたカード式職業情報ツールであり、48枚のカードにまとめられている。自分の興味や関心とともに必要最小限の職業情報も得ることができる
厚生労働省編 一般職業適性検査 (GATB)	中学生 ～成人 (45歳程度)	11種の紙筆検査と4種の器具検査から成り、9つの適性能（知的能力、言語能力、数理能力、書記的知覚、空間判断力、形態知覚、運動共応、指先の器用さ、手腕の器用さ）を測定する
VRTカード	児童・生徒 ～成人	職業レディネス・テストの職業興味及び職業遂行の自信度の検査部分をカード化し、簡便に測定できるもので、54枚のカードに書かれている仕事内容への興味や、その仕事を行うことについての自信を判断していくことで、興味の方向や自信の程度が簡単にわかる
(内田) クレペリン 検査	中学生～成人	能力面の特徴（作業能率等）、性格・行動面の特徴（持ち味やクセ）の2つの側面がわかる
キャリア・インサイト (統合版)	若者～中高年	職業選択のための適性評価、適性に合致した職業リスト参照、職業情報の検索、キャリアプランニング等を実施できる総合的なキャリアガイダンスシステムであり、18歳から34歳程度の若年者向け（EC：アーリーキャリア）と35歳から60歳代程度で職業経験のある方向け（MC：ミッドキャリア）がある
新版TEG3 東大式エゴグラム Ver.3	16歳以上	バーンによって提唱された、交流分析理論に基づき、誰もが持っている5つの自我状態のバランスから性格特徴を知り、自己理解を深める。オンライン版、検査用紙、マーク式用紙の3種類の実施方式がある
CADS&CADI (Ver2.2)	企業の従業員等	CADS（キャッズ）は自己理解を深めるためのワークシート、CADI（キャディ）は、変化に対応していくキャリア形成力と個人的傾向を把握するための心理学的検査である

Y-G性格検査	小学2年〜成人	行動特性、情緒の安定、人間関係に関する特性、仕事に取り組む姿勢、リーダー資質、集団や社会的な場面での適応性、知覚の特性といった性格の特性がわかる
キャリアシミュレーションプログラム（CSP）	大学生・若者	就業経験のない（あるいは浅い）大学生等や若年者向けに開発された、就職後の職業生活のイメージを伝えるための**グループワーク**型授業用教材。主として大学2〜3年生を対象とした集団実施を想定している。シミュレーションとふりかえりの2部構成で構成される

■ アセスメント実施の際の留意点

アセスメントの実施に当たっては次の点に留意して行う。

・検査の限界を認識する
・目的に応じた、妥当性・信頼性の高い検査を選定する
・手引き等を遵守して実施する
・結果の解釈においては、拡大解釈をしない
・結果のフィードバックを行う
・今後のキャリアコンサルティングのために記録、保管を行う

　なお、「妥当性と信頼性」の「妥当性」とは、検査の対象や目的に対して適切な検査であるかどうかをいい、「信頼性」とは検査結果の正確性を表す。

■ エンプロイアビリティとコンピテンシー

　自己理解において、重視すべき自らの職業能力の視点として、自らが持つエンプロイアビリティとコンピテンシーを把握していることが重要である。

▼エンプロイアビリティとコンピテンシーの意味

用語	意味
エンプロイアビリティ	EmployとAbilityを合わせた語句。 「労働移動を可能にする能力」＋「当該企業の中で発揮され、継続的に雇用されることを可能にする能力」と日経連（現・日本経団連）が定義
コンピテンシー	高業績者の成果達成の行動特性

仕事の理解の支援

　仕事理解とは、職業理解とも表現され、具体的には、職業、産業、事業所、雇用・経済・社会状況について理解することをいう。

■ 厚生労働省編職業分類

　厚生労働省は、職業安定法の規定に基づき、公共職業安定所（ハローワーク）における職業指導や職業相談などの職業紹介業務に共通して使用する職業分類を定めている。これを、厚生労働省編職業分類といい、2022年に改定が行われた。

　2022年の改定では、昨今の社会経済情勢の変化に伴う職業構造の変化に対応させるために大幅な改定となり、これまでの大・中・小・細分類から、細分類が原則廃止され、大・中・小分類になった点には注意が必要である。また、最終的に分類された職業名の数は18,725となった。

■ 厚生労働省編職業分類と日本標準職業分類の関連

　公的な職業分類には他に、総務省が作成する日本標準職業分類がある。厚生労働省編職業分類は、統計の観点では日本標準職業分類に対応しつつも、求人・求職のマッチングをより円滑に行うため、より柔軟に社会構造の変化に対応できる職業分類として作成されている。

　また、産業の分類としては、総務省が作成する日本標準産業分類がある。

▼厚生労働省編職業分類・日本標準職業分類・日本標準産業分類の違い

分類	内容
厚生労働省編職業分類	厚生労働省が職業安定法に基づいて作成しており、ハローワークの職業紹介等において使用される分類で、大分類（15）、中分類（99）、小分類（440）の3階層に分類されている
日本標準職業分類	総務省が法令に基づく統計基準として作成しており、大分類（12）、中分類（74）、小分類（329）の3階層に分類されている。国際労働機関（ILO）の国際標準職業分類との整合性が考慮されている
日本標準産業分類	総務省が作成しており、産業を大分類（20）、中分類（99）、小分類（530）、細分類（1,460）に分類している。産業とは、財又はサービスの生産と供給において類似した経済活動を統合したものであり、実際上は同種の経済活動を営む事業所の総合体と定義される

■ 職業情報の分析

職業情報のための分析手法には、職務分析、職務調査、職業調査がある。

▼職務分析・職務調査・職業調査の違い

手法	内容
職務分析	仕事の内容と責任（職務の作業内容）、要求される能力（職務遂行要件）を調査、分析して、それを一定の様式に記述する
職務調査	「期待される人間像」を把握することに重点を置いて職務を把握する
職業調査	仕事の内容だけではなく、入離職や労働条件等、広く職業全体を調査する。職業ハンドブック作成のために使用される職業調査が典型的な職業調査である

■ ハローワークインターネットサービス

2020年のサイトリニューアル以降、スマートフォンやタブレットにも対応し、求職者及び求人者マイページを開設することができる。求人情報検索のみならず、職業訓練（ハロートレーニング）の検索も可能である。

第3章 キャリアコンサルティングを行うために必要な技能

▼マイページでできること

求職者側	求人者側
・求人情報の検索 ・求人への直接応募（オンライン自主 　応募） ・求職活動状況の確認 ・メッセージ機能の活用 ・求職者情報の確認や変更	・求人の申し込み（仮登録） ・求職情報を公開している求職者情報の 　検索と、求職者への直接リクエスト ・応募状況の確認 ・メッセージの確認や送信 ・事業所情報の確認や変更

　ハローワークインターネットサービスで得られる情報等については細かな内容が問われることがあるため、サイトの内容は一度、実際にアクセスし、よく見ておく必要がある。

■ 職業情報提供サイト（jobtag、日本版O-NET）

　職業情報提供サイト（愛称jobtagジョブタグ、日本版O-NET）は、ジョブ、タスク、スキル等の観点から職業情報を見える化し、求職者等の就職活動や企業の採用活動等を支援するために厚生労働省が設置しているサイトである。

　職業情報提供サイトでは、どのような職業があるのか、その職業ではどのような仕事、作業が行われるのか、それに必要なスキルや知識や、就業するための入職経路や賃金（年収）のデータ等を知ることができる。

　就業経験のない人、再就職先を探している人などの個人での利用、学生のキャリア形成を支援する人、求職者への職業相談・職業相談を行う人などの支援者としての利用、企業内の人材活用に取り組む人などの企業での利用を想定しており、キャリアコンサルタントなどが行う相談、支援の際にも、無料で活用することができる。

　職業情報提供サイトは、ハローワークインターネットサービスと連携しており、例えば、職業検索の結果から、その職業の求人検索をすることができる。

▼職業情報提供サイト（jobtag、日本版O-NET）の機能と特徴

機能	特徴
職業検索・職業情報提供	約500種の職業情報では、職業解説・職業動画・しごと能力プロフィール等を掲載
適職探索	職業興味検査、価値観検査、簡易版職業適性テスト（Gテスト）、しごと能力プロフィール検索等の自己分析ツールから適職を探すことができる
キャリア分析	これまでの職歴から、**スキル**などの自分のしごと能力プロフィールを作成できる
人材採用支援・職務整理支援	求める人材の**職務要件**（仕事内容や必要なスキル等）を明確化できる
人材活用シミュレーション	社内の**人材**データを可視化し、人材の配置、教育訓練などの検討ができる
マイリスト	調べた職業、「しごと能力」プロフィール、キャリア分析・人材活用シミュレーションの結果、作成した職務要件シートを保存できる

■ 職場情報総合サイト（しょくばらぼ）

職場情報総合サイト（しょくばらぼ）は、各企業の働き方や採用状況に関する職場情報を検索・比較できるサイトであり、厚生労働省が開設している。

職場情報とは、企業の残業時間(時間外労働時間)や有給休暇取得率、平均年齢、女性活躍や育児・仕事の両立などの職場の様々な情報を指し、サイトで企業を検索、比較することができる。なお、くるみん認定、えるぼし認定、ユースエール認定などの認定を受けた企業の検索もできる。

学生や求職者にとっては、希望条件に合った企業の選択に役立ち、入社後のミスマッチを防止でき、企業にとっては職場情報を開示することで企業のPRや優秀な人材の獲得に繋がる。

厚生労働省では、ハローワークインターネットサービス（求人情報）、職業情報提供サイト（職業情報）、職場情報総合サイト（職場情報）の3つのサイトを就職活動で活用することを提案している。

自己啓発の支援

自己啓発の支援では、特に啓発的経験の重要性が問われる。啓発的経験の例をおさえておく。

■ 啓発的経験

啓発的経験とは、職業選択や意思決定の前に実際に体験してみることであり、インターンシップ、職場見学や職場体験、トライアル雇用等が例として挙げられる。啓発的体験は、その事前事後の指導の意義が大きいことに留意する。

▼インターンシップとトライアル雇用

種類	内容
インターンシップ	学生が企業等において、就業前に、実際に就業体験を行うことをいう。その期間は1日、2日程度のものから、数ヶ月に及ぶものまであり、無給の場合と有給の場合がある
トライアル雇用	特定の対象者（求職者）を、ハローワーク等の紹介により、短期間（3ヶ月以内）試行的に雇用し、企業と労働者の両者が合意すれば本採用される制度のことである。なお、平成31年度から、NEETやフリーター等で45歳未満の人が対象者に加わった

意思決定の支援

クライエントが、自己理解や仕事理解を深めた後には、クライエント自らが目標を設定し、その目標達成のための支援を行うこととなる。

■ 目標設定の意義

カウンセリングの初期の段階で、具体的な目標を、キャリアコンサルタントとクライエントの共同作業により設定することが大切である。目標設定には、次のような意義がある。

①目標はクライエントが行動することを援助するものであり、それは固定的なものではなく、変更可能なものである

②目標が宣言され、それが到達可能であることが最も人を動機づける
③目標により、キャリアコンサルティングの進展を客観的に測定し、評価することができる
④目標により、キャリアコンサルティングを合理的に進めることができる

■ 意思決定の意義

意思決定とは選択を決定することであり、その前提は次のとおりである。

①クライエントは受動的ではなく、積極的な役割を果たす
②一つを選択するということは、他を捨てることである
③意思決定には不確実性が伴うため、複数の可能性を見出す
④意思決定は内容もさることながら、タイミングも重要である

■ 学習方策の意義

学習とは知識を得ることだけではなく、クライエントが技能を身につけることや、習慣のパターンを変更し、動機づけをしながら、置かれた状況に適応することも含まれる。

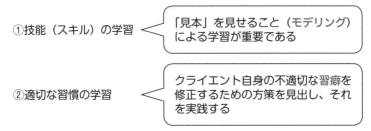

①技能（スキル）の学習 —— 「見本」を見せること（モデリング）による学習が重要である

②適切な習慣の学習 —— クライエント自身の不適切な習癖を修正するための方策を見出し、それを実践する

▲学習方策の種類

方策の実行の支援

方策の実行の支援においては、キャリアコンサルタントは方策の実行のマネジメント、助言を行う。

■ 方策の実行のマネジメント

方策の実行は、一般的に次のステップにより実施される。キャリアコンサルタントは方策の進捗状況を把握し、現在の状況をクライエントに理解させ、今後の進め方や見直し等について、適切な助言を行う。

①複数の方策から、選択肢の**メリット・デメリット**を比較検討し、適切な方策をクライエントが一つ選ぶ

↓

②方策を実行するプロセスを、利点・損失を含め、クライエントに**説明**する

↓

③方策がクライエントのニーズに合わない場合には、方策を**変更**する

↓

④方策達成のためにクライエントと契約を結ぶ。ときには**契約書**を取り交わすこともある

↓

⑤クライエントが方策を自分の責任で**実行**する。キャリアコンサルタントも役割を実行する

↓

⑥実行について**確認**する。していない場合には実行するか、他の支援を行う

▲方策の実行のステップ

新たな仕事への適応の支援

この出題範囲からの出題はあまり多くはないが、方策の実行の結果、就職の後も、支援の姿勢を持ってクライエントに接することが、新たな仕事への適応を図るためにも大切である。新たな仕事に就いた後の**フォローアップ**も相談者の成長を支援するために重要であり、適応のため、クライエントへの助言や指導等の支援を行う。

相談過程の総括

相談過程の総括においては、キャリアコンサルティングの評価を、クライエ

ントとキャリアコンサルタント両者で行い、クライエントに終了の同意を得た上でキャリアコンサルティングを終了する。

■ 成果の評価

相談過程の総括においては、クライエントとキャリアコンサルタントが、目標に対してどこまで到達したかの成果を評価する。そして、クライエントの同意を得た上で、キャリアコンサルティングを終了する。その際、ケース記録は整理して保存する。終了後は必要に応じてフォローアップを行う。

■ キャリアコンサルティングの評価

キャリアコンサルティングの終了後には、キャリアコンサルタント自身が、自分自身の成果に対して、できるだけ客観的な評価を行う。その評価の基準の源は3つあり、第一にキャリアコンサルタント自身の反省と学習、第二にクライエント自身の受け止め方、第三にスーパーバイザー等の第三者の評価がある。

一問一答でふりかえり

- ☐ **Q** キャリアコンサルティングを行うに当たり、ざっくばらんな雰囲気で、クライエントに自由に発言してもらうため、大勢の人が集まる場所で面談を行った。

  A 適切ではない。クライエントのプライバシーに配慮する必要があるため、大勢の人が集まる場所での面談は適切ではない。

- ☐ **Q** 面接記録の保存のため、クライエントの同意を得ることなく録音機器を机の下に設置して、キャリアコンサルティングを行った。

  A 適切ではない。面接記録の保存のため録音を行う場合には、クライエントの同意を得る必要がある。

- ☐ **Q** 面談の初期でラポールを形成するため、相談者がありのままの自己を開示できるよう、キャリアコンサルタントは受容的態度、共感的理解、自己一致を実行することが有効である。

  A 適切である。これらは、キャリアコンサルティングに当たって必要な基本的な態度である。

Q 自己理解の方法の一つに観察法があり、観察法は自然的観察法、用具的観察法、実験的観察法がある。

A 適切である。観察法の他には、検査法と面接法がある。

Q 自己理解の支援に用いることができるアセスメントツールについて、中学生・高校生の職業興味を測定するツールとして適したものに、ホランドの理論に基づいた、VPI職業興味検査がある。

A 適切ではない。VPI職業興味検査は、就職を控えた短大生・大学生以上等に利用されることが多く、中学生、高校生に向いているのは、ホランド理論に基づいたものでは、職業レディネス・テストがある。

Q OHBYカードは、職業カードソート技法を行うために開発されたカード式職業情報ツールであり、430職種の職業情報を、写真・イラスト・チャート・動画等で紹介する「職業ハンドブックOHBY」の内容を48枚の必要最小限のカードにまとめたものである。

A 適切である。興味の方向や自身の程度がわかるカードである。

Q 厚生労働省編一般職業適性検査（GATB）は9種類の器具検査で構成されており、仕事をする上で必要とされる代表的な9種の能力（適性能）を測定するものである。

A 適切ではない。厚生労働省編一般職業適性検査（GATB）は、11種の紙筆検査と4種の器具検査から成り、9種の適性能を測定する。

Q VRTカードは、心理検査「VPI職業興味検査」の職業興味と職務遂行の自信度に関する項目を1枚ずつのカードに印刷した、親しみやすく、扱いやすいキャリアガイダンスツールである。

A 適切ではない。VRTカードは、職業レディネス・テストの職業興味及び職業遂行の自信度の検査部分をカード化したものである。

Q 職業興味を測定するツールの一つに、クレペリン検査がある。

A 適切ではない。クレペリン検査は、1桁数字の加算作業を行う作業検査であり、作業の処理能力や仕事ぶりや、クセ等がわかる。職業興味を測定するものではない。

Q 新版 TEG3 東大式エゴグラム Ver.3は、心理テストにトライすることで、「職業」や「働くこと」について考え、職業への興味領域を診断するのに向いている。

A 適切ではない。エゴグラムは、バーンの交流分析における自我状態をもとに、人の心を5つに分類し「人の性格」を診断するものであり、「職業の興味領域を診断」することを目的とするものではない。

Q キャリア・インサイトは、職業選択に役立つ適性評価、適性に合致した職業リストの参照、職業情報の検索、キャリアプランニング等を実施できる総合的なキャリアガイダンスシステムである。

A 適切である。なお、18歳から34歳程度の職業経験の少ない若年者を対象としたものと、35歳以上で職業経験のある求職者の方を対象としたものの両方が一つのシステムで利用できる統合版に改訂されている。

Q キャリアシミュレーションプログラム（CSP）は、就業経験のない大学生や、就業経験の浅い若年者向けに開発された、就職後の職業生活を仮想体験するグループワーク型教材である。

A 適切である。なお、キャリアシミュレーションプログラム（CSP）は、独立行政法人労働政策研究・研修機構のホームページより、ダウンロードすることができる。

Q 自己理解に用いる心理検査について、標準化された心理検査は対象とする年齢等が検査ごとに異なることがあるため、対象者によって適切な検査を選択しなくてはならない。

A 適切である。目的に応じて、妥当性・信頼性の高い検査を選択する。

Q 自己理解に用いる心理検査について、標準化された心理検査から得られる客観的なデータは信頼性が高いものであるため、それを最重視して、キャリアコンサルティングに活用する。

A 適切ではない。検査の限界を認識し、結果の解釈については拡大解釈をしない。

第3章 キャリアコンサルティングを行うために必要な技能

Q 日本経営者団体連盟（日経連）は、「労働移動を可能にする能力」と「当該企業の中で発揮され、継続的に雇用されることを可能にする能力」を組み合わせ、コンピテンシーという能力概念を提唱した。

A 適切ではない。文章はエンプロイアビリティの説明であり、コンピテンシーとは、「高業績者の行動特性」を意味している。

Q 厚生労働省編職業分類では、大分類、中分類、小分類、細分類に分類されており、18,000を超える職業名を分類している。

A 適切ではない。2022年の改定により細分類は原則として廃止された。また、最終的に分類された職業名の数は18,725となった。

Q 厚生労働省編職業分類は、日本標準職業分類とは別に独立した体系で分類されており、主に法令に基づく統計基準として作成されている。

A 適切ではない。厚生労働省編職業分類は、日本標準職業分類に準拠して分類されており、主に職業紹介事業等に使用されている。

Q 日本標準産業分類は、厚生労働省が定めた産業分類であり、例えば、大分類（宿泊業、飲食サービス業）、中分類（飲食店）、小分類（専門料理店）、細分類（ラーメン店）に分類されている。

A 適切ではない。日本標準産業分類は、厚生労働省ではなく、総務省が定めている。分類の具体例の内容は適切である。なお、日本標準「産業」分類は、細分類まである点には注意が必要である。

Q 職務分析とは、職務の作業内容と職務遂行要件を調査、分析し、それを一定の様式に記述することである。

A 適切である。職務の作業内容は、仕事の内容と責任を意味し、職務遂行要件は要求される能力を意味している。

Q 職務調査は、仕事の内容だけではなく、労働条件、入職率、状況、求人・求職情報等の職業全体を調べる調査である。

A 適切ではない。文章の内容は、職業調査を意味している。なお、職務調査とは、「期待される人間像」を把握することに重点を置いて職務を把握することである。

Q ハローワークインターネットサービスでは、ハロートレーニング（職業訓練）の検索をすることはできない。

A 適切ではない。ハロートレーニング（職業訓練）の検索をすることができる。

Q ハローワークインターネットサービスでは、求職者がマイページに登録した求職情報を公開することによって、求人者から直接リクエストを受けることができる。

A 適切である。求職公開をする場合には、求人者から直接連絡によるリクエストを受けられる。

Q ハローワークインターネットサービスで求人情報を検索するためには、ハローワークへの求職登録が必要である。

A 適切ではない。求人登録をしていない場合にも、求人情報検索をすることができる。求職番号の入力は任意である。

Q 職業情報提供サイト（jobtag）は、人事部門などの企業内での活用は想定していない。

A 適切ではない。企業の人事部門においては、人材採用支援や人材活用シミュレーションなども活用できる。

Q 職業情報提供サイト（jobtag）で職業検索の利用にあたっては、メールアドレスの登録は必要ない。

A 適切である。職業検索などの機能の利用にメールアドレスなどの登録は必要ない。また、無償で利用できる。

Q 職業情報提供サイト（jobtag）と、ハローワークインターネットサービスは連携していない。

A 適切ではない。ハローワークインターネットサービスと連携しており、例えば、職業検索の結果から、その職業の求人検索をすることができる。

Q 職業情報提供サイト（jobtag）では、従業員の平均年齢や、正社員の有給休暇取得日数、月平均所定外労働時間などから企業名の検索をすることができる。

A 適切ではない。それが可能なのは、職業情報提供サイト（jobtag）ではなく、職場情報総合サイト（しょくばらぼ）である。

Q 職場情報総合サイト（しょくばらぼ）では、えるぼし認定、くるみん認定、ユースエール認定を受けた企業名を検索することができる。

A 適切である。ほかに、グッドキャリア企業アワードの受賞企業なども検索することができる。

Q 啓発的経験とは、ある職業について実際にその職務を体験することであり、働く人の様子を観察する職場見学は啓発的経験に含まれない。

A 適切ではない。職場見学は啓発的経験に含まれる。その他にインターンシップやトライアル雇用がある。

Q クライエントの目標設定においては、一般的に到達可能な目標ではなく、達成困難と思われる高い目標を設定することが、最もクライエントを動機づける。

A 適切ではない。目標が到達可能であることが最も人を動機づける。

Q 目標設定は、キャリアコンサルティングの進捗状況を客観的に測定、評価するのに役立つ。

A 適切である。キャリアコンサルティングの進展を客観的に測定、評価でき、キャリアコンサルティングをより合理的に進めることができる。

Q 方策の選択肢の利点や欠点を検討して意思決定する際には、クライエント自身で決定できないことが多いため、キャリアコンサルタントが良いと考える方策を薦めるのが原則である。

A 適切ではない。キャリアコンサルティングにおいては、クライエントには受動的ではなく、主体的で積極的な役割を果たすことが前提である。また、クライエントの自己決定権を尊重しなければならない。

Q システマティック・アプローチにおける意思決定は、意思決定の内容よりも、そのタイミングが重要である。

A 適切ではない。内容と同じく、タイミングも重要である。

Q システマティック・アプローチにおける学習方策では、キャリアコンサルタントは、クライエントの不適切な習癖を発見し、矯正するための方策を見出した上で、クライエントに実践させる。

A 適切ではない。クライエント自身が不適切な習慣を矯正するための方策を発見して、それを自ら実践するように援助することが、キャリアコンサルタントの役割である。

Q システマティック・アプローチにおける方策の実行について、方策がクライエントのニーズに合わないときも、方策を変更する必要はない。

A 適切ではない。ニーズに合わないときは方策を変更する。

Q システマティック・アプローチにおける方策の実行について、方策の実行のプロセスは、行動の主体であるクライエントの責任で実行することを基本とする。

A 適切である。行動の主体はクライエントである。

Q システマティック・アプローチにおける方策の実行について、実行を促進するため、ときには実行を約束する「契約書」を取り交わすことも有効である。

A 適切である。キャリアコンサルタントの役割をそれに加えることもある。

Q キャリアコンサルティングを経て就職が決まった後に相談を受けた場合には、適切なアドバイス等のフォローアップをすることが望ましい。

A 適切である。必要に応じてフォローアップを行い、新たな仕事への適応の支援を行う。

Q キャリアコンサルティングの終了は、キャリアコンサルタントの判断によって行う。

A 適切ではない。クライエントとキャリアコンサルタント両者での評価の後、クライエントの同意を得て終了する。

☐ **Q** キャリアコンサルティングの終了後には、面談記録はプライバシー保護のために廃棄する。

A 適切ではない。プライバシー保護や守秘義務の遵守に留意することはもちろんのことだが、後日の追指導、フォローアップ等に備えて整理して保管する。

☐ **Q** キャリアコンサルティングの評価は、キャリアコンサルタント自らでは行うことはできない。

A 適切ではない。評価は、キャリアコンサルタント本人による反省と学習、クライエント自身の受け止め方、スーパーバイザー等の第三者の評価により行う。

4章

キャリア
コンサルタントの
倫理と行動

この章では、主にキャリアコンサルタントの姿勢や、日頃から心がけておくべきことを学びます。具体的には、相談者（クライエント）への直接の支援に限らず、環境への働きかけやネットワークの構築、自己研鑽、普及活動などの重要性や職務上の倫理などです。支援の基本姿勢を身につけるための章といえますが、それらは相談者（クライエント）の利益につながるものです。信頼されるキャリアコンサルタントになるため、正しい理解を心がけましょう。

4-1 キャリア形成及びキャリアコン
　　サルティングに関する教育並びに
　　普及活動

4-2 環境への働きかけの認識及び実践

4-3 ネットワークの認識及び実践

4-4 自己研鑽及びキャリアコンサル
　　ティングに関する指導を受ける
　　必要性の認識

4-5 キャリアコンサルタントとして
　　の倫理と姿勢

アクセスキー　**6**　(数字のろく)

4-1

キャリア形成及びキャリアコンサルティングに関する教育並びに普及活動

全体をつかもう この出題範囲からは概ね1問〜2問が出題されます。個人や組織はもちろんのこと、社会一般に対してもキャリアコンサルティングの重要性等について普及啓蒙していくことがキャリアコンサルタントの役割でもあります。その際に軸となるキーワードは、キャリア自律です。

■ キャリア自律

　激変する環境の中で、個人の視点から自らのキャリア構築や継続的な学習に取り組むことを、キャリア自律という。企業におけるキャリア形成においては、自己のニーズと組織のニーズを上手に統合させたキャリア目標を設定することがキャリア自律のために重要である。

■ 企業内でできる取組み

　個人のキャリア自律を促すために、企業内で次のような取組みを行うことができる。具体的にはキャリア・デザイン研修や、セルフ・キャリアドック等がある。

▼企業内でキャリア自律を促すための主な方策

取組み	内容
キャリア・デザイン研修	自らの職業人生設計を自ら**主体**的に構想・設計し、組織のニーズや個人のニーズの一方だけではなく、それらを融合させながら、人生上の目的を果たせることが目的の研修。**キャリアコンサルティング**と並行して実施するのが効果的である
セルフ・キャリアドック	企業がその人材育成ビジョン・方針に基づき、面談と多様なキャリア研修などを組み合わせ、**体系**的・定期的に従業員の支援を実施することを通じて、従業員の主体的な**キャリア形成**を促進・支援する総合的な取組み

従業員の活力を引き出しながらも、同時に企業の成長へとつなげるため、セルフ・キャリアドックの実践と、キャリアコンサルタントが果たす支援の役割を理解する。

「セルフ・キャリアドック」導入の　方針と展開 （厚生労働省：PDF）

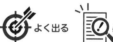

セルフ・キャリアドックの目的は、従業員にとっては、自らのキャリア意識や仕事に対するモチベーションの向上とキャリア充実があり、企業にとっては、人材の定着や活性化を通じた組織の活性化がある。近年の試験ではよく出題されるとともに、面談シートの書式や就業規則への記載例などもあり、実務においても有益な資料である。

この資料は実施の手順のみならず、面談シートやアンケートの書式例、説明会の標準的構成の例やQ&Aもあり、実務的にも有意な資料である。

■ セルフ・キャリアドックの標準的プロセス

標準的なモデルでは次のようなプロセスで実施される。

①人材育成ビジョン・方針の明確化（経営者のコミットメントや社内周知など）

②セルフ・キャリアドック実施計画の策定（必要なツールやプロセスの整備

など）

③企業内インフラの整備（社内規定の整備、情報共有化のルールなど）

④セルフ・キャリアドックの実施（説明会や研修、面談の実施、振り返りな
　ど）

⑤フォローアップ（結果の報告、組織的な改善措置の実施など）

　継続的な改善のため、キャリアコンサルタントは、人事部門や関連部門と協
働で、対象従業員やその上司などに対し、意識や仕事ぶりに変化が出たかどう
かを定期的にモニターし、追加的な面談や、次回のキャリアコンサルティング
面談でそれらを確認する。

✏️ 一問一答でふりかえり

☐ **Q** キャリア自律の実現のためには、個々人の当事者意識と責任を持つ
ことが大切であり、組織や事業主が支援すべきではない。

　A 適切ではない。キャリア自律は組織においても推進すべきものであ
り、事業主はそのための支援を行う。

☐ **Q** キャリア・デザイン研修は定年を目前にした50代後半に行うのが
最も効果的である。

　A 適切ではない。キャリア形成は生涯を通じたものであり、早い段階
から意識すべきである。

☐ **Q** キャリア・デザイン研修は、キャリアコンサルティングと並行して
行うことで効果が高まるとされている。

　A 適切である。キャリア・デザイン研修で一般的で汎用的な内容を、
座学やワークショップ形式で学び、キャリアコンサルティングで個
別の課題等を明らかにして解決を図ることは効果的である。

☐ **Q** セルフ・キャリアドックは、企業が人材育成ビジョンや方針に基づ
き、面談や研修を通じて、従業員の主体的なキャリア形成を支援す
る取組みである。

　A 適切である。体系的、定期的に従業員を支援する。

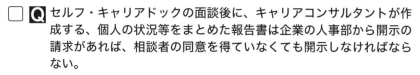

□ **Q** セルフ・キャリアドックの面談後に、キャリアコンサルタントが作成する、個人の状況等をまとめた報告書は企業の人事部から開示の請求があれば、相談者の同意を得ていなくても開示しなければならない。

A 適切ではない。面談の内容等については守秘義務が発生し、面談後の具体的な報告内容に関しては同意を得ることが必要不可欠である。

□ **Q** キャリアコンサルティングの普及のため、業績評価のための目標管理制度における面談は、管理監督者である上司よりも、専門のキャリアコンサルタントが行う方がよい。

A 適切ではない。業績評価のための面談とキャリア発達のための面談は目的が異なり、面談者の役割も異なる。

□ **Q** キャリア自律とその支援を行う組織風土を社内に構築するためには、現場管理者の理解の促進こそが重要であり、経営者のコミットメントは不要である。

A 適切ではない。経営者は、職業能力開発促進法で規定されたキャリアコンサルティングの機会の確保をセルフ・キャリアドックの仕組みの具体化により明確化し、社内に対して適切な形で明示、宣言することが求められる。

第
4
章

キャリアコンサルタントの倫理と行動

環境への働きかけの認識及び実践

全体を
つかもう この出題範囲からは、概ね、毎回1問程度が
出題されます。環境への働きかけの重要性も
さることながら、昨今は社会的弱者の代弁や、社会問
題化している雇用問題に対する社会正義（権利の擁護
や政策提言）の担い手としての、キャリアコンサルタ
ントの役割にも注目が集まっています。

環境への働きかけ

個人の主体的なキャリア形成は、個人と環境（地域、学校、職場、家族等）
との相互作用によって培われるため、個人に対する支援だけでは解決できない
環境の問題点の発見や指摘、改善提案といった環境への働きかけを行うことも
必要である。

■ 働きかけの具体例

働く人を取り巻く環境への働きかけの具体例としては以下のようなものがあ
る。

・労働環境の悪化により疲弊している従業員の支援を行うため、経営者や管
　理職に対して、労働環境の改善の提案を行う
・経営者に対して、ワーク・ライフ・バランスに配慮した勤務体制づくりに
　対する助言を行う
・企業等の従業員を公正に評価する人事考課システムを構築するための助言
　を行う
・「働きがい」をもってメンバーが働くために、仕事の意義やジョブクラフ

ティング（仕事に対する認知や行動の見直しや修正）の提案を行う

■ 社会正義の視点

　社会正義の視点から、社会的な問題を抱えているクライエントの人権を尊重した上で、クライエントを代弁して権利を擁護したり、組織や社会へ向けて政策を提言したりする活動も必要である。こうした活動を**アドボカシー**という。

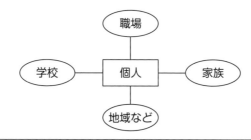

　必要に応じて、個人を取り巻く環境に対して働きかけを行う

▲個人を取り巻く環境とキャリアコンサルタントの役割

一問一答でふりかえり

☐ **Q** キャリアコンサルタントの環境への働きかけについて、環境とは企業、学校などの組織体のことをいい、家庭や地域社会などに働きかけることは役割ではない。

A 適切ではない。家庭（家族）、地域社会なども個人を取り巻く環境であり、働きかけを行うこともありうる。

☐ **Q** 企業等の従業員を公正に評価する人事考課システムを構築するための助言は社会保険労務士の範疇であり、キャリアコンサルタントが行うべきではない。

A 適切ではない。人事考課システムに対する助言もありうる。社会保険労務士に限られるものではない。

☐ **Q** 相談者の抱える問題に関して、所属する部署や経営者との面談が必要な場合には、緊急時を除いて、相談者の了承を得るべきである。

A 適切である。相談者との面談内容には守秘義務があり、それを開示する可能性がある場合には、相談者の了承を得る必要がある。

Q メンタルヘルスの不調を訴える従業員の相談を受けた際は、企業内で対応が難しい場合には、キャリアコンサルタントが治療的なカウンセリングを実施する。

A 適切ではない。メンタルヘルス不調の場合には、適切な機関、医師等にリファー（紹介）すべきである。キャリアコンサルタントは治療を行うことはできない。

Q ジョブクラフティングとは、時には漂流するように流れに身を任せ、柔軟にキャリアを構築することである。

A 適切ではない。ジョブクラフティングとは、従業員一人ひとりが仕事に対する考え方や行動を主体的に見直し、働きがいのある仕事へ変容させることである。文章の内容は、金井壽宏が提唱しているキャリアドリフトの内容である。

Q 社会正義の視点から、キャリアコンサルタントはクライエントを代弁し、組織や社会に向けての提言を行うこともある。

A 適切である。社会正義の視点からのキャリアコンサルタントの役割であり、権利の擁護や政策の提言を行う。なお、擁護や代弁することを、「アドボカシー」という。

Q キャリアは、個人と個人を取り巻く環境との相互作用によって作られるため、クライエントに対する支援だけでは解決できない個人を取り巻く環境の問題の指摘や改善提案も行うべきである。

A 適切である。関係者と協力して、環境への働きかけを行う。

ネットワークの認識及び実践

全体を
つかもう この出題範囲は、毎回ではないものの、3
回のうち2回程度で出題があります。前節
の「環境への働きかけの認識及び実践」は、本節と
表裏一体の関係にもあり、毎回どちらか、もしくは
両方が出題されているともいえます。一言でいうと、
ネットワークは人的にも組織的にも必要です。

ネットワーク

　キャリアコンサルタントの仕事を進める上で、キャリアコンサルタント同士
や、他の業界とのつながりは多くの場面で役立つ。このようなネットワークが、
なぜ必要なのか、どのような種類のつながりが必要となるのか確認する。

■ ネットワークの必要性

　キャリアコンサルタントのネットワークは、個人を支援するために必要な環
境への働きかけの他、自らの専門性を超えたときの紹介（リファー）や照会
（コンサルテーション）のために必要である。

　『キャリアコンサルタント倫理綱領』（特定非営利活動法人キャリアコンサル
ティング協議会）においても、次のように明記されている。

> 第4条3 キャリアコンサルタントは、より質の高いキャリアコンサルティン
> 　　　　グの実現に向け、他の専門家とのネットワークの構築に努めなけれ
> 　　　　ばならない。

■ ネットワークの種類

　企業内のキャリアコンサルタントの場合には、社内の人事部門や産業保健スタッフ、法務部門、労働組合、管理監督者等とのつながりが個人への支援の実施に当たって必要となる。また、医療機関（医師）、教育訓練機関、行政機関、弁護士や社会保険労務士などの外部の専門家とのネットワークも必要である。その他、ネットワーク先や活用例は様々である。

▼ネットワークの活用例

ケース	ネットワークの活用例
メンタルヘルスへの対応	医療機関の他、全国47都道府県の産業保健総合支援センターや、地域産業保健センターの活用
障害者の就業支援	地域障害者職業センターに配置された職場適応援助者（ジョブコーチ）や、障害者トライアル雇用事業の活用
若者やNEETの就業支援	職業訓練を行う教育機関やトライアル雇用事業、地域若者サポートステーション（サポステ）の活用
労働災害や職場復帰支援	厚生労働省所管の中央労働災害防止協会の活用

　ネットワーク先へのリファーの際には、原則としてクライエントの了解を得る必要があるとともに、個人情報の取り扱いに留意する必要がある。

一問一答でふりかえり

☐ **Q** キャリアコンサルタントは、他の専門家から情報を得るなどの接触は守秘義務に抵触するため、行うべきではない。

A 適切ではない。自らの専門性を超えたときにはリファー（紹介）やコンサルテーション（照会）や協働（コラボレーション）することも、個人のキャリア形成支援のために必要である。

Q 企業内のキャリアコンサルタントは企業で働く人のキャリア形成支援が専門であるため、学校や地域社会、医療機関など企業以外のネットワークは不要である。

A 適切ではない。個人を取り巻く環境への働きかけを行うために、企業以外のネットワークの構築も必要である。

Q キャリア教育の推進に当たり、学校等の教育機関、産業界、NPO等の地域全体が連携・協働できるよう、キャリアコンサルタントが全体をコーディネートしている例もある。

A 適切である。そうした試みは存在し、キャリア教育のコーディネートを行う民間資格（キャリア教育コーディネーター）などもある。

Q 自身の所属している組織が障害者雇用の経験に乏しい場合、トライアル雇用事業やジョブコーチ支援事業などの施策活用を組織に働きかけることもありうる。

A 適切である。ジョブコーチは職場適応援助者ともいわれる。

Q 企業内で活動するキャリアコンサルタントは、働く個人の面談内容に守秘義務が生じるため、経営者層や人事部門などとのネットワークを持つことは控えるべきである。

A 適切ではない。守秘義務は当然にあるが、経営者層や人事部門とのネットワークは必要である。

Q 精神医学や臨床心理学の専門家とのネットワークから専門知識が得られるのであれば、精神疾患が疑われる相談者の状況を自身で診断して相談者に助言することができる。

A 適切ではない。キャリアコンサルタントは診断や治療をすることはできない。

Q キャリアコンサルタントは、自分の専門分野のみならず自分の専門分野以外でも人的なネットワークを構築しておくことが望ましい。

A 適切である。相談者の利益のため、専門分野以外の知識を習得したり、ネットワークを構築したりすることは必要である。

第**4**章 キャリアコンサルタントの倫理と行動

Q 若年者への就労支援においては、すべての都道府県に設置されている、地域若者サポートステーションとの連携も有効である。

A 適切である。地域若者サポートステーションはすべての都道府県に設置されており、働くことに悩みを抱えている15歳〜49歳までの人に対し、キャリアコンサルタントなどによる相談や、就労に向けた支援を行っている。

自己研鑽及びキャリアコンサルティングに関する指導を受ける必要性の認識

全体をつかもう 以前はそれほど出題はありませんでしたが、「キャリアコンサルタントの継続的な学びの促進に関する報告書」が出されてからは、自己研鑽の重要性や、スーパービジョンの必要性などに関する出題が増えています。

自己研鑽

　資格取得後も、キャリアコンサルティングに必要な知識の維持やスキルの向上を図ることが重要である。「キャリアコンサルタント倫理綱領」（特定非営利活動法人キャリアコンサルティング協議会）にも次のように記されている。

> 第4条2 キャリアコンサルタントは、組織を取り巻く社会、経済、環境の動向や、教育、生活の場にも常に関心をはらい、専門家としての専門性の維持向上に努めなければならない。

キャリアコンサルタントの継続的な学びの促進に関する報告書（厚生労働省：PDF）

必ず読む

　本資料は、キャリアコンサルタントの多様な領域での十分な活躍に資するための方策、資格取得後に継続的に学んでいくべき事項を体系的に整理し、主体的で継続的な学びに取り組むに当たっての指針が整理されている。

課題として、実務経験機会の確保と、継続的学びの推進をあげている。

継続的学びの推進では、キャリアコンサルタントに求められる学習のマトリックスにより、より深化すべきもの、知識のアップデートを図るべきものが整理されている。自らのキャリアコンサルタントの将来像を思い浮かべながら思考してみよう。

学習には、その内容を継続的に深めることを目指す「深化」と、一定水準の最新情報を学ぶことを目指す「アップデート」があり、学ぶべき対象は共通領域と専門領域に分類できる。

▼キャリアコンサルタントに求められる学習のマトリックス

		学習目標	
		深化	アップデート
全てのキャリアコンサルタントが学ぶべき共通領域	必修	共通深化型 ① 個別面談スキル ② 倫理 ⑤ 多職種連携に関する知識	共通一定レベル型 ③ 法令・制度 ④ ツールの活用方法
キャリアコンサルタントが専門性を発揮する選択領域	必修	専門深化型 ⑥ 組織への働きかけ手法 ⑦ クライアントの特性理解 ⑧ 制度上位置づけられた役割の理解	専門一定レベル型
	選択	専門内選択深化型	

キャリアコンサルタントの継続的な学びの促進に関する報告書より（厚生労働省）

スーパービジョン

指導を受ける者（スーパーバイジー）が、自らのクライアントへの支援内容等について、指導者（スーパーバイザー）から教育を受ける過程のことをスーパービジョンという。第三者の視点から、誤った支援方法を指摘されたり、さらなる支援のための気づきを得たりする、成長のための機会である。スーパービジョンは継続的に行われることが望ましく、指導者であっても、それを受け

ることが必要である。

　『キャリアコンサルタント倫理綱領』（特定非営利活動法人キャリアコンサルティング協議会）においても、次のように記されている。

第4条 キャリアコンサルタントは、キャリアコンサルティングに関する知識・技能を深める、上位者からの指導を受けるなど、常に資質向上に向けて絶えざる自己研鑽に努めなければならない。

一問一答でふりかえり

Q 自己研鑽とは、キャリアコンサルタントの資格を取得するまでに必要な知識やスキルを学習し習得することに限定される。

A 適切ではない。資格取得までの知識やスキルに限定されるものではない。常に資質向上に向けて絶えざる自己研鑽に努める。

Q キャリアコンサルタントが持つ知識や知性・感性は時代とそぐわなくなる危険性があることを謙虚に理解する必要がある。

A 適切である。キャリアコンサルティングに必要な知識やスキルの向上を不断に図る必要がある。

Q キャリアコンサルタントの継続的な学びの促進に関する報告書（厚生労働省）に記された、キャリアコンサルタントに求められる学習のマトリックスにおいて、個別面談スキルは専門深化型の領域に分類されている。

A 適切ではない。個別面談スキルは全てのキャリアコンサルタントが学ぶべき共通領域として、共通深化型の領域に分類されている。

Q キャリアコンサルタントは、すべての活動領域に共通する知識・スキルのほか、2つ以上の専門領域に関する知識・スキルを身に付ける必要がある。

A 適切ではない。キャリアコンサルタントがその力を発揮するには、様々な活動に共通する事項を理解し学ぶことに加えて、自身の専門領域の中で高度な知識と技術を獲得することが肝要だが、2つ以上といった決まりはない。

Q スーパービジョンにおける、スーパーバイザーはスーパービジョンを受けるものをいい、スーパーバイジーはスーパービジョンを行う（指導する）立場のことをいう。

A 適切ではない。逆であり、スーパーバイザーはスーパービジョンを行う（指導する）立場であり、スーパーバイジーはスーパービジョンを受ける立場である。

Q スーパーバイジーはスーパーバイザーを選んだ後は、スーパーバイザーを変更することはできない。

A 適切ではない。スーパーバイザーの変更やセカンドオピニオンを得るために複数のスーパーバイザーにスーパービジョンを依頼することもありうる。

Q スーパービジョンは、キャリアコンサルタント登録制度の資格更新の要件として必須とされている。

A 適切ではない。スーパービジョンは現在のところ、資格更新の要件とはされていない。

Q スーパービジョンは、スーパーバイジー自身のスキル向上のみを目的に行うものである。

A 適切ではない。スーパービジョンはスーパーバイザー（スーパービジョンを行う人）のスキル向上にも役立つ。また、それによりスーパーバイジー、スーパーバイザーの専門家としての知識、スキル向上に役立ち、ひいては相談者の利益につながる。

Q スーパービジョンは、キャリアコンサルタント自身のスキル向上のみを目的としている。

A 適切ではない。 スーパービジョンはスーパーバイザーのスキル向上にも役立つし、スキル向上のみではなく、クライエントを含め、人間理解の重要性を認識することにもつながる。

4-5

キャリアコンサルタント としての倫理と姿勢

全体を つかもう 概ね、最後の問50で1問が出題されますが、出題の可能性に関わらず、対人援助職としてのキャリアコンサルタントのあるべき姿勢は、しっかりと肝に銘じておかないといけません。キャリアコンサルタント倫理綱領の内容を一つずつ確認しましょう。

■ キャリアコンサルタント倫理綱領

『キャリアコンサルタント倫理綱領』（特定非営利活動法人キャリアコンサルティング協議会）は、第1章にキャリアコンサルタントが自らを律する「基本的姿勢・態度」、第2章に相談者等との関係で遵守すべき「職務遂行上の行動規範」を示している。

■第1章　基本的姿勢・態度

第1章では、基本的理念、品位の保持、信頼の保持・醸成、自己研鑽、守秘義務、誇示、誹謗・中傷の禁止がうたわれている。

キャリアコンサルタント倫理綱領
（特定非営利活動法人キャリアコンサルティング協議会
倫理綱領委員会）

 よく出る 必ず読む

> **（基本的理念）**
> 第1条 キャリアコンサルタントは、キャリアコンサルティングを行うにあたり、人間尊重を基本理念とし、個の尊厳を侵してはならない。
>
> 　2　キャリアコンサルタントは、キャリアコンサルティングが、相談者

> の生涯にわたる充実したキャリア形成に影響を与えることを自覚して誠実に職務を遂行しなければならない。

　人間尊重を基本理念として、誠実に職務を遂行する。また、キャリアコンサルタントは、自分自身のキャリア形成についても真剣に取り組む必要がある。

（品位の保持）
第2条 キャリアコンサルタントは、キャリアコンサルタントとしての品位と誇りを保持し、法律や公序良俗に反する行為をしてはならない。

　キャリアコンサルタントは、職業能力開発促進法により定められた国家資格であることを肝に銘じなければならない。

（信頼の保持・醸成）
第3条 キャリアコンサルタントは、常に公正な態度をもって職務を行い、専門家としての信頼を保持しなければならない。
　2　キャリアコンサルタントは、相談者を国籍・性別・年齢・宗教・信条・心身の障害・社会的身分等により差別してはならない。
　3　キャリアコンサルタントは、相談者の利益をあくまでも第一義とし、研究目的や興味を優先してキャリアコンサルティングを行ってはならない。

　公正であり、相談者を差別してはならず、相談者の利益が第一義である。

（自己研鑽）
第4条 キャリアコンサルタントは、キャリアコンサルティングに関する知識・技能を深める、上位者からの指導を受けるなど、常に資質向上に向けて絶えざる自己研鑽に努めなければならない。
　2　キャリアコンサルタントは、組織を取り巻く社会、経済、環境の動向や、教育、生活の場にも常に関心をはらい、専門家としての専門性の維持向上に努めなければならない。

> 3　キャリアコンサルタントは、より質の高いキャリアコンサルティングの実現に向け、他の専門家との**ネットワーク**の構築に努めなければならない。

　自己の能力を大きく超える業務の依頼に対しては、他の分野・領域の専門家の協力を求め、相談者の利益のために、最大の努力をしなければならない。

> **（守秘義務）**
> 第5条　キャリアコンサルタントは、キャリアコンサルティングを通じて、職務上知り得た事実、資料、情報について**守秘義務**を負う。但し、身体・生命の**危険**が察知される場合、又は**法律**に定めのある場合等は、この限りではない。
> 　2　キャリアコンサルタントは、キャリアコンサルティングの事例や研究の公表に際して、**プライバシー**保護に最大限留意し、相談者や関係者が特定されるなどの不利益が生じることがないように適切な措置をとらなければならない。

　守秘義務には**例外**（生命の危機や法律の規定）がある。また、相談者のプライバシーの保護を前提にしながら、上位者による客観的な指導（スーパービジョン）を受けることも大切である。なお、キャリアコンサルタントの職務を通じて知り得た情報については、キャリアコンサルタントでなくなった後も守秘義務を負う。

> **（誇示、誹謗・中傷の禁止）**
> 第6条　キャリアコンサルタントは、自己の身分や業績を過大に誇示したり、他のキャリアコンサルタントまたは関係する個人・団体を誹謗・中傷してはならない。

　自己の専門領域の研鑽を深めて、他のキャリアコンサルタントとの差別化を図ることは重要であるが、自己の身分や業績を過大に誇示したり、他の個人や団体を誹謗・中傷するようなことはあってはならない。

■ 第2章　職務遂行上の行動規範

　第2章では、説明責任、任務の範囲、相談者の自己決定権の尊重、組織との関係がうたわれている。任務の範囲や組織との関係はよく出題されている。

（説明責任）

第7条 キャリアコンサルタントは、キャリアコンサルティングを実施するにあたり、相談者に対してキャリアコンサルティングの目的、範囲、守秘義務、その他必要な事項について十分な説明を行い、相談者の理解を得た上で職務を遂行しなければならない。

　行おうとしているキャリアコンサルティングについて事前に説明することは、クライエントとの信頼関係（ラポール、リレーション）構築のための必須条件である。

（任務の範囲）

第8条 キャリアコンサルタントは、キャリアコンサルティングを行うにあたり、自己の専門性の範囲を自覚し、専門性の範囲を超える業務の依頼を引き受けてはならない。

　2　キャリアコンサルタントは、明らかに自己の能力を超える業務の依頼を引き受けてはならない。

　3　キャリアコンサルタントは、必要に応じて他の分野・領域の専門家の協力を求めるなど、相談者の利益のために、最大の努力をしなければならない。

　リファー（紹介）やコンサルテーション（照会）を活用し、クライエントの利益の最大化を図る必要がある。

（相談者の自己決定権の尊重）

第9条 キャリアコンサルタントは、キャリアコンサルティングを実施するにあたり、相談者の自己決定権を尊重しなければならない。

キャリアコンサルティングではクライアントに対して助言や指導はするが、相談者の自己決定権を尊重し、キャリアコンサルタントが決定してはならない。

（相談者との関係）

第10条　キャリアコンサルタントは、相談者との間に様々なハラスメントが起こらないように配慮しなければならない。また、キャリアコンサルタントは相談者との間において想定される問題や危険性について十分配慮してキャリアコンサルティングを行わなければならない。

2　キャリアコンサルタントは、キャリアコンサルティングを行うにあたり、相談者との多重関係を避けるよう努めなければならない。

例えば、キャリアコンサルタントとクライアントの関係が上下関係のようになると、多重関係（「キャリアコンサルタントとクライアント」以外の人間関係が生じること）が起こりがちである。そうならないよう留意する必要がある。

（組織との関係）

第11条　組織との契約関係にあるキャリアコンサルタントは、キャリアコンサルティングを行うにあたり、相談者に対する支援だけでは解決できない環境の問題や、相談者の利益を損なう問題等を発見した場合には、相談者の了解を得て、組織への問題の報告・指摘・改善提案等の環境への働きかけに努めなければならない。

2　キャリアコンサルタントは、キャリアコンサルティングの契約関係にある組織等と相談者との間に利益が相反するおそれがある場合には、事実関係を明らかにした上で、相談者の了解のもとに職務の遂行に努めなければならない。

（出典：「キャリアコンサルタント倫理綱領」特定非営利活動法人キャリアコンサルティング協議会 倫理綱領委員会）

組織からの依頼の場合には、組織と相談者との間に利益相反が生じるおそれがあるため、特に留意しないとならない点である。

☐ **Q** キャリアコンサルタントは、労働者の職業の選択、職業生活設計又は職業能力の開発及び向上に関する相談に応じることが職務であり、助言及び指導は行わない。

A 適切ではない。キャリアコンサルタント倫理綱領の前文の規定である。助言及び指導を行う。これは職業能力開発促進法の第二条5にも規定されている。

☐ **Q** キャリアコンサルタントは、いかなる場合も、専門家として自己の経験や自説を中心に、相談者の支援をすることが大切である。

A 適切ではない。相談者の利益を第一義とすべきであり、自己の経験や自説を中心に支援するべきではない。

☐ **Q** キャリアコンサルタントは、クライエントのキャリアの問題をすべて解決しなければならない。

A 適切ではない。自己の専門性を超える部分は、他の専門家へのリファー（紹介）やコンサルテーション（照会）をして、クライエントへの支援を行う。

☐ **Q** キャリアコンサルタントは、組織の利益をあくまでも第一義とし、研究目的や興味を優先してキャリアコンサルティングを行ってはならない。

A 適切ではない。第3条3の規定である。組織の利益ではなく、相談者の利益をあくまでも第一義とする。

☐ **Q** キャリアコンサルタントは、キャリアコンサルティングに関する知識・技能を深めるとともに、上位者からの指導を受けるなど、絶えざる自己研鑽に努めなければならない。

A 適切である。第4条の規定である。上位者からの指導は、スーパービジョン等を意味する。

Q キャリアコンサルタントは、キャリアコンサルティングを通じて、職務上知り得た事実などについて、どんな場合であっても守秘義務を負う。

A 適切ではない。これは第5条の規定であるが、身体・生命の危険が察知される場合、又は法律に定めのある場合等は、この限りではない。

Q キャリアコンサルタントは、キャリアコンサルタントとしての自己の経歴や業績を過大に誇示したり、他のキャリアコンサルタントなどを誹謗・中傷したりすることは禁止されている。

A 適切である。キャリアコンサルタント倫理綱領第6条にも明記されている。

Q キャリアコンサルタントは、相談者に守秘義務を説明する必要があるが、キャリアコンサルティングの目的や範囲などについては説明する必要はない。

A 適切ではない。第7条の規定である。「相談者に対してキャリアコンサルティングの目的、範囲、守秘義務、その他必要な事項について十分な説明を行い、相談者の理解を得た上で職務を遂行しなければならない」とされている。

Q キャリアコンサルタントは、キャリアコンサルティングを通じて職務上知り得た内容について、キャリアコンサルタントでなくなった後は守秘義務を負わない。

A 適切ではない。キャリアコンサルタントでなくなった後も守秘義務を負う。

Q キャリアコンサルティングにおいて、自らの専門外であるものの、資産運用の相談を受けたため、ファイナンシャルプランナーから以前に紹介された金融商品を紹介した。

A 適切ではない。第8条の規定である。キャリアコンサルタントは、明らかに自己の能力を超える業務の依頼を引き受けてはならず、必要に応じて他の分野・領域の専門家の協力を求めるなど、相談者の利益のために、最大の努力をしなければならない。

第4章 キャリアコンサルタントの倫理と行動

Q 相談の過程において、相談者の労働環境が相談者の抱える問題に影響していることがわかったため、問題を解決するため、相談者に黙って職場の上司に報告した。

A 適切ではない。第11条の規定である。相談者の了解を得る必要がある。

Q キャリアコンサルティングにおいて、相談者に対して自らの著作物を強く勧め、個人的に販売することは多重関係に該当しない。

A 適切ではない。第10条の規定である。多重関係に該当する。

アクセスキー **f** (小文字のエフ)

資料① キャリアコンサルタント試験の出題範囲

学科試験における必要なレベル（「詳細な」「一般的な」「概略の」）の定義について

  詳　細：確実に、かつ、深く知っていなければならない知識の程度

  一般的：知っていないと実務に支障が生じる知識の程度

  概　略：浅く広く常識として知っておかなければならない知識の程度

試験科目及びその範囲	試験科目及びその範囲の細目
学科試験 Ⅰ　キャリアコンサルティングの社会的意義 1　社会及び経済の動向並びにキャリア形成支援の必要性の理解	社会及び経済の動向並びにキャリア形成支援の必要性が増していることに関し、次に掲げる事項について詳細な知識を有すること。 ①　技術革新の急速な進展等様々な社会・経済的な変化に伴い、個人が主体的に自らの希望や適性・能力に応じて、生涯を通じたキャリア形成を行うことの重要性と、そのための支援の必要性が増してきたこと。 ②　個々人のキャリアの多様化や社会的ニーズ、また労働政策上の要請等を背景に、キャリアコンサルタントの活動が期待される領域が多様化していること。
2　キャリアコンサルティングの役割の理解	キャリアコンサルティングの役割と意義に関し、次に掲げる事項について詳細な知識を有すること。 ①　キャリアコンサルティングは、職業を中心にしながらも個人の生き甲斐、働き甲斐まで含めたキャリア形成を支援するものであること。 ②　個人が自らキャリアマネジメントをすることにより自立・自律できるように支援するものであること。 ③　キャリアコンサルティングは、個人と組織との共生の関係をつくる上で重要なものであること。

試験科目及びその範囲	試験科目及びその範囲の細目
	④　キャリアコンサルティングは、個人に対する相談支援だけでなく、キャリア形成やキャリアコンサルティングに関する教育・普及活動、組織（企業）・環境への働きかけ等も含むものであること。
Ⅱ　キャリアコンサルティングを行うために必要な知識	
1　キャリアに関する理論	キャリア発達理論、職業指導理論、職業選択理論等のキャリア開発に関する代表的理論の概要（基礎知識）について詳細な知識を有すること。 ・パーソナリティ・特性因子論アプローチ ・発達論・トランジションに関するアプローチ ・社会的学習理論アプローチ ・意思決定論アプローチ ・精神分析的理論 ・動機づけ（職務満足・職業適応）理論　等
2　カウンセリングに関する理論	1) キャリアコンサルティングの全体の過程において、カウンセリングの理論及びスキルが果たす役割について詳細な知識を有すること。 2) カウセリングの理論、特徴に関し、次に掲げる事項について一般的な知識を有すること。 ①　代表的なカウンセリング理論の概要（基礎知識）、特徴 ・来談者中心アプローチ ・精神分析的カウンセリング ・論理療法 ・行動療法 ・ゲシュタルト療法 ・交流分析 ・包括的・折衷的アプローチ ・家族療法・実存療法 ・アサーション　等 ②　グループを活用したキャリアコンサルティングの意義、有効性、進め方の留意点等 ・グループワーク ・グループガイダンス

試験科目及びその範囲	試験科目及びその範囲の細目
	・グループカウンセリング ・グループエンカウンター ・サポートグループ 等
3　職業能力開発（リカレント教育を含む）の知識	職業能力開発（リカレント教育を含む）に関し、次に掲げる事項について一般的な知識を有すること。 ①　個人の生涯に亘る主体的な学び直しに係るリカレント教育を含めた職業能力開発に関する知識（職業能力の要素、学習方法やその成果の評価方法、教育訓練体系等）及び職業能力開発に関する情報の種類、内容、情報媒体、情報提供機関、入手方法等 ②　教育訓練プログラム、能力評価シート等による能力評価、これらを用いた総合的な支援の仕組みであるジョブ・カード制度の目的、内容、対象等
4　企業におけるキャリア形成支援の知識	企業におけるキャリア形成支援に関し、次に掲げる事項について一般的な知識を有すること。 ①　企業における雇用管理の仕組み、代表的な人事労務施策・制度の動向及び課題、セルフ・キャリアドックをはじめとした企業内のキャリア形成に係る支援制度・能力評価基準等、ワークライフバランスの理念、労働者の属性（高齢者、女性、若者等）や雇用形態に応じたキャリアに関わる共通的課題とそれを踏まえた自己理解や仕事の理解を深めるための視点や手法 ②　主な業種における勤務形態、賃金、労働時間等の具体的な労働条件 ③　企業内のキャリア形成に係る支援制度の整備とその円滑な実施のための人事部門等との協業や組織内の報告の必要性及びその具体的な方法
5　労働市場の知識	社会情勢や産業構造の変化とその影響、また雇用・失業情勢を示す有効求人倍率や完全失業率等の最近の労働市場や雇用の動向について一般的な知識を有すること。

試験科目及びその範囲	試験科目及びその範囲の細目
6　労働政策及び労働関係法令並びに社会保障制度の知識	次に掲げる労働者の雇用や福祉を取り巻く各種の法律・制度に関し、キャリア形成との関連において、その目的、概念、内容、動向、課題、関係機関等について一般的な知識を有すること。 ①　労働関係法規及びこれらに基づく労働政策 ア　労働基準関係 　　労働基準法、労働契約法、労働時間等設定改善法、労働安全衛生法 イ　女性関係 　　男女雇用機会均等法、女性活躍推進法、パートタイム労働法（パートタイム・有期雇用労働法） ウ　育児・介護休業関係 　　育児・介護休業法 エ　職業安定関係 　　労働施策総合推進法（旧：雇用対策法）、職業安定法、若者雇用促進法、労働者派遣法、高年齢者雇用安定法、障害者雇用促進法 オ　職業能力開発関係 　　職業能力開発促進法 カ　その他の労働関係法令 ②　年金、社会保険等に関する社会保障制度等 ・厚生年金 ・国民年金 ・労災保険 ・雇用保険 ・健康保険 ・介護保険　等
7　学校教育制度及びキャリア教育の知識	学校教育制度や、初等中等教育から高等教育に至る学校種ごとの教育目標等、青少年期の発達課題等に応じたキャリア教育のあり方等について一般的な知識を有すること。
8　メンタルヘルスの知識	1）メンタルヘルスに関し、次に掲げる事項について一般的な知識を有すること。 ①　メンタルヘルスに関する法令や指針、職場におけるメンタルヘルスの保持・増進を図る対策の意義や方法、職場環境改善に向けた働きかけ方等、さらに、ストレスに関する代表的理論や職場のストレス要因、対処方法

試験科目及びその範囲	試験科目及びその範囲の細目
	② 代表的な精神的疾病（就労支援においてよく見られる精神的疾病）の概要、特徴的な症状を理解した上で、疾病の可能性のある相談者に対応する際の適切な見立てと、特別な配慮の必要性 2）専門機関へのリファーやメンタルヘルス不調者の回復後の職場復帰支援等に当たっての専門家・機関の関与の重要性、これら機関との協働による支援の必要性及びその具体的な方法について詳細な知識を有すること。
9 中高年齢期を展望するライフステージ及び発達課題の知識	中高年齢期を展望するライフステージ及び発達課題に関し、次に掲げる事項について一般的な知識を有すること。 ① 職業キャリアの準備期、参入期、発展期、円熟期、引退期等の各ライフステージ、出産・育児、介護等のライフイベントにおいて解決すべき課題や主要な過渡期に乗り越えなければならない発達課題 ② 上記①を踏まえた中高年齢期をも展望した中長期的なキャリア・プランの設計、キャリア・プランに即した学び直しへの動機付けや機会の提供による支援の必要性及びその具体的な方法
10 人生の転機の知識	初めて職業を選択する時や、転職・退職時等の人生の転機が訪れた時の受け止め方や対応の仕方について一般的な知識を有すること。
11 個人の多様な特性の知識	相談者の個人的特性等によって、課題の見立てのポイントや留意すべき点があることについて一般的な知識を有すること。 ・障害者については障害の内容や程度 ・ニート等の若者については生活環境や生育歴 ・病気等の治療中の者については治療の見通しや職場環境 等
Ⅲ キャリアコンサルティングを行うために必要な技能 1 基本的な技能	

試験科目及びその範囲	試験科目及びその範囲の細目
(1) カウンセリングの技能	次に掲げる事項を適切に実施するために、カウンセリングの技能について一般的な知識を有すること。 ① カウンセリングの進め方を体系的に理解した上で、キャリアコンサルタントとして、相談者に対する受容的・共感的な態度及び誠実な態度を維持しつつ、様々なカウンセリングの理論とスキルを用いて相談者との人格的相互関係の中で相談者が自分に気づき、成長するよう相談を進めること。 ② 傾聴と対話を通して、相談者が抱える課題について相談者と合意、共有すること。 ③ 相談者との関係構築を踏まえ、情報提供、教示、フィードバック等の積極的関わり技法の意義、有効性、導入時期、進め方の留意点等について理解し、適切にこれらを展開すること。
(2) グループアプローチの技能	次に掲げる事項を適切に実施するために、グループアプローチの技能について一般的な知識を有すること。 ① グループを活用したキャリアコンサルティングの意義、有効性、進め方の留意点等について理解し、それらを踏まえてグループアプローチを行うこと。 ② 若者の職業意識の啓発や社会的・基礎的能力の習得支援、自己理解・仕事理解等を効果的に進めるためのグループアプローチを行うこと。
(3) キャリアシート（法第15条の4第1項に規定する職務経歴等記録書を含む。）の作成指導及び活用の技能	次に掲げる事項を適切に実施するために、キャリアシートの作成指導及び活用の技能について一般的な知識を有すること。 ① キャリアシートの意義、記入方法、記入に当たっての留意事項等の十分な理解に基づき、相談者に対し説明するとともに適切な作成指導を行うこと。 ② 職業能力開発機会に恵まれなかった求職者の自信の醸成等が図られるよう、ジョブ・カード等の作成支援や必要な情報提供を行うこと。
(4) 相談過程全体の進行の管理に関する技能	次に掲げる事項を適切に実施するために、相談過程全体の進行の管理に関する技能ついて一般的な知識を有すること。

試験科目及びその範囲	試験科目及びその範囲の細目
	① 相談者が抱える問題の把握を適切に行い、相談過程のどの段階にいるかを常に把握し、各段階に応じた支援方法を選択し、適切に相談を進行・管理すること。
2 相談過程において必要な技能	
（1）相談場面の設定	次に掲げる事項を適切に実施するために、相談場面の設定について一般的な知識を有すること。
①物理的環境の整備	相談を行うにふさわしい物理的な環境、相談者が安心して積極的に相談ができるような環境を設定すること。
②心理的な親和関係（ラポール）の形成	相談を行うに当たり、受容的な態度（挨拶、笑顔、アイコンタクト等）で接することにより、心理的な親和関係を相談者との間で確立すること。
③キャリア形成及びキャリアコンサルティングに係る理解の促進	主体的なキャリア形成の必要性や、キャリアコンサルティングでの支援の範囲、最終的な意思決定は相談者自身が行うことであること等、キャリアコンサルティングの目的や前提を明確にすることの重要性について、相談者の理解を促すこと。
④相談の目標、範囲等の明確化	相談者の相談内容、抱える問題、置かれた状況を傾聴や積極的関わり技法等により把握・整理し、当該相談の到達目標、相談を行う範囲、相談の緊要度等について、相談者との間に具体的な合意を得ること。
（2）自己理解の支援	次に掲げる事項を適切に実施するために、自己理解の支援について一般的な知識を有すること。
①自己理解への支援	キャリアコンサルティングにおける自己理解の重要性及び自己理解を深めるための視点や手法等についての体系的で十分な理解に基づき、職業興味や価値観等の明確化、キャリアシート等を活用した職業経験の棚卸し、職業能力の確認、個人を取り巻く環境の分析等により、相談者自身が自己理解を深めることを支援すること。

試験科目及びその範囲	試験科目及びその範囲の細目
②アセスメント・スキル	面接、観察、職業適性検査を含む心理検査等のアセスメントの種類、目的、特徴、主な対象、実施方法、評価方法、実施上の留意点等についての理解に基づき、年齢、相談内容、ニーズ等、相談者に応じて適切な時期に適切な職業適性検査等の心理検査を選択・実施し、その結果の解釈を適正に行うとともに、心理検査の限界も含めて相談者自身が理解するよう支援すること。
(3) 仕事の理解の支援	次に掲げる事項を適切に実施するために、仕事理解の支援について一般的な知識を有すること。
	① キャリア形成における「仕事」は、職業だけでなく、ボランティア活動等の職業以外の活動を含むものであることの十分な理解に基づき、相談者がキャリア形成における仕事の理解を深めるための支援をすること。
	② インターネット上の情報媒体を含め、職業や労働市場に関する情報の収集、検索、活用方法等について相談者に対して助言すること。
	③ 職務分析、職務、業務のフローや関係性、業務改善の手法、職務再設計、（企業方針、戦略から求められる）仕事上の期待や要請、責任についての理解に基づき、相談者が自身の現在及び近い将来の職務や役割の理解を深めるための支援をすること。
(4) 自己啓発の支援	次に掲げる事項を適切に実施するために、自己啓発の支援について一般的な知識を有すること。
	① インターンシップ、職場見学、トライアル雇用等により職業を体験してみることの意義や目的について相談者自らが理解できるように支援し、その実行について助言すること。
	② 相談者が啓発的経験を自身の働く意味・意義の理解や職業選択の材料とすることができるように助言すること。
(5) 意思決定の支援	次に掲げる事項を適切に実施するために、意思決定の支援について一般的な知識を有すること。

試験科目及びその範囲	試験科目及びその範囲の細目
①キャリア・プランの作成支援	自己理解、仕事理解及び啓発的経験をもとに、職業だけでなくどのような人生を送るのかという観点や、自身と家族の基本的生活設計の観点等のライフプランを踏まえ、相談者の中高年齢期をも展望した中長期的なキャリア・プランの作成を支援すること。
②具体的な目標設定への支援	相談者のキャリア・プランをもとにした中長期的な目標や展望の設定と、それを踏まえた短期的な目標の設定を支援すること。
③能力開発に関する支援	相談者の設定目標を達成するために必要な自己学習や職業訓練等の能力開発に関する情報を提供するとともに、相談者自身が目標設定に即した能力開発に対する動機付けを高め、主体的に実行するためのプランの作成及びその継続的見直しについて支援すること。
(6) 方策の実行の支援	次に掲げる事項を適切に実施するために、方策の実行の支援について一般的な知識を有すること。
①相談者に対する動機づけ	相談者が実行する方策（進路・職業の選択、就職、転職、職業訓練の受講等）について、その目標、意義の理解を促し、相談者が自らの意思で取り組んでいけるように働きかけること。
②方策の実行のマネジメント	相談者が実行する方策の進捗状況を把握し、相談者に対して現在の状況を理解させるとともに、今後の進め方や見直し等について、適切な助言をすること。
(7) 新たな仕事への適応の支援	次に掲げる事項を適切に実施するために、新たな仕事への適応の支援について一般的な知識を有すること。
	①方策の実行後におけるフォローアップも、相談者の成長を支援するために重要であることを十分に理解し、相談者の状況に応じた適切なフォローアップを行うこと。
(8) 相談過程の総括	次に掲げる事項を適切に実施するために、相談過程の総括の支援について一般的な知識を有すること。
①適正な時期における相談の終了	キャリアコンサルティングの成果や目標達成具合を勘案し、適正だと判断できる時点において、相談を終了することを相談者に伝えて納得を得た上で相談を終了すること。

試験科目及びその範囲	試験科目及びその範囲の細目
②相談過程の評価	相談者自身が目標の達成度や能力の発揮度について自己評価できるように支援すること、またキャリアコンサルタント自身が相談支援の過程と結果について自己評価すること。
Ⅳ　キャリアコンサルタントの倫理と行動	
1　キャリア形成及びキャリアコンサルティングに関する教育並びに普及活動	次に掲げる事項を適切に実施するために、キャリア形成及びキャリアコンサルティングに関する教育並びに普及活動について一般的な知識を有すること。 ①　個人や組織のみならず社会一般に対して、様々な活動を通じてキャリア形成やキャリアコンサルティングの重要性、必要性等について教育・普及すること。 ②　それぞれのニーズを踏まえ、主体的なキャリア形成やキャリア形成支援に関する教育研修プログラムの企画、運営をすること。
2　環境への働きかけの認識及び実践	次に掲げる事項を適切に実施するために、環境への働きかけの認識及び実践について一般的な知識を有すること。 ①　個人の主体的なキャリア形成は、個人と環境（地域、学校・職場等の組織、家族等、個人を取り巻く環境）との相互作用によって培われるものであることを認識し、相談者個人に対する支援だけでは解決できない環境（例えば、学校や職場の環境）の問題点の発見や指摘、改善提案等の環境への介入、環境への働きかけを、関係者と協力（職場にあってはセルフ・キャリアドックにおける人事部門との協業、経営層への提言や上司への支援を含む）して行うこと。
3　ネットワークの認識及び実践	
（1）ネットワークの重要性の認識及び形成	次に掲げる事項を適切に実施するために、ネットワークの重要性の認識及び形成について一般的な知識を有すること。

試験科目及びその範囲	試験科目及びその範囲の細目
	① 個人のキャリア形成支援を効果的に実施するためには、行政、企業の人事部門等、その他の専門機関や専門家との様々なネットワークが重要であることを認識していること。 ② ネットワークの重要性を認識した上で、関係機関や関係者と日頃から情報交換を行い、協力関係を築いていくこと。 ③ 個人のキャリア形成支援を効果的に実施するため、心理臨床や福祉領域をはじめとした専門機関や専門家、企業の人事部門等と協働して支援すること。
(2) 専門機関への紹介及び専門家への照会	次に掲げる事項を適切に実施するために、専門機関への紹介及び専門家への照会について一般的な知識を有すること。 ① 個人や組織等の様々な支援ニーズ（メンタルヘルス不調、発達障害、治療中の（疾患を抱えた）者等）に応える中で、適切な見立てを行い、キャリアコンサルタントの任務の範囲、自身の能力の範囲を超えることについては、必要かつ適切なサービスを提供する専門機関や専門家を選択し、相談者の納得を得た上で紹介あっせんすること。 ② 個人のキャリア形成支援を効果的に実施するために必要な追加情報を入手したり、異なる分野の専門家に意見を求めること。
4 自己研鑽及びキャリアコンサルティングに関する指導を受ける必要性の認識 （1）自己研鑽	次に掲げる事項を適切に認識する、または実施するために、自己研鑽について詳細な知識を有すること。 ① キャリアコンサルタント自身が自己理解を深めることと能力の限界を認識することの重要性を認識するとともに、常に学ぶ姿勢を維持して、様々な自己啓発の機会等を捉えた継続学習により、新たな情報を吸収するとともに、自身の力量を向上させていくこと。

試験科目及びその範囲	試験科目及びその範囲の細目
	② 特に、キャリアコンサルティングの対象となるのは常に人間であることから、人間理解の重要性を認識すること。
(2) スーパービジョン	次に掲げる事項を適切に認識する、または実施するために、スーパービジョンの意義、目的、方法等について詳細な知識を有すること。 ① スーパーバイザーから定期的に実践的助言・指導（スーパービジョン）を受けることの必要性。 ② スーパービジョンを受けるために必要な逐語録等の相談記録を整理すること。
5 キャリアコンサルタントとしての倫理と姿勢	
(1) 活動範囲・限界の理解	次に掲げる事項を適切に認識する、または実施するために、活動範囲・限界の理解について詳細な知識を有すること。 ① キャリアコンサルタントとしての活動の範囲には限界があることと、その限界には任務上の範囲の限界のほかに、キャリアコンサルタント自身の力量の限界、実践フィールドによる限界があること。 ② 活動の範囲内において、誠実かつ適切な配慮を持って職務を遂行しなければならないこと。 ③ 活動範囲を超えてキャリアコンサルティングが行われた場合には、効果がないだけでなく個人にとって有害となる場合があること。
(2) 守秘義務の遵守	守秘義務の遵守を実践するために、相談者のプライバシーや相談内容は相談者の許可なしに決して口外してはならず、守秘義務の遵守はキャリアコンサルタントと相談者の信頼関係の構築及び個人情報保護法令に鑑みて最重要のものであることについて詳細な知識を有すること。
(3) 倫理規定の厳守	倫理規定の厳守を実践するために、キャリア形成支援の専門家としての高い倫理観を有し、キャリアコンサルタントが守るべき倫理規定（基本理念、任務範囲、守秘義務の遵守等）について詳細な知識を有すること。

試験科目及びその範囲	試験科目及びその範囲の細目
（4）キャリアコンサルタントとしての姿勢	次に掲げる事項を適切に認識する、または実施するために、キャリアコンサルタントとしての姿勢について詳細な知識を有すること。 ① キャリアコンサルティングは個人の人生に関わる重要な役割、責任を担うものであることを自覚し、キャリア形成支援者としての自身のあるべき姿を明確にすること。 ② キャリア形成支援者として、自己理解を深め、自らのキャリア形成に必要な能力開発を行うことの必要性について、主体的に理解すること。

●特定非営利活動法人 日本キャリア開発協会および特定非営利活動法人 キャリアコンサルティング協議会の公表する「キャリアコンサルタント試験の試験科目及びその範囲並びにその細目」より、学科試験記載部分について抜粋。

資料② キャリアコンサルタント倫理綱領

前文

　キャリアコンサルタントは、労働者の職業の選択、職業生活設計又は職業能力の開発及び向上に関する相談に応じ、助言及び指導を行うことを職務とする。キャリアコンサルタントの使命は、相談者のキャリア形成上の問題・課題の解決とキャリアの発達を支援し、もって組織および社会の発展に寄与することである。その使命を果たすための基本的な事項を「キャリアコンサルタント倫理綱領」として定める。

　全てのキャリアコンサルタントは、本倫理綱領を遵守するとともに、誠実な態度と責任感をもって、その使命の遂行のために職務に励むものとする。

第1章　基本的姿勢・態度

（基本的理念）

第1条　キャリアコンサルタントは、キャリアコンサルティングを行うにあたり、人間尊重を基本理念とし、個の尊厳を侵してはならない。

　2 キャリアコンサルタントは、キャリアコンサルティングが、相談者の生涯にわたる充実したキャリア形成に影響を与えることを自覚して誠実に職務を遂行しなければならない。

（品位の保持）

第2条　キャリアコンサルタントは、キャリアコンサルタントとしての品位と誇りを保持し、法律や公序良俗に反する行為をしてはならない。

（信頼の保持・醸成）

第3条　キャリアコンサルタントは、常に公正な態度をもって職務を行い、専門家としての信頼を保持しなければならない。

　2 キャリアコンサルタントは、相談者を国籍・性別・年齢・宗教・信条・心身の障害・社会的身分等により差別してはならない。

　3 キャリアコンサルタントは、相談者の利益をあくまでも第一義とし、研究目的や興味を優先してキャリアコンサルティングを行ってはならない。

（自己研鑽）

第4条　キャリアコンサルタントは、キャリアコンサルティングに関する知識・技能を深める、上位者からの指導を受けるなど、常に資質向上に向けて絶えざる自己研鑽に努めなければならない。

　2 キャリアコンサルタントは、組織を取り巻く社会、経済、環境の動向や、教育、生活の場にも常に関心をはらい、専門家としての専門性の維持向上に努めなければならない。

　3 キャリアコンサルタントは、より質の高いキャリアコンサルティングの実現に向け、他の専門家とのネットワークの構築に努めなければならない。

（守秘義務）

第5条　キャリアコンサルタントは、キャリアコンサルティングを通じて、職務上知り得た事実、資料、情報について守秘義務を負う。但し、身体・生命の危険が察知される場合、又は法律に定めのある場合等は、この限りではない。

　2 キャリアコンサルタントは、キャリアコンサルティングの事例や研究の公表に際して、プライバシー保護に最大限留意し、相談者や関係者が特定されるなどの不利益が生じることがないように適切な措置をとらなければならない。

（誇示、誹謗・中傷の禁止）

第6条　キャリアコンサルタントは、自己の身分や業績を過大に誇示したり、他のキャリアコンサルタントまたは関係する個人・団体を誹謗・中傷してはならない。

第2章　職務遂行上の行動規範

（説明責任）

第7条　キャリアコンサルタントは、キャリアコンサルティングを実施するに
　　あたり、相談者に対してキャリアコンサルティングの目的、範囲、守秘義
　　務、その他必要な事項について十分な説明を行い、相談者の理解を得た上
　　で職務を遂行しなければならない。

（任務の範囲）

第8条　キャリアコンサルタントは、キャリアコンサルティングを行うにあた
　　り、自己の専門性の範囲を自覚し、専門性の範囲を超える業務の依頼を引
　　き受けてはならない。

　2　キャリアコンサルタントは、明らかに自己の能力を超える業務の依頼を引
　　き受けてはならない。

　3　キャリアコンサルタントは、必要に応じて他の分野・領域の専門家の協力
　　を求めるなど、相談者の利益のために、最大の努力をしなければならない。

（相談者の自己決定権の尊重）

第9条　キャリアコンサルタントは、キャリアコンサルティングを実施するに
　　あたり、相談者の自己決定権を尊重しなければならない。

（相談者との関係）

第10条　キャリアコンサルタントは、相談者との間に様々なハラスメントが起
　　こらないように配慮しなければならない。また、キャリアコンサルタント
　　は相談者との間において想定される問題や危険性について十分配慮して
　　キャリアコンサルティングを行わなければならない。

　2　キャリアコンサルタントは、キャリアコンサルティングを行うにあたり、
　　相談者との多重関係を避けるよう努めなければならない。

（組織との関係）

第11条　組織との契約関係にあるキャリアコンサルタントは、キャリアコンサルティングを行うにあたり、相談者に対する支援だけでは解決できない環境の問題や、相談者の利益を損なう問題等を発見した場合には、相談者の了解を得て、組織への問題の報告・指摘・改善提案等の環境への働きかけに努めなければならない。

　2 キャリアコンサルタントは、キャリアコンサルティングの契約関係にある組織等と相談者との間に利益が相反するおそれがある場合には、事実関係を明らかにした上で、相談者の了解のもとに職務の遂行に努めなければならない。

雑則

（倫理綱領委員会）

第12条　本倫理綱領の制定・改廃の決定や運営に関する諸調整を行うため、キャリアコンサルティング協議会内に倫理綱領委員会をおく。

　2 倫理綱領委員会に関する詳細事項は、別途定める。

附則

この綱領は平成20年9月1日より施行する。

この綱領は平成25年10月1日より改正施行する。

この綱領は平成28年4月1日より改正施行する。

この綱領は平成29年8月1日より改正施行する。

●特定非営利活動法人キャリアコンサルティング協議会「キャリアコンサルタント倫理綱領」

引用・参考文献

● 木村周、下村英雄著『キャリアコンサルティング　理論と実際 6訂版』2022年、一般社団法人雇用問題研究会

● 渡辺三枝子編著『新版キャリアの心理学［第2版］』2018年、ナカニシヤ出版

● 労働政策研究・研修機構編『新時代のキャリアコンサルティング』2016年、独立行政法人労働政策研究・研修機構

● 宮城まり子著『キャリアカウンセリング』2002年、駿河台出版社

● 岡田昌毅著『働くひとの心理学』2013年、ナカニシヤ出版

● 福原眞知子監修『マイクロカウンセリング技法－事例場面から学ぶー』2007年、風間書房

● 金井壽宏著『経営組織―経営学入門シリーズ』1999年、日本経済新聞社（現：日本経済新聞出版）

● 國分康孝著『カウンセリングの技法』1979年、誠信書房

著者運営サイト

「みんなで合格☆キャリアコンサルタント試験」では、試験情報や学習法などの情報提供のほか、重要なポイントのまとめや練習問題、これまでのすべての過去問題の詳しい解説を提供している。また、受験者からのアンケートなども定期的に実施して公開しており、「みんなで合格」をサポートするコンテンツを豊富に提供している。

URL https://www.career-consultant.info/

Index <索引>

た行

原田 政樹 (はらだ まさき)

みんなで合格☆キャリアコンサルタント試験管理人／キャリアコンサルタント／株式会社 ココスタディ代表取締役社長。

1974年、神奈川県生まれ。大学卒業後、教育関連の会社に入社し、資格試験対策や企業研修用の教材開発や営業に携わり、2014年に独立。

「楽習（がくしゅう）」をモットーに、講義や研修×書籍×WEBを組み合わせ、忙しい方でもいつでも楽しく学べて「みんなで合格」できる仕組みづくりを追求している。

また、求職者向けの職業訓練（委託訓練）や商工会議所のセミナー講師、大学でのキャリア教育科目のゲスト講師も務めている。

著者の運営する国家資格キャリアコンサルタント試験対策のWEBサイト「みんなで合格☆キャリアコンサルタント試験」は、充実した学習コンテンツと親身な学習サポートが人気を呼び、キャリアコンサルタントを目指す受験者の必見サイトとなっている。

みんなで合格☆キャリアコンサルタント試験
https://www.career-consultant.info/

ソーシャルメディア
X（旧Twitter） https://x.com/masakyharada
Facebook https://www.facebook.com/masaki.harada2

■保有する資格、検定
国家資格キャリアコンサルタント、CDA資格、メンタルヘルス・マネジメント検定Ⅱ種、日本商工会議所 簿記検定1級、日本商工会議所 販売士検定1級、全国経理教育協会 簿記能力検定上級、税理士試験 簿記論、財務諸表論、2級ファイナンシャル・プランニング技能士

ブックデザイン	清水 佳子（smz'）
カバーイラスト	浜畠 かのう
本文イラスト	加藤 裕司（クレアート デザイン）
編集・DTP	株式会社トップスタジオ

キャリア教科書
国家資格キャリアコンサルタント
学科試験 テキスト＆問題集 第3版

2019年 7月31日 初版 第1刷発行
2023年 7月10日 第3版 第1刷発行
2024年 9月10日 第3版 第3刷発行

著者	原田 政樹 （はらだ まさき）
発行人	佐々木 幹夫
発行所	株式会社 翔泳社（https://www.shoeisha.co.jp）
印刷	昭和情報プロセス株式会社
製本	株式会社 国宝社

ISBN978-4-7981-8040-3 　　　　　　　　　　　　　　Printed in Japan